经典与解释(43)

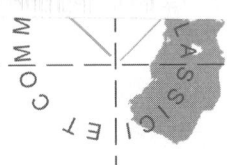

孟德斯鸠论政制衰败

■ 古典文明研究工作坊 编
顾问／刘小枫 甘阳
主编／娄 林

华夏出版社

纪念孟德斯鸠逝世260周年

目　　录

论题　孟德斯鸠论政制衰败

2　《罗马盛衰原因论》导读 ………… 洛文塔尔（蔡乐钊译）
20　孟德斯鸠论两种自由概念 ……… 克劳斯（汪海涛译）
47　《罗马盛衰原因论》中的基督教与
　　政治 ……………………………… 迈尔斯（邱晨曦译）
69　孟德斯鸠对罗马历史的分析 ……… 奥克（汪海涛译）
90　孟德斯鸠论政制衰败 …………… 克劳斯（曹天鹏译）

古典作品研究

124　孟德斯鸠对《论法的精神》读者的
　　　认识 ……………………………… 科勒（邱晨曦译）

145 《卡拉马佐夫兄弟》中的隐秘结局 ················ 李阳泽

思想史发微

168 从《药地炮庄》看司马迁的庄学 ················ 邢益海

旧文新刊

200 三國蜀經學 ·· 程元敏

古文今刊

306 西塞罗赞 ·· 孟德斯鸠

评论

320 "中国理想"到底是什么？ ············· 潘戈（赵雪纲译）

（本辑主编助理　黄坚）

论　题

《罗马盛衰原因论》导读

洛文塔尔（David Lowenthal）著

蔡乐钊 译

一

孟德斯鸠《罗马盛衰原因论》的发表时间大约处于《波斯人信札》（1721年）和《论法的精神》（1748年）之间。今天，它在三者之中最不为人知，尽管这不能归咎于这本书本身。它也许是尝试理解完整罗马史的最早（无疑是最早之一）努力，而在这些努力之中，迄今能与其比肩者——如果有的话，依然寥寥无几，虽然受惠于孟德斯鸠著作的科学史学（scientific historiography）已走过一个半世纪，但如今这门学科却对其哲学先驱们充满鄙夷之情。吉本（Gibbon）在其《自传》（Memoirs）里写下以下这段话时，心里想到的作品之一也许就有这本书："……可是我经常研读孟德斯鸠，乐此不疲。他那充满活力的风格和大胆的假设，有力地唤醒并激起了那个时代的精神（genius）。"但是，为了理解此书,我们必须把它置于政治哲学而非历史的背景中,这也是它的主要价值所在。有史以来,在这一题目下,它是一位哲人对某个特定社会(更不用说它的整个历史)进行广泛分析的少数例子之一。能与之相比的论罗马的著作,唯有马基雅维利的《论李维》(*Discourses*),两部书有着很深的内在亲缘。不过本书无论从结构还是意蕴上看,都比《论李维》更简单。在大部分篇幅中,它采用一种历史框架,即始于罗马的起源,终于罗马的崩溃;在某些方面,书中教诲也没有那么隐晦。

这并不意味着《罗马盛衰原因论》把内容径直灌输到读者心里;相反,这部书写得颇为谨慎,甚至可以说是小心翼翼,只是其表面的简单和率直掩饰了这一点,唯有目光如炬且深思熟虑的读者能洞烛幽微。这不是一部开诚布公的作品。事实上,它甚至不肯透露自身的目的,在这一点上,它与孟德斯鸠另外两部主要著作截然不同。它既无序言,书中其他地方也没有声明其意图。因此,我们必须推测它的目的。它那信息异常丰富的标题,表明孟德斯鸠的主要兴趣不在于展现罗马的一般历史,甚至也不是其伟大和衰落的历史,而是叙述其伟大和衰落的各种原因(causes)。罗马人(Romans)——一个超越各种特定政治形式的实体,而不是他们的共和国或帝国本身,才是作者研究的对象。①

在某种意义上,孟德斯鸠是一名政治生活的政治观察者,他在书中并没有尝试对伟大和衰落作出鲁莽的"科学"定义。他相当频繁地使用"伟大"(greatness)一词,"衰落"(decline)则用得较少。"伟大"传达出幅员辽阔(large size)和权力(power)的观念(我们分别从自然[physical]意义和政治意义上这么说)。

---

① [译按]《罗马盛衰原因论》(*Considérations sur les causes de la grandeur des Romains et de leur décadence*),若按法文直译,则为"思考罗马人伟大和衰落的诸种原因"。

罗马疆域拓展得越宽，其权力越大，它就越伟大。但是权力是一个国家伟大的根由所在，大量事实表明，对于孟德斯鸠而言，权力不外乎是强迫其他国家的能力。相应地，"衰落"的主要含义就是日益虚弱。

"伟大"的第三个面相或者说道德面相，与其政治面相有关，但两者并不等同。罗马人的权力得自罗马人的美德（virtue），即得自一些伟大的道德品质。一个具有中人之资的罗马人单纯、坚定、诚实、勇敢、守法且爱国；他的领袖是些特别敏锐的人，具有异乎寻常的奉献精神。这些美德起源于一个为生存而不断与人争战的小社会的特殊环境，孟德斯鸠从不认为它们是人类所向往的那种自然的完美。尽管如此，它们还是引起孟德斯鸠毫不掩饰的赞赏，并且被他视为不仅是构成罗马人而且是构成人类的伟大的各种元素。不知为何，这些美德具有一种居于其起源的特殊性之上的地位，适用于人类本身，但作者从未告诉我们个中理由。

尽管孟德斯鸠似乎认为，这些道德美德（moral virtues）有其固有的价值，而不仅仅是社会方面的用处，他确实特别地将它们与小共和国的政治生活联系起来，尤其是古代城邦。他对城邦的刻画鲜活而深刻，近代罕有能与之匹敌者，而那些能与之抗衡的人，诸如卢梭和库朗热（Fustel de Coulanges），也都受到了他的启发。他向我们展示了城邦与诸神的关系，它的共同命运感和悠久的习俗，它的居民共同参与的共同生活；他让我们看到，自由的罗马公民，参加战斗和统治，由此而发展出一种对个人骄傲和爱国野心的敏锐感觉；他揭示了罗马社会中高级元素和低级元素之间的不和及其后果。在这些环境中，这个古代共和国既培育出道德美德，同时又受道德美德的滋养，由此产生一个权势赫赫的国家。确实，孟德斯鸠暗示说，正如我们在罗马这个例子中所见到的，没有什么敌得过一个为持续征服亦即为稳固地增进政治权力和伟大而诞生的共和国。

二

　　罗马的权力在早期诸王的治下崭露头角，在共和国时期达至顶峰，显然，是庞培（Pompey）"……完成了罗马的伟大这项辉煌的工作"。但是，那时罗马内部的腐化已经显而易见，无可挽回，共和国再也撑不下去了。帝国取而代之，它很大程度上是依靠继承自共和国的习惯和制度来维持自身。由于种种原因，直到三世纪末期之后，帝国才"……一步步地从衰落走向沦亡，直到它突然间在阿尔卡狄乌斯（Arcadius）和霍诺里乌斯（Honorius）治下轰然倒塌"（约公元400年）。

　　如果像孟德斯鸠告诉我们的那样，庞培在国外的征服并没有真正增进罗马的权力，那就必须区分真正的伟大和表面的伟大。单是疆域，乃至持续的征服，还不足以表明一个国家的真正权力。它此时的敌人也许很弱；它的辽阔可能成为它的负担而不是有助于它。长远来看，一个国家的实力归根到底取决于国家内部的健康。很难说罗马在何时达到了其权力的真正顶峰。公元前一世纪的内战与其说阻碍不如说促进了它的征服，但是这些内战证明，腐化已经深入骨髓，最终不得不通过摧毁共和国来贬抑罗马的权力。孟德斯鸠在某处笼统地把这种腐化的日期追溯到罗马的扩张超出意大利时，他在另一处特别指出："……他们对安条克（Antiochus）的战争是他们腐败的真正开端。"这意味着共和国内部的衰落大约始于公元前200年，再过一个半世纪它就完全腐败了。

　　罗马的伟大有许多原因：公民的美德、执政官制度、元老院的智慧、人民的有限影响、集中精力进行战争、一连串的军事胜利、战利品均享、平分土地、监察官制以及政治权力的广泛分配。人民对国家充满一种热烈而不屈的爱，元老院维持一种不断把罗马的敌人引向失败和臣服的军事和外交政策。因此，一旦罗马形成这种共和体制，使罗马变得伟大的就是这种体制，而非特定的个人。在孟德斯鸠笔下，在这一体制垮掉之前，个人几乎从未重获其特出的地位。

罗马的衰落是其征服的结果。身处远方的罗马将领和士兵们日益丧失公共活力（public spiritedness），财富和权力越来越不平等，奢侈与贫困各趋于极端，派别之争加剧，随着公民权延及其他民族，罗马人的共同身份感也丧失了——这一切使得共和国无法维持。孟德斯鸠还留意到伊壁鸠鲁主义对罗马道德风尚的腐蚀作用，他还暗示了，其无神论的唯物主义和享乐主义的传播，破坏了罗马爱国主义和美德所依赖的宗教和道德信仰。

孟德斯鸠以共和国的道德和政治标准来判断帝国，藉此表明，在他看来，人类的衰落一般发生在从前者过渡到后者的转变中。起先，帝国更欠缺的是自由、安全和美德，而不是对外权力。从奥古斯都（Augustus）到卡里古拉（Caligula），僭政愈演愈烈，与此同时，人们努力保持和平时期帝国的领土。随着皇帝们越来越独断、严酷并受恐惧的宰制，元老院和人民被剥夺了它们的政治职能和尊严，变得奴颜婢膝，遭人唾弃。然而，尤其是从涅尔瓦（Nerva）到两位安东尼（the Antonines）时期（96—180年），帝国也有过片刻的辉煌。在整本书中，对单个人的最高赞扬留给了图拉真（Trajan）皇帝——"有史以来最有造诣的君主"。孟德斯鸠也夸赞奥勒留（Marcus Aurelius），并用钦佩的口气提到廊下派，与伊壁鸠鲁主义相反，它有助于产生此类统治者。然而，在两位安东尼之后，帝国堕落为军队的暴政，之后是各皇帝更加隐蔽和内敛的暴政。它从三世纪的蛮族入侵中恢复过来，但是随后帝国的权力被分割为一东一西（约公元 300 年）。最终，古代罗马人的军事美德和习惯被他们自己抛弃了，蛮族洗劫了西部帝国（公元 400 年）。

三

孟德斯鸠决定集中论述罗马的伟大或权力这一主题，这就已经表明，他对那个关键的哲学问题的解决与柏拉图和亚里士多德针锋相对，他更青睐马基雅维利。如果权力才是衡量政治价值的准绳，那么这一准绳就不能是通常所谓的道德之善。因此，他必须避开希腊政治哲人针对斯巴达和西塞罗针对罗马提出的那类道德批评。他既然背离了古典著作的"乌托邦"标准，采纳马基雅维利的"现实主义"，就必须愿意在关键时刻为政治上的伟大而牺牲道德美德。尤其是在一个国家的外部行为上——内部事务亦然，许多东西都不能指望通过道德美德来寻求。因此，罗马对战争乃至侵略性征服的倾心，它在外交政策上的败德恶习，它对奴隶的使用，它内部的派系纷争，这一切必然要么不受严肃的批评，要么得到明白的赞许。

在分析罗马覆灭的原因时，孟德斯鸠说过，倘若罗马不曾越过意大利的边境寻求支配的权力，它本可以作为共和国而存续的。他确实建议明智的共和国不要拿他们的好运或厄运去冒险，永远保持现状，不加扩张。然而，不久之后，他就默认小共和国的"好法律"必然会导致一种结果，即促使它去征服别的国家，变得越来越大，直到它再也不能维持共和形式的政府。在这里，共和帝国主义相当于某种接近必然和自然状况的东西，而这一假设，再加上孟德斯鸠对罗马的伟大和它获得伟大的手段的赞赏，其实际效果与马基雅维利对这种帝国主义的坦率的拥护并无太大差别。

关于如何决定一个恰当建立起来的共和国的内部构造，马基雅维利认为，这取决于该共和国是想像斯巴达和威尼斯那样实行非扩张主义，还是像罗马那样实行扩张主义。在深入思考这个抉择后，他认识到，实行扩张主义的共和国不能避免贵族与平民之间的内部不睦，因为随着平民人数的增加，仗着他们军事上的重要性，他们就有胆量与贵族争夺最高权力。他一开始的决定就偏向采纳罗马的进路，理由是必然性有时可能会迫使斯巴达类型要么从事一种完全不适合它的扩张，要么被战争带来的过度自由削弱；在两者之间走一条稳妥的中间道路是行不通的。故而，为避免这些风险，更好的选择是从一开始就建立一个实行扩张主义的、有纷争的共和国。相反，孟德斯鸠似乎连斯巴达这个选择也不认可。他承认，罗马和斯巴达是共和国最强大的类型的典范，这种类型建立在激情或爱国主义之上；但他也坦率地否认，一个自由共和国可以是一个由士兵组成但却没有内部不和的国家（斯巴达过去就是这样）。这就使得罗马人的解决方案看似比我们在马基雅维利那里所见的还要自然。

古典政治哲学设计的最佳政体，是为了体现人类存在的最高可能性。尽管这些政体颇强大，它们主要的目标却不是征服或战争，而是一种高贵的生活，追求一种由最好的人支配并且和谐与稳定在那里占上风的民政环境。不能绝对保证这些政体长盛不衰，不用冒在战争中失败和在和平中腐化的危险，尽管能相当好地为它们提供这种保护。也不能因为它们所需的道德教育的困难，或是它们罕有可行的环境，就抛弃这些政治构想。但是，构想一种高于任何一国所践行的美德的人类美德，这就产生了各种需求和风险，而马基雅维利（孟德斯鸠步其后尘）对此很不耐烦。一旦这两个人都断定，他们不能批评斯巴达类型对战争的倾心，他们就转向拒斥斯巴达的防御而偏爱罗马的进攻，进而支持推行帝国主义的罗马那无与伦比的政治上的伟大。

鼓励人们效仿罗马确实消除了某些风险和困境。然而，这也定会使得卷入其中的共和国在它寻求的战争中冒着存亡的风险，不断地陷入内部的不和中，倘使它的帝国主义被证明是成功的，它就不可避免地转化为某种类型的暴政。这就完全背离了这种教诲的原意，它并非为此而普遍地去激发起各国的好战之心，并激发起不切实际的企图，去创建一个罗马类型的共和国。为了更符合现实并避免偶然的弊端而作出这些选择，肯定会受古典作家的谴责。偶然性，以及对构想出来的人类卓越品质（excellence）的审慎运用，是比这些严酷的、强加给自己的必然性更和善的主人。有的人热爱道德上的伟大和共和国的总体优势，他们宁愿眼见共和国被偶然性击垮，也不愿目睹由于自己当初选择了扩张主义而导致必然出现的僭主推翻了共和国。

区分政治上的伟大和道德上的伟大，并使前者而非后者成为至高无上的政治目标，所付出的代价便在于此。马基雅维利之所以能这么做，是因为在他看来，古典哲学的道德美德在人性中没有基础。但是孟德斯鸠似乎意欲保存道德美德的尊严，虽然他同时拒绝仿效古典作家，不愿让道德美德成为政治生活的直接目标。最好的证据就是他给图拉真的熠熠生辉的颂词。一开始，他就称图拉真是一个伟大的治国者和将领，而不是称赞他那高贵、伟大而美丽的灵魂和他的美德，结尾又将他形容为"最适于为人性增荣，充当神性的代表的人"。在这里，孟德斯鸠暗示，最好的君主就是最好的人，统治中展示出来的道德美德构成人的主要目的，也是人的伟大的主要标准。

这篇颂词听起来更具古典风格，而非马基雅维利风格。孟德斯鸠承认，他在读到关于奥勒留的记述时产生了一种温柔的感情——就像早些时候他见证了西塞罗与共和国的最后拥护者们的友情，这当然不是马基雅维利的风格。尽管如此，孟德斯鸠没有像古典作家那样使用他所钦慕和热爱的美德。他没有把美德至上的生活当作政治社会生活的楷模。图拉真在他笔下是一个征服者，甚至奥勒留的廊下派思想之所以受到赞美，也是因为它的道德和政治效果，而不是因为它作为一种哲学的固有价值，或者作为哲学思考这种行为本身。总之，我们没有瞥见哪一种卓越品质是基于沉思而非基于行动，且行动从沉思中得到灵感、引导和约束。战争行为，而不是理性思考，才是人类社会的楷模。这就印证了亚里士多德的洞见，即把仅限于行动和政治的兴趣与战争的兴趣联系起来。最终，孟德斯鸠不可能比马基雅维利更相信人类依其本性就适于过理性和美德的生活，或是政治生活要受理性与美德的引导。但是，如果道德美德与人的本性不一致，它的价值的根源何在？如果不想让美德遭受这种新教诲致命的一击，不就得为之作一清楚的辩护吗？

四

如果说，罗马是比斯巴达更好的选择，是孟德斯鸠隐含的决定，那么在说明罗马优于迦太基的本质时，他就更加开诚布公。我们犹记得，在第一次布匿战争之前不到一个世纪，在亚里士多德眼中，迦太基兴许还是所有现实的政体中最好的一种，甚至比斯巴达更胜一筹。亚里士多德没有唤起人们对它的商业性格和帝国主义的注意，正如他不大关心它是一个非希腊或"野蛮的"城邦。但是论到它的缺陷，他举出它对财富的倚重以及人民议会的某些权力。在孟德斯鸠看来，相对于罗马，迦太基的主要弱点与此类似，也在于它的商业性格和人民掌握过度的权力。另一方面，罗马却不是一股商业力量，它的帝国主义主要源自野心而非贪婪。

因此，它的道德美德、它对战争的倾心、它在战争中的坚定不移和团结一致、它明智的领导，要比迦太基更伟大，而这一切，最终会使它居于上风。尽管如此，迦太基给罗马造成的威胁比此后的任何威胁更严峻，孟德斯鸠把最高级的（the superlative）"古人呈献的最出色一幕"，留给迦太基人汉尼拔（Hannibal）的壮举。然而，事实证明，这个商业帝国主义共和国在力量上终究不敌那个非商业或农业帝国主义共和国，在后者的手下灰飞烟灭。

孟德斯鸠踵继马基雅维利，赞成在国际舞台上使用诡计和强力，并承袭了他对非商业帝国主义共和国的热情。但是孟德斯鸠并没有教人们动用诡计和强力来实现或维持暴政，或为私人的邪恶助威。相反，他一贯严厉批评损害自己国家的僭主，从未积极鼓励君主或个人的那种精明的残忍。在少数场合，他可能会表示情愿不提伟大而无情的人犯下的严重过错——例如，他关于塔克文（Tarquin）、恺撒（Caesar）甚至塞维鲁斯（Severus）说了什么而没说什么，但是，他这种保留态度更突出了他对马基雅维利的修正或纠正。他采纳的原则似乎是，负责的政治哲人或治国者必须永远以促进共同利益为己任，而不是追逐一些纯粹的私人利益，而且必须尽可能不要助成僭政的事业——在正常情况下，这是可能的政体中最坏的一种。

尽管孟德斯鸠歌颂过诸如图拉真或奥勒留的统治，罗马政治上或道德上的伟大的源泉，在他看来却是共和政体。不唯如此，这是一个在内部不睦的压力下，由贵族共和国向民主共和国转化的政体。与古典作家不同，孟德斯鸠原则上不排斥有派系纷争的共同体这一思想；暴乱可能是它正常运转的一部分。他甚至在使天体循轨道运行的作用与反作用中发现了这一思想的宇宙论基础——派生自牛顿的物理学。不过，他在此处探讨罗马各个相争集团的可欲性时，不如马基雅维利那么直白；他不太愿意坦承，罗马具有内部纷争的政治平衡所欲达到的"真正和平",就在于不断征服它的邻邦和敌手。

  在探讨罗马的国内政治时,孟德斯鸠看起来并不是一个狂热的民主派,甚至也不像马基雅维利,是与权贵(patricians)或贵族(nobles)事业对立的人民①事业的正当性的支持者。他的确说过,最幸运的共和国是那些没有世袭特权等级的国家,但他只是强调一个事实,即这个等级为人民所厌憎,而不是它做了什么不义的事情理应受人民厌憎。在勾勒罗马的内部冲突时,他奇怪地保持着超然的态度,他还是没有站在人民这边反对特权集团。有一个主要的例外,虽颇有说服力,却不太明显:他引用了那位不走运的格拉古(Tiberius Gracchus)的一次演讲,其中指责贵族对土地不要太贪婪,这就含蓄地批评了支配等级的寡头政治倾向。然而,总体上,他对富豪和名门贵胄的批评不如亚里士多德那么直白。同时,尽管他完全意识到罗马人民的美德,他却总是赏识元老院高高在上的主导美德,并把人民不节制的自由和权力视为一大弊端。简言之,孟德斯鸠似乎偏爱这样一种共和国:那里的人民有足够的权力来保护自己免遭严重的不义,但没有足够的权力来操纵国家。这一任务必须留给另一批人,他们以此为主要职业,并且凭着他们的长久且丰富的经验,有能力维持这些深思熟虑的政策,使之代代相传。在此,孟德斯鸠贴近了古典作家的观点——假若我们不考虑他让元老院作为最高目标来追求的帝国主义。但是孟德斯鸠会说,恰恰是这种对征服的倾心,产生了这个共和国引以为傲的其他优点——它的内部自由和安全、它的伦理美德,当然,还有其元老院引人瞩目的地位。

---

  ① [译注]这里说的"人民"(people)是与贵族相对的"平民"(plebs),下同。

五

在《罗马盛衰原因论》里最具理论色彩的陈述中,孟德斯鸠断言,是普遍的道德(moral)和物质(physical)原因,而非偶然性或特殊的原因,统治着世界并解释了罗马的伟大和衰落。在此我们不可能探讨他会怎么定义这里涉及的基本术语,或者追问他的论文是否给伟人的行为或偶然的影响留有足够的空间。尽管如此,很明显,书中并没有弥漫着自然的(physical)、历史的或神学的目的论。孟德斯鸠把罗马当作一个完全"自然的"(natural)现象(就该词的现代意义而言)来处理,有比其他国家更易辨认和更令人难忘的开端、中途和终结,需要结合一般和特殊的原因来进行解释。他就像一名笛卡尔(Descartes)信徒那样写作,不像笛卡尔本人和其后的帕斯卡尔(Pascal),他不肯将人类事务的领地丢弃给特殊性、偶然性和无法理解的东西。在这个规划中,神灵的或超自然的力量、奇迹——或者,更宽泛地说,特殊神意的神圣行为——扮演何种角色,他从未细说,只是点到即止。一般的"道德"原因之间也没有神灵影响的立足之地。与"物质"原因相对的唯一的道德原因,似乎就在于人类变动不居的观念以及与这些观念直接相关的制度、习惯和行事方式;关于道德性(morality)的观念只是为数众多的观念或道德原因之一。作者也从未告诉我们,作为一个理论原则问题,道德原因和物质原因如何互相关联。这部作品自然而然地专注于道德的或人的原因,虽然也没有忽视诸如气候、地理和土壤等物质的影响。在各种各样的道德原因中,孟德斯鸠最感兴趣的是那些关乎罗马生活的关键问题的原因,因此也就是那些政治原因。他对社会的、经济的、军事的、技术的、智力的、宗教的和其他种类的道德原因的影响十分敏感，但总是因为它们有助于理解罗马政治体的本质和行为。是政治共同体而非其他，被认为是人类生活的核心。

《罗马盛衰原因论》不仅在构思上独立于宗教，它还有一种强烈的反基督教意向。最明显的证据就是该书满怀同情地复活了罗马的伟大这一形象，不过，同一意图的更具体的迹象，也大量地散布在孟德斯鸠所说的和未说的话里。譬如，他以引人瞩目的坦率谈论异教徒自杀背后的动机，此后不久，他声称图拉真是"最适于为人性增荣，充当神性的代表的人"，接着就毫不吝啬地赞美起这位廊下派信徒，显然把他与自然和人性而非基督教的上帝联系起来。另一方面，诸如基督诞生、基督教的传播、它受到的迫害、君士坦丁（Constantine）对它的宽容和尤利安（Julian）的叛教这些重大的基督教（和罗马）事件，却被埋在死寂的坟墓里——他根本从未直接叙述过，也鲜有提及。当读者已经习惯对于基督教的存在几乎一无所知的时候，论述阿提拉（Attila）和西部帝国的崩溃的第十九章，突然以一个连本章标题也没有指出的话题开始。这个话题就是当时风行的异教徒和基督教徒之间的争论：基督教对罗马的崩溃是否该负责任。孟德斯鸠花在异教立场上的笔墨稍多于在基督教立场上的笔墨，之后，他把如下观点归之于圣奥古斯丁（St. Augustine）："……古罗马人，由于某些人类的美德，得到一些像这些美德一样空洞的酬报。"他并不试图直接平息这个争论，但他引用的这句话优美而简洁地揭示了他的作品的意义。之后整个问题突然间就中断了，他接着表现出对匈奴人阿提拉的人格及成就的非同寻常的迷恋。

对基督教的批评在接下来论查士丁尼的一章中开始升级，在讨论孟德斯鸠所谓的东部或希腊（不是罗马）帝国的最末三章，这种批评达到最强音。他比较了异教罗马的宽容和基督教的查士丁尼对基督教异见分子和非基督教派别的灭绝政策。他描述了希腊人对异端的搜捕,他们如何丧失了对其君主的服从。他提到基督教趋向于放宽对与宗教无直接牵连的罪行的惩罚,包括叛乱。为说明伊斯兰教为何能迅速征服基督教的东部帝国的某些部分,他援引了"一位闻名的作者",① 大意是说,疾病(sickness)或虚弱是一个基督徒的真实状态,他非但没有否认这点,还将这句箴言用于基督教会的状况,声称当教会的世俗扩张和权力最受限时,即当它"病得最重"时,才是它处于真正的巅峰时。他描述了希腊人的狭隘眼界,他们的迷信和愚顽,他们无休止的宗教动乱,他们的胆怯懦弱,末了,还有他们对政治行动的漠视,竟至于危及生存的地步。

孟德斯鸠在结束他对希腊人的批评时,谈到区分教会权力和世俗权力的基本需求。他赞许地引用了罗马人对这个问题的古老解决办法,即虽然区分了这两种权力,但实际上没有独立的神职人员,从而把至上的宗教权威赋予最高的政治权威。因此,我们必然得出这个结论:孟德斯鸠认为基督教是(西部和东部)罗马帝国衰落的助因,恰如伊壁鸠鲁主义促进了共和国的衰落。但是即使没有基督教,这个帝国也处于腐化状态,孟德斯鸠详述希腊帝国和基督教之间的关联的主要原因,是为了阐明基督教对政治生活的根本影响。这就是为什么一部思考罗马人的伟大及衰落的作品,却以显然是献给希腊人的三章书收尾。面向来世的希腊人——其最不受限制的形式是指基督教——恰好是罗马共和国直接的对立面。

在为古罗马的政治生活欢呼时,孟德斯鸠不仅摒弃了古典政治哲学和基督教:他显然也拒绝了现代理论和实践。他很少对现代的东西表示赞许,而且经常只是附带提及。他确实对诸如航海

---

① [译注]指帕斯卡尔。

的进步、沟通技术扮演的防止各种针对国家的阴谋的角色、伯尔尼的瑞士共和国的命运、欧洲君主比罗马皇帝更有限的权力，以及英国政府固有的自我纠正功能之类的东西表示赞赏。他认为，帝国时代罗马为没收公民财产而将他们处死的惯例已不再可能，这要归功于更淳良的风俗和一种"更克制的"宗教（即基督教）。他承认，罗马人对儿童和奴隶的处置是在戏弄人性，缺少"我们称为人道的美德"。但他同时也狠狠地批评了现代欧洲势力在殖民地的不人道做法。他对自爱（self-love）① 的分析具有一种反基督教的意味，但也有一种特别现代的意味，他的另一个主张，即人民为自己争取至上权力的最合法的基础就在于其自保的权利，也可作如是观。但是，尽管他有这少许保留，钟情于后马基雅维利政治哲学、人道主义和凌越于这个帝国主义城邦之上的技术和政治可能性——只是在《论法的精神》里，他才允许这些保留以胜利的姿态出现，但是，《罗马盛衰原因论》只能被定性为一座异教共和国罗马的纪念碑。然而，它也隐然是一座马基雅维利的现代精神（genius）的纪念碑，他是第一个敢于提出对罗马人的伟大的正确理解并为之辩护的哲人。

六

《罗马盛衰原因论》是一部探究罗马的伟大和衰落的作品，书中的罗马以历史的形式呈现，从其起源到其终点，甚至越过其终点。但是标题所揭示的目的并不需要这样一个结构。假使他愿意的话，他可以就罗马的伟大和衰落的原因作一概述，他在不少章节中实际上就是这么做的。但是相反，他选择循着历史前进，

---

① ［译注］洛文塔尔以 self-love 对译孟德斯鸠的 amour-propre。

只是稍稍补充一些最重要的特点，或通过略去不提来引起人们对它们的注意，他还使用一种必定是相当新颖的手法，添加大量的脚注，非常类似于晚近的学术路数。为了阐释罗马历史传奇（saga）的一般和特殊原因，似乎首先要探明这个传奇的真实性，把它作为一个受认可的主题确立下来。首先得把它的各个部分、各个方面聚到一块，不要受积累了几个世纪的深重成见的影响。还得从一些攻击宗教传统和哲学传统的新的令人震惊的原则来看待它们。因此这些注释的重要性不仅在于提供了历史研究所需的论证依据，还在于召唤人们回到原典，提醒他们留意孟德斯鸠不能毫无防备地表达出来的解释中的创新之处。

这部作品既不是给孟德斯鸠所处时代的公开的实践建议，更不是公开的理论反思，它的表层，无论是就实质还是就形式而言，更接近历史和一种有限的政治哲学。另一方面，它给人留下的总体印象不是激发政治改革，甚至也不是政治参与，而更像是某种远离政治的悲伤的、学者式的隐退。眼见这座"永恒之城"凋零确实令人感到忧郁。沉思"纷纷人事之景象"令人感到忧郁，从中可以看到，罗马人的共和美德无情地导向皇帝的僭政。看到罗马的伟大沦为希腊的腐化，意识到上界的任何力量都不理会一切人事之生灭，从而不再抱有宇宙论和政治上的乐观主义，同样令人感到忧郁。

尽管如此，在其历史的表层下，经历幻灭之后，可以明显察觉到《罗马盛衰原因论》复活了一种政治生活的构想，它既是异教的也是共和主义的，而不是基督教和君主制的，它钦慕古代美德而不是基督教美德、共和国的平等而不是君主国的不平等、共和国的爱国主义而不是君主国的荣誉，它赞许以罗马为楷模的帝国主义。由此我们可以在作品中辨识出一种想要获得理论效果和实践效果的努力：理论效果，是通过（虽然是间接地）教给人们政治上的伟大的真正标准,以及政治事物的性质来获得;实践效果,是通过让头脑与心灵作好准备,一旦时机到来,就以古人的作风行动来获得。但严格说来,孟德斯鸠通过这双重影响要提出的内涵,依然不太清楚。他从未公开地指出,复辟①的现实可能性在何处,或者会变成怎样。可以肯定的是,他对现代社会最详尽的评论表面上是在说明,新的沟通技术和商业使得反对君主的革命阴谋成功的可能性大大地降低。然而奇怪的是,他对阴谋的委婉称呼是"伟大的冒险事业"(great enterprises),他略而不谈现代武器(如枪支和炸弹)的影响,他还引导读者仅从不同国家确立的先例这一角度,来看待统治者的神圣性。因此,这部作品虽带有"纯历史"的色彩,但是产生一种效果,即鼓励读者对自己所处的社会生出一种有欠谨慎的蔑视之情,激起无根据或过度的希望。总之,那种部分以罗马为模型、日后在法国大革命中以狂暴的形象出现的激进、世俗的共和主义,也许在这里已经埋下最初的种子。与之形成对比的是,孟德斯鸠有意使《论法的精神》里的共和主义显得审慎得多,实际上也确实如此。它使得现代君主制的可能性增加了;它描绘了一个成功的共和国必备的特定条件;它激烈地批评了共和帝国主义;它推出一个优于古代共和国本身的现代选择(英格兰)。尽管如此,由于《罗马盛衰原因论》的夺目光芒相对冒失地集中在一处,较之孟德斯鸠的其他作品,它更能揭示他的思想中的马基雅维利的基础,并使公众作好准备,以便迎接他日后的革新。

今天,对于我们这些身在西方的人来说,这项罗马研究有一种特殊的功用。西方社会是首先由洛克以理性的方式构思出来、之后由孟德斯鸠本人进行精细阐述的现代代议制共和国的

---

① [译注]指恢复罗马的帝国主义。

活生生的化身。这个大胆的准英格兰式共和国不是建立在美德之上，而是建立在自由和商业之上，更强调私人生活而不是共同体的团结。孟德斯鸠刻画的罗马使我们忆起这类共和国之外的伟大选择之一，并使我们看到这类共和国最欠缺和不具备的某些品质，其中包括道德正直，一般而言还有一些更严酷的美德；对公共福利的奉献精神；征服外敌的意志与能力。不过，《罗马盛衰原因论》更大的意义在于，它敦促我们留意分隔开古典、基督教和现代思想的那些巨大争论——这些争论是孟德斯鸠最念念不忘的，但我们只能模模糊糊地感觉到这一点。孟德斯鸠以马基雅维利的政治原则为背景，描画出古代的政治实践，这种做法尤其迫使我们去重新检讨替代这种结合的原初选择：古典政治哲学。至关重要的是，它激励我们去模仿作者和那些与他一样在寻求人事的全部真相的人，他们并没有丢掉生死攸关的问题，唯有那些因自负而丧失了行动能力的人，才会对他们发出的声音无动于衷。

孟德斯鸠论两种自由概念

克劳斯（Sharon R. Krause）著
汪海涛 译 林凡 校

但凡谈及"两种自由概念"，总会诱出伯林（Isaiah Berlin）的幽灵，因为他对"积极"自由和"消极"自由的区分，确立了整个二十世纪下半叶政治理论讨论自由的术语。① 伯林的分类虽则重要，但孟德斯鸠对于两种自由概念的区分更为深刻。毕竟，伯林的两种自由概念区分的是政治自由或统治性质的类型。孟德斯鸠的要著《论法的精神》则将我们的注意力吸引到了更加根本的区分（由此而深入更加根本的关联），即政治自由和他称之为"哲学自由"之间的区别，政治自由能够防止权力的滥用——以政府的政制特征为基础的权力，哲学自由则关乎意志之用，因为意志是个人能动性的内在特征。

政治自由是诸多研究孟德斯鸠的主题。很多读者注意到，孟德斯鸠对于政治自由的理解植根于贵族反抗君主专制主义的传统，因此，他的理解有助于我们理解法国宪制思想中的贵族

---

① 伯林（Berlin, I.），《两种自由概念》（Two concepts of liberty），载《自由四论》（*Four Essays on Liberty*），Oxford: Oxford University Press, 1969, 页118–172。

派（thèse nobilaire）和君主派（thèse royale）之间的长期争论。①同样可以确信的是，他淡化了政治自由和自然权利之间的关系，而自孟德斯鸠之前一个世纪现代自然法理论出现以来，二者的关系便是各种关于自由的思想的核心。②最后，他认为政治自由与法治有关，学界对此已有广泛讨论。③ 同样为学界所重的，还有他对政治自由的看法——他认为政治自由是个人安全而非政治集体的自我统治。④

---

① 考克斯（Cox, I.），《孟德斯鸠和法国法律史》（Montesquieu and the History of French Laws），Oxford：Voltaire Foundation，1983，页31；另参金斯顿（Kingston, R），《孟德斯鸠和波尔多高等法院》（Montesquieu and the Parlement of Bordeaux），Geneva：Librairie Droz，1996；Richter, M.，《孟德斯鸠对欧洲和亚洲的比较分析》（Montesquieu's Comparative Analysis of Europe and Asia: Intended and Unintended Consequences），载 L' Europe de Montesquieu，Napoli：Liguori Editore，1995。

② 参考特尼（Courtney, C. P.），《孟德斯鸠和柏克》（Montesquieu and Burke），Oxford：Basil Blackwell，1963，页15；史珂拉（Shklar, J.），《平庸之恶》（Ordinary Vices），Cambridge, MA：Harvard University Press，1984，页238；法盖（Faguet, E），《孟德斯鸠、卢梭和伏尔泰政治学的比较》（La Politique Comparée de Montesquieu, Rousseau, et Voltaire），Paris：Société Française d' Imprimerie et de Librairie，1902，页14。

③ 拉厄（Rahe, P. A.），《政府的形式：结构、原则、对象和目标》（Forms of Government: Structure, Principle, Object, and Aim），载 David W. Carrithers、Michael Mosher 和 Paul Rahe 编，《孟德斯鸠的政治科学：〈论法的精神〉论文集》（Montesquieu's Science of Politics: Essays on the Spirit of Laws），Lanham, MD：Rowman and Littlefield，2001，页69－108，尤其参页70；比诺什（Binoche, B），《孟德斯鸠的〈论法的精神〉导读》（Introduction à De l'esprit des Lois de Montesquieu），Paris：Presses Universitaires de France，1998，页287；潘戈（Pangle, T.），《孟德斯鸠的自由主义哲学》（Montesquieu's Philosophy of Liberalism），Chicago：University of Chicago Press，1973，页109。

④ 参汉普生（Hampson, N.），《意志和条件：孟德斯鸠、卢梭与法国大革命》（Will and Circumstance: Montesquieu, Rousseau and the French Revolution），London：Duckworth，1983，页10；尼（Knee, P.），《归属问题：孟德斯鸠、卢梭和法国大革命》（La question de l'appartenance: Montesquieu, Rousseau, et la révolution française），载 Canadian Journal of Political Science 第22卷，第2期（六月），1989，页285－311，尤其参页303；基奥恩（Keohane, N.），《美德的共和国和荣誉的君主国：孟德斯鸠政治思想的两种模式》（Virtuous Republics and Glorious Monarchies: Two Models in Montesquieu's Political Thought），载 Political Studies，第20卷，第4期（十二月），1972，页383－396，尤参页392。

孟德斯鸠的哲学自由观却鲜受关注。他将哲学自由界定为行使自己的意志，或者自认为在行使自己的意志，①但在界定完之后，他便将其放置一旁，很多评论者认为，他对此没有兴趣。此外，他以科学的方式探究政治和社会，试图以客观因果律解释人类行为，这种方法似乎常常因为外部的强制力量而削弱了哲学自由的可能，或者压制了人的主体性。拙文开始于大多数评论者唐突停止之处，试图探究哲学自由的含义及其在孟德斯鸠政治思想中的地位。通过细读孟德斯鸠的《论法的精神》和他的《思想录》（*Pensées*）的重要片段，我们会发现，以限制意志为基础的政治自由，最终关系到的是行使意志［自由］的问题，因此，政治自由也就上升为对哲学自由的体验。同理，人类"自己处理事情"（《论法的精神》，第一章第一节）的能力，是法治和自由统治的前提。这样，哲学自由令政治自由成为可能。这也有助于解释为什么政治自由是有价值的。论文第一部分探究作为意志界限的政治自由的含义，说明政治自由是怎样上升为哲学自由，或谓意志的行使。第二部分研究哲学自由的性质和限制，并关注它在孟德斯鸠的现代政治科学中模糊不清却极为重要的地位。

作为意志界限的政治自由

孟德斯鸠在《论法的精神》相对较后的部分界定了何谓政治自由。《论法的精神》不是从自由开始——在孟德斯鸠想来，或许是因为我们也不是从自由开始的。于是，他首先讨论一般意义

---

① 《论法的精神》（*De l'esprit des Lois*），载于《全集》（*Oeuvres completes*），第2卷，Roger Caillois 编，Paris: Gallimard, 1949 – 1951，第十二章第二节。［译按］《论法的精神》中译参张雁深译本，北京：商务印书馆，1959，译文略有改动，不一一标明。

上的法和法的"精神"（第一章第一节）、政制的类型（第二章和第三章）、教育（第四章）、民法和刑法（第五章到第七章）、政治的腐化（第八章）、攻击和防御力量的运用（第九章到第十章），在此之后，他才告诉我们"什么是自由"（第十一章第三节）。直到该书的接近三分之一处，即第十一章和第十二章，我们才看到对自由的深入讨论。孟德斯鸠在此告诉我们，政治自由是能做他应该做的事情（à pouvoir faire ce que l'on doit vouloir, 第十一章第三节）。他随即区分了这个意义上的自由和独立（l'indépendance），他将后者界定为做"自己愿意做的事情"。政治自由绝不意味着随心所欲（同上）。紧接着，他详细阐述了这个观点，认为自由是"做法律所许可的一切事情的权利"，他极力主张我们牢记"什么是独立，什么是自由"，二者的差异又在何处。事实上，它们不仅有差异，还是对立的，因为在独立的状态下，没有人能享有自由，不论是某人自己的自由还是他人的自由。原因在于，"如果一个公民可以做法律禁止的事情，他就不再享有自由了，因为其他公民也有同样的权力"（同上）。只按自己意愿而行动的权力，前提是缺乏对行为的正式约束，而在这种情形下，每个个体都可能屈从于其他每个人的专断意志，因而也就不会有自由了。

独立与自由之间的重要区分也见之于《论法的精神》的其他段落。例如在关于商业的部分，孟德斯鸠主张，［商业］自由"不是给商人们为所欲为的权力，倘若如此，倒不如说是一种奴役"。事实上"在一个自由的国家，商人会发现无数的障碍；法律给予他的束缚一点也不比奴役制的国家要少"（第二十章第十二节）。他赞赏英国禁止在战争中扣留和没收外国商人货物的做法，英国将此作为他们自由的条款之一，实在令人赞赏（第二十章第十四节）。对商业活动进行调节的法律，保护了商业活动不受专断意志的影响，不受君主的专断意志的影响——当然不仅限于君主。自由不是独立，所以，如果不约束意志的行为，也就没有贸易自由。

通过类似的方法，孟德斯鸠告诉我们，"人放弃了他们天生的独立状态（l'indépendance），生活在政治法的统辖之下"，正是这些政治法"让人们获得了自由"（第二十六章第十五节）。诸种法律形成了各种权力之间的宪制制衡，这些法律尤其有助于达至政治自由，因为它们将阻止不加节制地行使自己的意志，并因此阻止独立情形的发生（第十一章第四节、第六节，第五章第十四节）。孟德斯鸠也评述了君主这方面的生活状态。他认为，普通人放弃独立状态而生活在法律之下，与此相比，君主们认识到，没有普通法规定他们彼此之间的关系。所以，君主们仍然处于一种持续的独立状态中，这是因为"他们受强力的统治"而非法律统治。由于"他们永远是强制他人或受他人强制"，所以，他们的独立带来了暴力而非自由（第二十六章第二十节）。随后，孟德斯鸠说："君主……是不自由的。"（同上）他们的权威允许他们做自己乐意的事，所以这种权威反而阻碍了他们的自由。君主拥有的是权力而非自由。这些《论法的精神》后半部的段落让人想起孟德斯鸠此前的观点，即"自由一词有多重含义"，并区分了民主政制的权威和民主政制下的自由（第十一章第二节）。孟德斯鸠指出，民主的政制形式常与政治自由混为一谈——因为在民主政制下作为主权者的人民"仿佛几乎可以为所欲为"，但他认为这种混同是错误的，因为它"混淆了人民的权力和人民的自由"（同上）。独立是一种权力，一种不受约束的意志（不论是个人的还是集体的意志）的权威，但是，这种权威不是自由——原因在于，只要每个人的意志不受限制，个人就不能可靠地行使自己的意志。

民法和政治法保护个人不受政治权威或者他人意志的侵犯（第二十六章第二十节，第二十六章第十五节）。当孟德斯鸠说自由就是"不强迫任何人去做法律不强制他做的事,"也"不强迫任何人不去做法律允许他做的事"时,他脑海中就盘旋着这种形式的自由(第十一章第四节,楷体强调为笔者所加)。此种意义上的自由意味着生活在法律规则之下,免受其他特定专断权力的侵害,意味着在确定的法律限度内的自我决断。这是在重复他之前的理念,即"自由是做法律所许可的一切事情的权利"(第十一章第三节)。我们还可以在下述主张中看到相同的理念:当"他们只服从法律的权力"的时候,人是"真正自由"的(第十一章第六节,页399)。这种意义上的政治自由不预设特定的目标或结果。关键是作为约束的法律:诸种法律能够约束各种各样的意志,一如单种法律约束单个意志。这种保护虽然有益,但它与自由的意义无关。

不过,既然孟德斯鸠起初对自由的定义是"能做他*应该*做的事情",而不是"被强迫去做*不应该*做的事"(第十一章第三节,楷体强调为笔者所加),那么,自由显然更指向政治自由,而不是上文不干涉的说法中所暗含的内容。自由还包括承担法外(extra-legal)义务的能力。法的"精神"(第一章第三节)的核心概念指向了多层次的义务和多种来源的规范,这些用于约束作为社会成员的人们。[①]孟德斯鸠有个非常著名的主张:责令立法者制定尊

---

① 关于孟德斯鸠的政治分析所引发的规范的标准,还有一些更深入的讨论,参沙克尔顿(Shackleton, R.),《孟德斯鸠传》(*Montesquieu: A Critical Biography*), London: Oxford University Press, 1961;班赫卡萨(Benrekassa, G.),《孟德斯鸠:自由和历史》(*Montesquieu: La liberté et l'histoire*), Paris: Librairie Générale Française, 1987;科勒(Cohler, A. M.),《孟德斯鸠的相对主义政治学和美国的宪政主义精神》(*Montesquieu's Comparative Politics and the Spirit of American Constitutionalism*), Lawrence: University Press of Kansas, 1988;埃拉尔(Ehrard, J.),《报告》(Presentation),载于《孟德斯鸠的政治学》(*Politique de Montesquieu*), Paris: Armand Colin, 1965;戈亚尔-法布尔(Goyard-Fabre, S.),《孟德斯鸠的法哲学》(*La Philosophie du droit de Montesquieu*), Paris: Librairie C. Klincksieck, 1973;莫舍(Mosher, M.),《普遍政治学的特殊性:黑格尔对孟德斯鸠类型学的改造》(The Particulars of a Universal Politics: Hegel's Adaptation of Montesquieu's Typology),载《美国政治科学评论》

重公民固有信仰和习俗的实定法。不能做到这一点就是与自由相悖。当"执政者所确立的东西与民众的想法相悖（choquent）时"，孟德斯鸠称此为"僭政"（第十九章第三节）。在此情形下，危险不仅在于立法者可能反对民众的愿望，更在于他可能无视他们的责任。他指责"强迫俄罗斯人剪短胡子和上衣的法律"，还指责"彼得大帝将进城的人的长袍剪短至膝盖的暴力做法"，这些都验证了他的观点。这些法律和习俗都是"僭政"（tyranniques，第十九章第十四节）。它们令个人不能够从法律出发承担法律之外的义务，由此而侵犯了民众的自由。

为了强调自由和责任之间的联系，孟德斯鸠起初对政治自由的讨论包括区分"与政制相关"的自由和"与公民相关"的自由（第十一章第一节）。在孟德斯鸠有助于政治以及权力分立（或制衡）的宏赡之论中，政制中的自由处于中心地位，因为"只有权力未被滥用时"才存在政治自由，这要求一种政治权力分立和制衡的政制（第十一章第四节）。英国，"这个世界上以政治自由作为其政制体制直接目标的国家"，是最为清晰的例子（第十一章第五节）。政治权力通过宪政平衡机制而受到约束，就此而言，执政者就较难威胁个人的生命和财产了。这样，宪制中的政治自由就形成了孟德斯鸠所称的"与公民相关的"政治自由，它"包括

(*American Political Science Review*)，第78卷，第1期（三月），1984年，页179 - 188；考特尼，《孟德斯鸠和自然法》（Montesquieu and natural law），载《孟德斯鸠的政治科学》，前揭，页109 - 158；沃迪科（Waddicor, M.），《孟德斯鸠和自然法哲学》(*Montesquieu and the Philosophy of Natural Law*)，The Hague：Martinus Nijhoff, 1970；朱克特（Zuckert, M.），《自然法、自然权利和古典自由主义：孟德斯鸠论霍布斯》(Natural Law, Natural Rights, and Classical Liberalism：Montesquieu's Critique of Hobbes)，载《社会哲学和政策》(*Social Philosophy and Policy*)，18（1）：页227 - 251；梅森（Mason, S. M.），《孟德斯鸠的正义观念》(*Montesquieu's Idea of Justice*)，The Hague：Martinus Nijhoff, 1975；卡洛（Callot, E.），《十八世纪的人生哲学》(*La Philosophie de la Vie au XVIIIe Siècle*)，Paris：Èditions Marcel Rivière, 1965。

安全或者自认为享有安全"(第十二章第一节)。这一安全观点与专制之下弥漫于民众中的恐惧是对立的,因为专制政体的权力没有限制,也没有制衡体系的约束(第三章第八节至第十节)。这种意义上的自由来自习俗(mores)、风尚(manners)和惯例(received examples),也可以来自民法,因为民法调整公民之间的关系,并在政治权威之前建立公民自由(第十二章第一节)。健全的刑法(以及公平的判决)最能保护公民的自由,因为权力侵犯个人的安全,往往通过"公共的或者私人的诉讼"而实现。① 理论上,自由的这两个方面有可能不会同时出现,因为原则上存在这种可能:公民在不自由的政制之下却感到安全,而在自由的政制之中感到不安全(第十二章第一节)。虽然政治自由的两个方面有所区分,但实践中二者似乎不能长久分开。的确,孟德斯鸠在法国的君主政体中找到了安全,尽管事实上这一政体不包括与英国模式相同的权力制衡(第十一章第六节)。但法国君主制有自己的制衡之道,② 极力达到权力制衡时,安全感似乎就可能实现。作为一个实践的问题——一个长期存在的实践问题,政治自由的两个方面或同时存在,或同时丧失。

但是,孟德斯鸠对安全看法的强调,引出了公民自由是否真实的问题。某人自认为享有安全仅仅是自认为吗?政治自由有无可能建立在错误或假象之上?③ 在权力的宪制制衡、节制

---

① 第十二章第二节。参卡里瑟斯(Carrithers, D. W.),《孟德斯鸠的惩罚哲学》(Montesquieu's Philosophy of Punishment),载 History of Political Thought,第 19 卷,第 2 期(夏季),1998,页 213 - 240。

② 《论法的精神》,第十一章第七节;另参其《思想录》(Mes Pensées),载于《全集》(Oeuvres Completes),第 2 卷,前揭,第 1802 [32] 则,页 1431。

③ 参埃拉尔(Ehrard, J.),《语词的精神:孟德斯鸠论"我的"和"他的"》(L'esprit des Mots: Montesquieu en Lui-même et Parmi les Siens),Genève: Librairie Droz, 1998,页 166;比诺什,前揭,页 294。

的民法和刑法之下，适度的安全感自然是有根据的。在这种制度下，由于中间力量的存在，因权力的滥用而威胁个人生命和财产的现象，或者不会发生，或者不会影响到个人。然而，个体仍然服从于国家的强制权力，这种权力理论有可能威胁他的生命和财产，并在实践中约束他的行动范围。为了讨论政治自由，孟德斯鸠数次将好的法律比作"大网"，它"既能捕获到鱼，而鱼却认为它们享有自由"，但坏的法律若以网为喻，"鱼群拥挤其间，感到自己行将被捕获"。①在一个自由的国家，公民感觉不到政府力量的阻碍，因为民法和政治法与人们的法外义务和本性愿望是一致的。在这样的国家，只有在他已经有行动的意愿时，法律才会要求他去行动，因此，他的感觉似乎是，他的行动反映出他在行使自己的意志。虽然这种感觉多少是种假象，但正如一位论者所言，孟德斯鸠坚信，所有国家的目标都应该是真实的安全，而不应是虚幻的安全。②孟德斯鸠对刑法体系和法理学实践的不懈推荐，或许最为清楚地显示了他对这一目标的确信。因此，强调公民"自认为"的安全，孟德斯鸠并不是漠视真实安全的重要性，相反，他将注意力吸引到这种形式的自由具有的主观体验性质上。这种体验的要害在于，某人要感觉到自己的行动（就像宽网中的鱼）反映了自己在行使自己的意志，而非国家的强制力。

讽刺的是，这种政治自由的主观体验，非常接近于独立，或"做应该做的事情"。这或许可以解释，在极力强调它们的区别之后，孟德斯鸠为什么总会时不时地将二者并论。孟德斯鸠在谈论北欧的"野蛮人"时，可以说最为明显地体现了二者的关联。关

---

① 孟德斯鸠，《思想录》，前揭，第 1798［943］条，页 1430；并参第 1800［597］条，页 1431，以及第 1801［828］条，页 1431。

② 卡里瑟斯，前揭，页 294。

于为什么北方民族"皈依了新教,而南方民族依然信奉天主教",孟德斯鸠解释道,"北方民族不但现在具有而且将永远具备独立和自由的精神,这是南方民族所不具备的"(第二十四章第五节)。在此,独立是自由的同伴而非敌人。同样,孟德斯鸠对英国人的描述也经常援引"独立"一词。①在政治自由的典范——英国,每个人都"一向独立",因而服务于自己的"反复无常"和"异想天开"(第十九章第二十七节,页575)。在宗教方面,如同其他方面一样,每个公民都按照"他自己的意志"行动,"由自己的理智或臆想引领"(第十九章第二十七节,页580)。在这个国家里,"所有的欲念都不受约束",因此,"仇恨、羡慕、嫉妒、发财致富和出人头地的热情",都毫无保留地展现出来(第十九章第二十七节,页575)。这些论述和孟德斯鸠此前的做法形成鲜明对比,因为他之前努力将政治自由同责任感或做"他应该(ought)做的事"(第十一章第三节)的能力相联系。孟德斯鸠在描述英国时,实际上没有使用过"应该"一词,取而代之的是表达个人意志统治的词语,即"极端的政治自由"(cette liberté politique extrême)(第十一章第六节,页407)。"明智而节制的君主制和贵族制"下的臣民,尽管也觉得自己是自由的,但只是像宽网中的鱼,相反,英国人"就像大海中畅游的鱼,完全无拘无束"。②

孟德斯鸠告诉我们,在审视英国宪政时,我们会发现,自由"如同在明镜中一样"显现得清清楚楚(第十一章第五节)。此种论述让人想起托克维尔(Tocqueville),托克维尔后来审视美国

---

① 本段和下一段取自拙作《孟德斯鸠的分权思想》,这篇文章关于孟德斯鸠对英格兰的看法有更详尽的讨论,参《孟德斯鸠的分权思想》(The Spirit of Separate Powers in Montesquieu),载 Review of Politics,第62卷,第2期(春季),页231–265,2001。

② 孟德斯鸠,《思想录》,前揭,第180[828]条,页1431。

时，眼中所见"不仅仅是美国"，他还看到了"民主本身的形象……它的爱好、特性、偏见和激情；我想对它有通彻的了解，这样，我们至少会知道应当对它有何忧惧，有何希望"。① 孟德斯鸠对英国的描述与此类似，他的目的是展示政治自由本身的形象，并指出自由的方向。政治自由的方向似乎就是独立。确实，在英国，每个公民都很独立，他们视自己为"君主"，也就是说受自己的意志的统治（第十九章第二十七节，页582）。公民们像君主一样无需"依靠"他人（第十九章第二十七节，页577），也不必"害怕"他人（第十九章第二十七节，页582），这导致了他们的骄傲，因为"国王们所以傲慢，无非是由于他们的独立"（第十九章第二十七节，页583）。我们应该暂停一下，认真思考孟德斯鸠关于英国公民类似于独立的国王的说法，因为根据他此前的观点，国王尽管独立，却不自由（第二十六章第二十节）。其实，我们已经知道，独立的国王并不自由，这正是因为他们的独立，才令他们超出了彼此间的法律的约束，因此，他们就总是臣服于力量或强制性（necessity）的主宰（第二十六章第二十节）。国王受到意志的宰制，这是他的独立的本质所在；这是自由的极端形式，在这种极端形式里，自由可能会转变成强制。然而，孟德斯鸠坚持认为，英国拥有"世界上最自由的人民"（第十二章第十九节），他通过英国人的政治体制，来分析政治自由的本性（第十一章第六节）。事实上，他清楚地表明，英国人的独立是他们的自由达到的某种效果，也就是说，他们的自由来自法律，而正是这些法律构建了他们在宪制之中的政治自由（第十九章第二十七节）。

---

① 托克维尔（de Tocqueville, A.），《民主在美国》（*La Démocratie en Amérique*），J. P. Meyer 编，《托克维尔全集》（*Oeuvres Complètes d'Alexis de Tocqueville*），卷一，Paris：Gallimard, 1951, 页12。

在第十一章第二节至第四节,政治自由与责任息息相关,而在第十一章第六节和第十九章第二十七节,责任却被独立取代,这种转变如何解释?这一转变似乎始于第十一章第五节介绍的英国政府的独特特征,即它的宪制以政治自由为其"直接目标"。政治自由并不服务于其他目标(或对更高权威负责),自由的目标就是自由本身。自由视其自身为目标,就是让个体摆脱权威的束缚——自由曾被设想为实现这种权威的一种手段。因此,在英国,每个人都视自己为"君主"。责任的根源从外在权威转变为个人主宰的内在权威,现在,自由就是自由地去做他想做的事情。通过这个转变,孟德斯鸠指出了自由的逻辑,或者说自由视其自身为目标的逻辑结果。依据这一逻辑,自由始于令人承担他们的责任,却终于解除他们的责任。此中论述首先以温和的面目出现,为一种以传统责任为目标的自由(所以这种自由看似与传统权威颇为友好)而辩护,但实际上还是有着激进的暗示。在一个没有英国那么"极端"的政治秩序中,自由也是可能的,正如孟德斯鸠对法国模式的提及所表明的。[①] 于是,每个公民都感觉自己像君主一样的英国模式,从逻辑上讲(但并非必然),就是自由的目标。某种宪制所确立的自由,与以自由本身为目标的完整形式的自由相比,很可能是不完整的。但自由的逻辑表明,一旦自由臻于完整,政治自由最终将与独立并列呈现,因为从逻辑推断,独立遵循了政治自由以自由本身为目标的含义。作为意志的界限,政治自由在它的完整形式中引出了如何运用意志的问题。而意志的运用即孟德斯鸠所谓的哲学自由。

---

① 《论法的精神》,第十一章第七节;孟德斯鸠,《思想录》,第 1802 [32] 条,页 1431;参卡里瑟斯,《民主和贵族制的共和国:古代和现代》(Democratic and Aristocratic Republics: Ancient and Modern),载《孟德斯鸠的政治科学:〈论法的精神〉论文集》,前揭,页 109–158,尤参页 110。

哲学自由作为意志的运用

根据孟德斯鸠的定义,哲学自由是"行使自己的意志,或者至少(假如需要从所有体系来谈的话)自认为在行使自己的意志"(第十二章第二节),孟德斯鸠随即想让我们了解这个观点是否真实。①有充分的理由认为,这种形式的自由,如同作为自认为安全的政治自由一样,并不完整,因为孟德斯鸠多次引导我们去怀疑人类意志的自由。例如,他在《思想录》中再次提到人作为机器(la mâchine)的观点时,指的是一种认为人没有自由意志的机械论看法。②他说:

> 我们皆是机器,机器使我们屈从于习惯的法则。机器使我们的心灵习惯于以固定的方式思考。它让[我们的心灵]习惯于思考另一个心灵。正是在这一点上,物理学能在道德中找到位置,依靠机械方法让我们看清人类的缺陷和美德的本性。(同上,第597[220]条,页1126–1127)

在另一处,孟德斯鸠主张,决定人类行为的"美德"和"缺陷",其实是"各种激情的结果",而激情"来自机器的特定状态"(同上,第183[2035]条,页1015)。根据这种观点,精神(l'esprit)的感觉(sentiments)"几乎总是我们身体不同器官产生的一切不同运动的结果"。③同样,孟德斯鸠将"灵魂"比作"网

---

① 参见比诺什,《孟德斯鸠的〈论法的精神〉导读》,前揭,页19。
② 孟德斯鸠,《思想录》第549[30]条,页1058–1062;第183[2035]条,页1015;第597[220]条,页1126–1127;以及第996[58]条,页1268。
③ 孟德斯鸠,《论影响精神和性格的原因》(*Essai sur les Causes qui Peuvent Affecter les Esprits et les Caractères*),见《全集》第2卷,Roger Caillois 编,Paris:Gallimard,1949–1951,页48。

上的蜘蛛",因为灵魂对于外在事物的反应,由身体而引起或者通过身体而感觉到,就像蜘蛛通过蜘蛛网上的动静而作出回应。灵魂不是超验的实体,而是"通过它在其间寻找到的愉悦,被引导到灵魂机器的运动"(同上,第183[2035]条,页1015)。其实,孟德斯鸠有时交替使用人的"灵魂"和人的"机器"(同上,第549[30]条,页1060–1061),用以说明一种理解人类行为的彻底的机械论,而这削弱了人作为主体而自我–主导行为的可能性。

孟德斯鸠在此吸收了由笛卡尔初创并经斯宾诺莎而激化的现代机械论。[①]这种论点认为人的行为受制于统治物质世界的因果律法则,由此而运用这种方法去除基督教天启观下的宇宙论——根据基督教传统,宇宙由神律统治并充满了超自然的干预力量。十七世纪晚期和十八世纪早期,唯物主义哲学进入法国,并通过小册子和未刊稿在贵族沙龙中广为传播。这种哲学的支持者包括布兰维利耶(Boulainvilliers)、丰特奈尔(Fontenelle)、沃韦纳格(Vauvenargues)、霍尔巴克(Holbach)、狄德罗(Diderot)和拉·梅特利(La Mettrie)(撰有《人是机器》[L'homme machine,1747]和《灵魂的自然史》[L' histoire naturelle de l' âme,1745])。唯物主义者认为灵魂即感觉,运动即物质,他们不仅具有理论上的意图。唯物主义旨在通过人类理性容易达到的科学术语,说明自然的"行为的神秘之源",从而揭露迷信,那些有信仰的人就是被这种迷信操纵,而且,迷信还会强化宗教权

---

① 伊斯雷尔(Israel, J.),《激进的启蒙》(*Radical Enlightenment*),Oxford: Oxford University Press, 2001,页14,页24以下,页42;莫舍(Mosher, M.),《孟德斯鸠是法国人吗?反思启蒙思想从民族到人类的过程》(Was Montesquieu French? Reflections on the Passage from nation to humanity Enlightenment thought),美国政治科学协会(the American Political Science Association)年会论文,Boston, 2002。

力和政治权威。①按照基督教的观点，以自由意志为标志的形而上学灵魂，是人和上帝的连接点，是人类社会和它的神圣立法者之间的中介。形而上学灵魂的自由，是人类对在道德上屈服于上帝的基础。狄德罗称之为"新斯宾诺莎主义"（nouveaux Spinosistes），它有助于人类摆脱对上帝的屈服及其政治影响。②因此，这些唯物主义极力辩护的决定论，是为了构建一种新的自由，孟德斯鸠也同样心怀此般抱负。孟德斯鸠在讨论人类灵魂时时常采用的机械论术语，显示出他和唯物主义者之间的某种一致。③

孟德斯鸠在《论法的精神》中认为，自然条件决定了人的性格，并限制了他们选择政府类型的可能性（因此这也是集体选择），这种气候和地形决定论可能会强化上述一致。亚洲由比欧洲更广阔的平原构成，所以亚洲更易于实行专制（《论法的精神》，第二十七章第六节）。气候因素还在于，亚洲"位置偏南，河源比较容易枯竭，高山少有积雪覆盖，河流不大宽广，给人的障碍较少"。基于这些因素，权力在亚洲"因而往往是专制的（doit donc être toujours despotique）"。同样，欧洲所以具有"天赋的自由（genius for liberty）"，原因在于，其地面的天然分割状态造就了可"适度延伸"的国家，法治是这些国家维持存续所必需的（第二十七章第六节）。"较之自然条件较好的国家，多山和条件艰苦的国家"中自由的地位更加重要（第十八章第二节）。同样，岛民"比居住在大陆上的人更爱好自由"（第十八章第五节）。英国从它的条件和恶劣的气候中获益，这种气候赋予他们缺乏耐心的性格，并影响了这个民族的"灵魂"。这种缺乏耐心有助于

---

① 参卡西尔（Cassirer, E），《启蒙哲学》（*The Philosophy of the Enlightenment*），Princeton, NJ: Princeton University Press, 1951，页50，页67；亦参莫舍，《孟德斯鸠是法国人吗？启蒙思想从民族到人类的表达》，前揭。

② 参伊斯雷尔，《激进的启蒙》，前揭，页6。

③ 参莫舍，《孟德斯鸠是法国人吗？启蒙思想从民族到人类的表达》，前揭。

"挫败僭政的谋划",因而有利于形成政治自由(第十四章第十三节)。一般来说,"人在寒冷的气候中更有活力。心脏的搏动和纤维末端的反应较强,分泌更均衡,血液更有力地回流心脏,心脏在交互作用下更有力"(第十四章第二节)。这些因素反过来产生更强的自信和勇气,优越感和安全感增加,所有这些都更有利于保持政治自由的生活方式(第十四章第二节)。孟德斯鸠说,在观察世间各个民族的时候,人们会看到"精神的特点和内心的情感会因不同的气候而迥然有异"(第十四章第一节)。这种气候决定论质疑了意志自由的可能性。

加上社会因素——如塑造人类身份和指导个人意志的文化和历史,这种质疑将更加严重。国王[塑造]的风俗和各种法律一样,能"把人变成禽兽,也能把禽兽变成人"(第十二章第二十七节)。它们能造就"自由的灵魂"或者"低劣"的灵魂。在东方,文化环境的复杂使灵魂一旦接受了它们,就无法再"改变印象"(第十四章第四节),在东方,人们"不可能找到一丁点表明精神自由的标志"(第十七章第六节)。第十九章详细描述了第一章第三节首次界定的习俗和风尚的文化影响,而第二十八章、第三十章和第三十一章则提供了一个案例,研究一个特定民族(法兰西)的历史传统如何限制民族共同体的集体选择,而这种集体选择则能够创造并形成个体的生活条件。基于这些理由,一些研究者将孟德斯鸠视为社会学的创始人,[1]有时视他为社会学式的决定论者。即便这种解释给哲学自由的可能性带

---

[1] 参涂尔干(Durkheim, E.),《孟德斯鸠和卢梭》(*Montesquieu and Rousseau: Forerunners of Sociology*), Ann Arbor: University of Michigan Press, 1960([译按]中译参李鲁宁等译本,上海:上海人民出版社,2006);阿隆(Aron, R):《社会学主要思潮》(*Main Currents in Sociological Thought*), New Brunswick, NJ: Transaction, 1998([译按]中译参葛智强等译本,上海:上海译文出版社,2005);若纳(Jones, R. A.),《矛盾的笛卡尔信徒:涂尔干、孟德斯鸠及其方法》(Ambivalent Cartesians: Durkheim, Montesquieu and Method),载*American Journal of Sociology*,第100卷,第1期(1994年7月),页1-39。

来了问题，但是，它毫无疑问抓住了孟德斯鸠政治科学的基本目的，即通过设定"从事物的本性"引出的一般"原则"，对"所有国家的历史"包括"无限多样的法律和风尚"作出因果论的解释（《论法的精神》，页229）。因果性意味着有必要反对偶然性，因为在偶然性之中，人会期待毫无阻碍地运用自己的个人意志，孟德斯鸠称其为纯粹的自由（pure liberty）。①这种必要性还表现在气候、地形、文化和历史上，对孟德斯鸠首次努力构建的关于人类社会的科学——作为政治科学一部分的社会科学——而言，它们是其基础部分。他对人作为机器的描述，似乎是谨慎构建的整体的不可或缺的部分。这个整体似乎表明，自由的主体之类对我们来说毫无用处。

　　孟德斯鸠在一定程度上赞同斯宾诺莎主义的决定论，但这种决定论存在一个基本困境，而且，这个困境恰恰直接导致了孟德斯鸠本人批判这一决定论的预设。普鲁士的腓特烈大帝（Frederick the Great）指出了这个困境，他认为，决定论学说使得政治问题失去了选择的余地，而只能接受现状——尽管决定论的典型支持者们都是社会改革者。在回应霍尔巴赫的机械论著作《自然的体系》时，腓特烈写道：这位作者表明，人"所有的行动都受到命定的必然性的指引"，然而，尽管如此，"他还是勃然大怒，反对牧师，反对政府，反对我们整个教育体制；他确实相信行使这些职能的人是自由的，即使他能证实他们是奴隶"（卡西尔，《启蒙哲学》，前揭，页71）。同时成为决定论者和它的批判者是很困难的，或者说，为规范的标准辩护总是困难的。人类主体性的缺乏或者哲学自由的缺席，将导致权利的标准不再有效，社会和政治批判也就失去了实际意义。

　　或许，这可以解释为什么即使在讨论"我们是机器"的性质

---

① 孟德斯鸠，《思想录》，第1798［943］条，页1430。

时，孟德斯鸠也避免简化，避免将灵魂简单地消解于身体的决定论的计算之中。他说，当"医生"和"道德论者"讨论激情时，没有一方完全正确。道德论者"太关注灵魂，而另一方则太关注身体"。道德家夸大了理智的崇高地位和独立力量，就此而言，他们是错误的，所以他们更多地将人视"为一种精神（esprit）"，但是，医生则错误地夸大了理智的局限，仅仅将人描述为"制造出的一部机器"。孟德斯鸠自己的结论是，"人由平等的两部分组成，每个部分都通过上升和下降来运动并维持其系统"。①其实，他抨击彻底的唯物主义者对人类本性的描述，因为按照他们的观点，人类"只是物质的变化罢了"。他讽刺地抱怨道，这种观点"将我的灵魂（l'âme）抬高到身体的尊贵地位"，并且"占据了我的精神（l'esprit）拥有的广袤空间"，这种观点"仅仅给予我物质的身体，给我在宇宙之中的四或五英寸空间"（《思想录》，第617［1266］条，页1138）。他拒绝这种彻底的唯物主义，因为它力图毁灭我身上的自由（détruire en moi la liberté）。②在其思考的另一个角度，孟德斯鸠将灵魂比作"一系列观念"（同上，第551［1675］条，页1062），比作"一个为了自己而从不停歇的永恒劳动者"（同上，第551［1675］条，页1066）。就像一位论者所言，孟德斯鸠认为灵魂是"自发的能量……是活跃的理智"，而不仅仅是一个被动的"容器"。③同样，孟德斯鸠主张"人类行为

---

① 孟德斯鸠，《思想录》，第183［2035］条，页1015。
② 同上，第617［1266］条，页1138；伯林，《孟德斯鸠》（Montesquieu），载于 *Against the Current*, New York：Viking Press, 1980, 页130 - 161, 尤参页146；巴里埃（Barrière, P.），《一个伟大的外省人：夏尔 - 路易·德·色贡达 - 拉布莱德和孟德斯鸠男爵》（*Un Grand Provincial：Charles - Louis de Secondat, Baron de La Brède et de Montesquieu*），Bordeaux：Delmas, 1946, 页315、页328。
③ 参斯塔洛宾斯基（Starobinski, J.），《孟德斯鸠》（*Montesquieu*），Paris：Seuil, 1944, 页28。

应服从于责任",而且,"这就是我们能够履行职责的原因。如果说这种理由让我们仅仅是保护自己,就像兽类保护它们自己一样,那么,这个理由理当遭到鄙弃"(《思想录》,第597[220]条,页1126)。虽然灵魂与身体的外在行动相互影响,但我们也不能就此将二者还原,而且,理性不仅仅是我们的物质必然性的奴隶。

除了批判对人类本性所作的还原主义分析,孟德斯鸠不时指出对人类行为作决定论解释所具有的局限。可能对这种影响最明确的描述就在《论法的精神》开篇,孟德斯鸠一开篇就否认世界被"一种盲目的命运"所统治(第一章第一节)。当一个人开始思考"独特的智性存在"时,他就会发现,"支配自己行动的是人的天性"。孟德斯鸠指出,人类受"不变法则"的统治,包括对所有物体产生作用的物理法则,例如万有引力定律,以及人类社会实定法建立之前的"最初法则"(第一章第一节)。然而,不像其他生物,作为智性存在,人类经常违背永恒的"原始法则"和某些"他们给自己制定的法律"(第一章第一节)。这些违背法则的行为证明了人类的缺点,但是它们同样也表明了人类独特的引导自我行为的能力,这种能力来源于这种智性存在"为他们自己而行动"的天性(第一章第一节)。这样,孟德斯鸠坚称,由于人类具有理性,而不仅仅只是身体性的生物,所以,"人类必然引导自己的行为"(*il faut qu'il se conduise*)(第一章第一节)。为了完成我们引导自己行为的任务,我们不仅仅拥有宗教法(孟德斯鸠没有称其为神律),还拥有作为明晰的人类工具的哲学,正是由于哲学,我们才会有道德法则和法律,包括民事法律和政治法律。这些篇章明显弱化了贯穿《论法的精神》和《思想录》的决定论理念。

孟德斯鸠对吕库尔戈斯(Lycurgus)、梭伦(Solon)、康斯坦丁（Constantine）、彼得一世（Peter I）和佩恩（William Penn）等立法者的态度，更加证明了他不是一个严格意义上的决定论者，而可以设想为一种自由的举动，一如"运用自己的意志"，这可不能视为一个错误的观点。虽然立法者的立法总是在包括国家现实条件在内的民族"精神"所奠定的具体背景之内，而且，这个背景是潜在的而非确定性的决定论，所以可以某些方式得到抵制和超越。①例如，当南方"气候的物理力量"发生变化，与"自然法则"中所介绍的可控性背道而驰，这时，"就是立法者制定民法去战胜气候"，并"重建居民忽视的原始法则"的时候了。②孟德斯鸠同样提到了作为历史的重要代言人的军事领袖，从亚历山大、恺撒和汉尼拔到查理曼、卡佩（Hugh Capet）和克伦威尔。同样代表人类意图的力量的哲人，也被孟德斯鸠比作立法者（第二十九章第十九节）。苏格拉底的哲学思想"极大改变了雅典人的精神"，这就是"柏拉图因为生于其时代而感谢诸神"的原因（《思想录》，第 2096［1233］条，页 1546）。政治自由以人类意图的力量为前提。毕竟，对人类来说专制是最自然不过的政治体制，但是，一种衡平的宪制是"立法"和"慎虑的杰作"，"几乎不可能在偶然间产生"（第五章第十四节）。认为历史上还没有真正的人的主体性的观点，与这些段落、与孟德斯鸠本人的自我认识相冲突。无疑，他想通过自己的著作形成一种政治变革的主体——确实并非革命性的变化（《论法的精神》，页 230），而是以更加温和的方式进行政府变革（第十九章第一节）。正如论者所言，这些原因表明，孟德斯鸠理论中的决定论元素，并"不会剥夺一个

---

① 参拉雷尔（Larrère, C.），《孟德斯鸠的现实性》（*Actualité de Montesquieu*），Paris: Presses de Sciences Po, 1999，页 22；托多罗夫（Todorov, T.），《有缺陷的花园：人本主义的遗产》（*Imperfect Garden: The Legacy of Humanism*），Carol Cosman 英译，Princeton, NJ: Princeton University Press, 2002，页 41，页 65。

② 《论法的精神》，第十六章第十二节；同时参见第四章第六节。

人自由行动的权利,也不会使他们推卸自己的责任"。①

因此,孟德斯鸠机械论的术语同他对人类主体性的辩护或者他的哲学自由之间,存在着不少令人困惑的冲突。要弄清这些困惑,我们可以把这些彼此冲突的篇章视为孟德斯鸠竭力为之的事情的一部分,他努力要做的,是要在针对自由意志而进行辩论的双方之间,指明一条新途。例如,伏尔泰在他的《论形而上学》(*Treatise on Metaphysics*, 1734)中为意志自由辩护,但是随后他改变了自己的观点,在《无知的哲人》(*The Ignorant Philosopher*, 1766)中又采用了决定论的态度(卡西尔,《启蒙哲学》,前揭,页250以下)。孟德斯鸠本人的观点变化可能反映出类似的思维转变,但我们有理由认为,观点的变化更传达出孟德斯鸠在哲学目的上的新意。为防止哲学自由受到决定论的冲击,孟德斯鸠无意回到与决定论息息相关的基督教形而上学。孟德斯鸠没有站在天启宗教一边反对新斯宾诺莎主义,一如宗教权威对他的著作提出了激烈的批评。《论法的精神》用客观原因[解释世界],这种做法显得更为精当,无疑消除掉了对历史和社会的天启解释,即使孟德斯鸠的客观解释依然给人类立法者留有余地。同样,在第一章第一节,孟德斯鸠强调要用人类自己的力量来"引导自己",后来,他称这种引导为哲学自由,他同时也削弱了上帝的力量在世界中的作用。上帝"与世界的关系(rapport)在于他是其创造者和保护者",但是上帝没有继续干预。此外,上帝的创世行为,"被看作是一个专断行为,但它有不变的规律,就像无神论者所谓的不变的命数一样"(第一章第一节)。由于这些类似言论,教会

---

① 托多罗夫(Todorov, T.),《论人类的多样性》(*On Human Diversity*), Catherine Porter 英译, Cambridge, MA: Harvard University Press, 1993, 页368, 另参氏著,《有缺陷的花园:人本主义的遗产》, 前揭, 页41;参戈亚尔-法布尔(Goyard-Fabre, S),《孟德斯鸠:霍布斯的对手》(*Montesquieu: Adversaire de Hobbes*), Paris: Lettres Modernes, 1980, 页16;另参史珂拉,《孟德斯鸠》, 前揭, 页52。

将该书列入违禁名单,并且谴责其中的"斯宾诺莎主义",当然也还有其他的谴责。

这些批判在一定程度上是正确的,因为孟德斯鸠确实与那些追随斯宾诺莎的哲人有共同的渴望,力图用一种全新的科学因果关系取代"神学观念论",从而为政治和社会提供一种可能的自治基础——也就是以人为根基的自治。① 但是,这些批评也不尽然准确,因为孟德斯鸠含蓄地归因于上帝的决定论,并没有以同样的方式存在于人类的主体之中。孟德斯鸠的原创性在于,他同争辩的双方争论,以为哲学自由辩护,令其脱离传统的神学外衣。在这个方面——和其他方面一样,孟德斯鸠的观点为卢梭的思想奠定了基础,而卢梭的思想则在最大程度上背离了斯宾诺莎主义的传统,诚如最近的一位史家所言,这种背离体现于卢梭对"灵魂的自由精神"的申辩。然而,这种对意志自由的明确辩护无法回归于传统的神学框架之中。② 是卢梭而不是孟德斯鸠充分发展了哲学自由的概念,但卢梭追随了孟德斯鸠的脚步。强调人的主体性,并以此对抗上帝的神意的主体地位,这就回应了孟德斯鸠对政治自由的分析;政治自由是独立(l'indépendance)的最高形式,在政治自由之中,凌驾于人类之上的权威,就皆因人类意志本身的权威而黯然失色。

孟德斯鸠在人的主体性和外部因果关系之间的转换,同时又将神启排斥在外,这种方法可以清楚地见于《论法的精神》第一章对法律不同意义的论述之中。在第一章第一节的开篇,孟德斯鸠首先将"一般意义上的法"定义为"来源于事物本性的必然关系(rapport nécessaires)",这个定义的用意在于指明,首要的是主

---

① 参卡西尔,《启蒙哲学》,前揭,页70;另参莫舍,《孟德斯鸠是法国人吗? 启蒙思想从民族到人类的表达》,前揭。

② 伊斯雷尔,《激进的启蒙》,前揭,页718。

宰经验现象中的运动和相互作用的因果关系（还暗示了主宰的上帝也同样符合因果律）。从这个意义上说，法律文本是严格描述性质的，法律暗含的是各种原因的存在，而不是人类意志。然而，在这一章的结尾，孟德斯鸠开始在不同的意义上使用"法"这个词语。在谈及关于正义的"原初法则"、宗教法、道德法律和政治法律时，他把规范这层意思引入法律的意义之中。一如我们所知，他并不认为后来形成的法律形式等同于神律，但他确实将神律作为法律形成的原因。只有"智性存在"受制于关于正义的规范性法律——当然也受制于描述性的因果关系法律。规范性法律也详细标明了"各种关系"，但是它们是关于正义的关系而不是必然的联系；它们的功能是告知我们应该如何行事，但是它们并不是我们如此行事的原因。我们按照应该的方式去行事，而不要因冲动行事，通过规则引导自己的行为，这都需要意志的运用。在这个方面，作为规范的法，中断了孟德斯鸠对世界的决定论描述，这种决定论描述是完全不同的看法，认为世界为必然关系所主宰。

　　在第一章第三节，孟德斯鸠在一个特定的社会环境中讨论民法和政治法律，这时，法律的意义再次发生了转变。这个意义上的法律，不仅意味着人作为主体引导自己行为的可能，而且还强有力地坚持这种可能，因为就实定法"统治着全世界所有的民族"而言，实定法即"人的理性"（第一章第三节）。理性使我们能够按照我们选择的规则引导自己，在一定程度上，我们确实如此行为，而在影响人类行为的原因链条上，我们还应加上人类意志。那么，我们就不应该感到奇怪，《论法的精神》中描述专制的章节中，我们能够读到关于人类行为最为机械的记述，因为专制缺少法治，并且理性受到了最大程度的限制（第三章第十节）。法律表达的是，人作为主体而引导自己的行为，而作为主体的人不仅中止了专制，有时甚至确实在抵制专制。然而，在抵制专制的过程中，作为主体的人却不能征服专制。孟德斯鸠在表达法的意义时，其晦涩难解的方式是有意义的。只有在最宽泛的意义上把法律当作必然关系进行讨论之后，我们才能定义把人类作为主体涵括在内的法律，这个事实意味着，［人的］主体性是在一个有限制的总体背景下运作的，在这个总体背景之中，人类的行动有许多人类意志之外的原因，这个事实还意味着，意志也可能由外在的原因形成，尽管神意显然不在这些原因之中。哲学自由作为对意志的运用，从来都不是纯粹的，但是法律的概念指明了孟德斯鸠对哲学自由的确信。

　　法治就像"偶然产生"的权力平衡一样，是政治自由的必要条件之一。就此而言，政治自由预设了人类意图的力量、人类意志的运用，或者说预设了哲学的自由。此外，在评价政治自由优于其对立面专制主义时，人类能够引导自身行为这一事实能够提供一个基础。孟德斯鸠曾经说过："真正的自由是一个哲学状态（philosophical state）而不是政治状态（civil state）。"但是，他又继续说道："这并不是否认存在极好和极坏的政府，更不是否认，若以其远离我们的自由哲学思想为判断标准，有的政制是有缺陷的。"（《思想录》，第1798［943］条）①这段话表明，正由于政治自由是可能的，所以政治自由才有价值——换言之，政治自由正是我们人类的存在特征。就像一位论者最近所言："如果政治自由在孟德斯鸠看来是有价值的，这也是因为它符合人类拥有意志自由能力这一本性。"②可以肯定的是，政治自由会带来很多其他的

---

　　① 我们不能混淆以下两种评论：对维护哲学自由和好的（甚至完美的）政制之间的联系的评论，以及孟德斯鸠对应用于人类心灵的完善的目标的轻蔑的评论（孟德斯鸠，《论法的精神》，第二十四章第七节；《思想录》第89［1438］条）。孟德斯鸠确实反对后者，因为它往往会侵犯自由。

　　② 参托多罗夫，《有缺陷的花园：人本主义的遗产》，前揭，页41，页65。

好处,而不仅仅是安全(《思想录》,第 1802 [32] 条,页 1431)。但是,人作为主体实际是支持政治自由的一个强有力原因。例如,在讨论英国宪制中具有代表性的元素时,孟德斯鸠说,在一个自由的国家,"每一个被视为拥有自由灵魂的人,都应该由自己统治自己"(第十一章第六节)。像英格兰这样较大的国家,采用选择代表的方式实现自治。因此,在代议制政府和人类灵魂的本性之间大有关联。当然,代表只是政治自由的一个部分,而且,孟德斯鸠关注的是,给予人所能运用的意志一个共同的政治表达,他同样关注(或者更为关注)的是,在私人生活和社会中为"意志的运用"保留一定空间。①因此,在共和制背景下,他没有限制自由——无论是政治自由还是哲学自由。然而,任何实现了部分政治自由价值的自由政府,都传达出哲学自由的含义,也保护着哲学自由。无论在君主政、共和制还是其他政制形式中,政治自由作为一种统治方式,都是最适合以"按照自己意志行为"为本性的人类的(第一章第一节)。

结 论

尽管在《论法的精神》中,政治自由不是分析的直接主题,但是,政治自由的概念还是隐藏在这部著作的字里行间,并在孟德斯鸠的政治哲学中居于中心地位。他有充分的理由将政治自由隐匿于漫漫背景之中,因为一旦突出政治自由的概念,人们就会

---

① 孟德斯鸠,《思想录》,第 1802 [32] 条,页 1431 – 1432;参拉雷尔(Larrère, C.),《孟德斯鸠和现代共和制:法国十九世纪共和政体的传统》(Montesquieu and the Modern Republic: the Republican Heritage in Nineteenth – century France),载卡里瑟斯(David W. Carrithers)、科尔曼(Patrick Coleman)编,《孟德斯鸠和现代精神》(Montesquieu and the Spirit of Modernity),页 235 – 250, Oxford: Voltaire Foundation, 2002,页 235 – 250,尤其参 240。

注意到他最具争议性的思想，即他对基督教形而上学的抛弃。如果没有政治自由，他的事业将毫无意义。如果没有哲学自由或者有效的人的主体性，社会和政治批判就将毫无效用，而孟德斯鸠一直推崇的政治自由和政治自由所必需的教诲，也将变得毫无价值。政治自由的前提是，在构建衡平的宪制和法治时所呈现的人类意图的力量。出于同样的原因，在传达出政治自由的独立状态下，政治自由会产生或者达到顶点。这样，孟德斯鸠的政治自由理论就绝非偶然之论。政治自由以哲学自由为先决条件，同样也会导致哲学自由。哲学自由为我们提供理智动力去追求政治自由，原因之一在于，一种严格的决定论会使人类的追求变得毫无意义，另一个原因则是，由于人类主体性这一事实，追求政治自由背后的哲学自由之因非常符合人的本性。哲学自由有助于解释政治自由为何如此具有价值，也有助于解释，对人的本性来说，为什么专制不仅仅是一种麻烦，更是"一种侮辱"（第八章第二十一节）。

孟德斯鸠即便对自由意志问题思之周备，他也熟悉当时关于自由意志主题的辩论主线，熟悉这场辩论中神学和政治关联，但是，他还是不能提供一种清晰的自由意志理论。所以，作为人的主体性的哲学自由与外部的因果性法律之间的张力，就从来没有一个系统解答。主体和外部因果之间关系较为完备的梳理，还有待于康德和那些追随孟德斯鸠者来完成，这并不是说，后来的思想家解答了孟德斯鸠分析中产生的全部问题。孟德斯鸠的两种自由概念产生了不少尚未解决的问题，这些问题仍然是探讨自由的现代哲学的中心困境。当代政治科学是这种困境的继承者，因为当代政治科学的目的是通过因果律的科学法则剖析政治特征，它在这方面的成功却令人作为引导自己行为的主体地位平添了很多疑问。然而，在削弱人的主体力量之际，政治科学又让自己面临着淘汰的危险，因为缺少人的主体性，政治自由必然被其他模式所取代，比如社会学、经济学甚至是自然科学本身。相反，若严肃审视人的主体力量，政治科学就会危及自身解释和预测政治行为的能力。孟德斯鸠没有解释这些张力，但他可以帮助我们理解这些张力如何产生，理解其必要性。他还提醒我们，即使今时今日，这些张力依旧是政治科学这门志业的特有问题。

《罗马盛衰原因论》中的基督教与政治

迈尔斯（Richard Myers）著
邱晨曦 译

  最近的事件重新唤起人们讨论一个或许早已遗忘的政治议题，即教会和国家的关系。20 世纪 80 年代，北美政治最为显著的特征是，许多教会卷入了政治议题的程度前所未有，这些议题不仅包括传统关注的领域（例如堕胎问题），更重要的是，它们也参与到那些一直被视为与教会无关，诸如经济和对外政策的领域中来。这种新趋势重新引发了古老的争论：在一个自由的政治秩序中，教会力量起到什么作用是恰当的？这些问题常常不易解决。若要澄清这些困难，我们最重要的工作之一，就是重新考察那些站在我们自由传统开端的人的思想，看看他们如何理解这个问题，考察他们的解决方案所建立的基础。本文希望通过研究孟德斯鸠在《罗马盛衰原因论》[1] 中对基督教及其政治影响的表述，对这类重新考察的工作有所贡献。

---

  [1] 所有引用的孟德斯鸠的作品都依据 Pléiade 版两卷本《全集》（Oeuvres Completes），翻译为本人所译（[译按] 孟德斯鸠中译文参考商务版，《罗马盛衰原因论》，婉玲译，北京：商务印书馆，1962。依照本文英文略修正，不一一注明）。

如果以上述的角度来阅读《罗马盛衰原因论》，人们会认为它是一本奇怪的书。孟德斯鸠著名研究学者夏克尔顿（Robert Shackleton）认为，这部作品最突出的特点就是它对基督教"令人印象深刻的沉默"：

> 作为一名在启蒙运动中勇为先锋的著作家，在1734年探讨罗马帝国衰亡的原因时，一定会大胆地将基督教列入其中，甚至会给予其重要的位置。孟德斯鸠曾经的所作所为，会使人们对他产生如上期许。他在波尔多学院发表的论文中，曾将宗教视为罗马历史的重要因素，使其在皇帝统治时期和早期共和制时期获得成功。在《波斯人信札》中，尤其在关于人口减少的原因的讨论中，他又将宗教视为社会发展的重要因素，并且直接考察了基督教自身。但是，在《罗马盛衰原因论》一书中，他没有在这一问题上继续前进，反而后退了。**启蒙哲人（philosophes）中最为教条的代表人物雷纳尔神父（Abbé Raynal）对他的沉默寡言表示不满**；而基督教和罗马之间关系的研究工作，却最终留给了半个世纪之后的敏锐却充满偏见的吉本。①

但是，夏克尔顿认为，孟德斯鸠没有讨论这一主题的原因不是忽视或者缺少兴趣，而是一种"胆怯"，他害怕公开发表对这一问题的思考会引起严重的麻烦（同上，页162）。与夏克尔顿争论我们该如何估计孟德斯鸠的真实处境，或许相当困难。尽管如此，我们仍会怀疑，这种"胆怯"是否真正能够阻止像孟德斯鸠这样才华横溢的政治思想者，他或许会用别的方式来表达思想。夏克尔顿的期待是对的，孟德斯鸠应该讨论基督教对罗马的影响，

---

① Robert Shackleton，《孟德斯鸠评传》（*Montesquieu: A Critical Biography*），Oxford: Oxford University Press, 1961，页461。［译按］中译本参《孟德斯鸠评传》，刘明臣等译，北京：中国社会科学出版社，1991。

不过正由于未能敏锐地发现孟德斯鸠写作方式的微妙之处，他才会感到失望。我们认为，孟德斯鸠的确花了很大功夫讨论基督教及其政治影响，但是正是由于其（可理解的）"胆怯"，他才不得不"在字里行间"展现他的思想。

孟德斯鸠写作艺术的曲折和晦暗特征，在同时代的读者那里也可以得到印证。例如，伏尔泰就将《罗马盛衰原因论》视作一本"充满线索"的作品，达朗贝尔（d'Alembert）则认为"他让我们看到了很多，却留下了更多去思考"。[①]这部作品中，在最大程度上、在唯一明确讨论基督教问题的部分里，也同样是"隐而不明"，正因为如此，我们才会怀疑，《罗马盛衰原因论》一书包含了对基督教的"秘密"论述。在第十九章开篇，孟德斯鸠讨论了基督教在罗马帝国衰败时起到的作用。但根据这一章的标题，本章主旨是要论述"阿提拉（Attila）的伟大"、"野蛮人定居的原因"以及"西方帝国首先崩塌的原因"（页176）。孟德斯鸠故意对基督教问题尽可能保持沉默，这反而会使读者怀疑，既然孟德斯鸠故意隐藏了他对基督教的特殊思考，那么这部作品会不会包含其他隐藏得更加小心的内容呢？

因此，本文的目的就是揭示孟德斯鸠如何展示他的基督教研究，其大要有三：基督教的兴起、基督教对罗马帝国的影响以及基督教对"希腊"帝国的影响。

一　基督教的兴起

孟德斯鸠从未清晰地讨论过，伟大的基督教的起源如何影响了罗马。显而易见，这个主题本身就很敏感，闭口不谈也可以理解。

[①]　孟德斯鸠，《罗马盛衰原因论》（*Considerations sur les Causes de la Grandeur des Romains et de leur Decadence*），J. Ehrard 编，Paris：Garnier‐Flammarion，1968，页11。

不过，孟德斯鸠确实表达了他对这个主题的思考，并且用最为精巧的办法告诉我们，他将在哪里阐述这个问题：他对基督教在罗马的出现的思考，恰恰就在基督教上帝在书中第一次出现的段落。

在第十四章中，在讨论罗马人对格马尼库斯（Germanicus）之死如何悲痛欲绝的时候，孟德斯鸠第一次提到了上帝。这是一个非常重要的段落，因为它会在某种程度上"展现罗马人民的精神（genius）"（页146）。孟德斯鸠告诉我们，在提比留（Tiberius）的时代，罗马人清楚地意识到自己的"无能"，他们已经将"全部的幸福依赖于统治者的好或者坏"：人们在格马尼库斯的身上"寄托了所有的希望和恐惧"，当他死去的时候，人们深深地陷入悲痛，"彻底陷入了绝望"（同上）。孟德斯鸠以如下格言总结了这段文字："没有人如他们那般害怕不幸，而他们悲惨的境况本应唤起信心。"为了支持这个论断，他引证了一个当代的例子：

> 今天那不勒斯有五万人以野菜为食，他们全部的财产甚至只有半件棉衣。可是这些地球上最不幸的人，却因为维苏威火山冒出的轻微烟雾就陷入极度失望；他们竟愚蠢到害怕成为不幸的人呢。（页147）

孟德斯鸠认为那不勒斯人的反应非常奇怪，我们可以引用20世纪60年代流行诗歌中的话——"一无所有之人永远不会失去"——来劝诫他们放弃愚蠢的行为。事实上，孟德斯鸠引用了某种程度上说更好的诗歌表达了同样的意思。他写道，那些人应该像安德洛玛刻（Andromache）那样说话，"愿神（God）使我害怕吧"，也就是说，"只有在非常好的状况下，才会害怕失去"（页147）。

这是作品中第一次提到上帝（God）的地方，相当引人注意。基督教上帝的第一次现身是在完全绝望的、缺乏正常理性期待的人们口中，他们只能寄希望于某个单一全能的存在，他或许能逆转事件的自然进程，令他们的境况变得稍微可以忍受。在作品的这个地方引入上帝的形象，是孟德斯鸠在向读者们暗示，罗马的政治制度使他们对类似基督教的宗教的出现，做好了成熟的心理准备。皇帝的僭政使罗马人感到绝望、恐惧，而且清楚地意识到自己的无力，他们热切地需要一种新宗教给他们带来更大的希望，即便不是此世的，至少也是彼岸的。简而言之，孟德斯鸠认为，基督教成功的部分原因在于它成了罗马人的"鸦片"。

但是，对于基督教自身来说，这种对基督教起源的分析——许多人陷入绝望的不幸之中——太过粗线条了，还不足以证明只有在这一种情况下，历史会见证基督教的到来。要想对基督教的起源进行更充分的心理分析，人们不仅必须解释为何罗马转向了宗教，还需要阐明为何他们转向了这种特定的宗教。孟德斯鸠在论述卡里古拉（Caligula）时完成了这个任务。

讨论了安德洛玛赫和格马尼库斯之后，孟德斯鸠在下一个段落中写道：

> 卡里古拉继承了提贝留。在提到这个皇帝的时候，人们说，再也找不到一个更好的奴隶或者更坏的主人了。这两种东西是紧密相关的：使人们在统治者无限权力面前受到震动的心灵，在他们统治其他人时，也会引起同样的震动。

对于孟德斯鸠来说，最有奴性的奴隶变成了最严苛的主人，最严苛的主人也变成了最有奴性的奴隶。这里我们发现了，为何罗马不同寻常的政治经验能够为独一无二的基督教打下心理基础。孟德斯鸠似乎认为，罗马人曾经至高无上的、普世的并且格外严苛的统治者地位，最终导致他们转向这种拥有特殊品格的宗教：从绝对的、普世的统治，变为绝对的、普世的服从，他们发展出一种史无前例的奴役精神，最终引导他们将自己视为处于唯一的、全能的、普世的上帝的统治之下。孟德斯鸠预言了马克思主义式的基督教理解，将其视为"人民的鸦片"，他同样预言了尼采式的理解，基督教是最杰出的（par excellence）"宗教奴役"。①

如果罗马的普遍僭政（universal tyranny）在心理层面上导致了基督教的兴起，它同时以一种更直接、与政治行为更为密切的方式解释了基督教的成功。本书在第十六章第一次明确提到基督教。孟德斯鸠在这一章告诉我们，帝国的普世性"对建立基督教有着巨大的帮助"（页158）。因为帝国已经变得如此庞大，它不得不在世界各地征兵，很快军队的主体变成了非罗马人，甚至是野蛮人。外来的礼仪风俗、道德和宗教纷纷引入罗马："帝国中没有什么是外来的东西了，人们准备好接受所有皇帝想要引进来的风俗。"（页148）普世的罗马僭政为基督教让路，它不仅让人们做好了灵魂上的准备，还将整个世界都变成了宗教的自由市场，使那些容易受到宗教召唤的人有机会真正接触到基督教。

当然，仅靠这两个事实尚不足以解释基督教对西方世界产生的重要影响。孟德斯鸠在第十七章给出了第三条线索：君士坦丁（Constantine）为了自己的政治目的利用了基督教。这一章主要论述君士坦丁的统治以及他对帝国产生的重要影响。这一部分的讨论略微复杂。根据章节的题目，我们知道读者会将注意力放在"帝国的变化"上。在前两页中，孟德斯鸠提及的变化似乎是皇帝重新建立的安全，以及随之而来的僭政性质的变化（页164-165）。但是，孟德斯鸠转而讨论君士坦丁促成的巨大变化，将帝国分裂为东西两部分，这样，本章的论题就变得令人困惑了——到底什么是（is）孟德斯鸠提到的"帝国的变化"？是一种新的僭

---

① 尼采，《道德的谱系》（On the Geneology of Morals），W. Kaufmann 编译，New York：Vintage Books，1969，第一章，第八节，页34-35。[译按] 中译参梁锡江译本，上海：华东师范大学出版社，2015，页76-77。

政形式吗？是帝国的分裂吗？在这个问题上，孟德斯鸠故意将读者们悬在半空中，从而发现第三种可能性的存在，存在一种在根本上比另两者都重要的变化：君士坦丁承认了基督教。那么，他对君士坦丁分裂国家的评论，可以被理解为，他用一种隐秘的方式处理了君士坦丁提高基督教地位的问题。

读过他对君士坦丁的描述及其动机之后，我们很容易发现，为何孟德斯鸠必须隐秘地表达他对君士坦丁和基督教关系的看法。君士坦丁常常被视作一个伟大的皇帝，首要原因就在于他建立了新宗教。孟德斯基很谨慎却又极其肯定地反对传统观点。在花了十个自然段谈论君士坦丁之后，他突然又用非常平淡的语气作出了一般性的观察：

> 统治的短暂、不同的政治党派、不同的宗教、这些宗教的特殊派别，使得我们对于这些皇帝的性格有一种极端不正确的观念。我只需给出两个例子。希罗狄安（Herodian）时期非常懦弱的亚历山大，在拉姆普里迪乌斯（Lampridius）统治时期却十分勇敢；被狄奥多罗斯（Theodorus）高度赞扬的格拉提安（Gratian），却被皮洛斯托尔戈（Philostorgus）比作尼禄（Nero）。（页169）

孟德斯鸠既没有指名道姓，也没有给出任何清晰的暗示，但是上下文清楚地揭示了他的意图：君士坦丁不是一个值得称赞的角色。仅仅由于基督教拥有的权力，从君士坦丁的时代一直到孟德斯鸠所处的时代，他才一直被视为伟大的人。基督徒们保护了他的名声，因为他们的名声与之息息相关。孟德斯鸠无法公开地表达他的真实想法，他唯一能够公开表达的是对君士坦丁分裂帝国的批评。正是为了个人的虚荣心，为了用他的名字命名一个新城，君士坦丁才会"将帝国的宝座移到东方"，他对帝国造成的伤害将引起无休无止的争论。当然，这是一个非常奇怪的论断。孟德斯鸠非常清楚地知道，君士坦丁从未打算将宝座移到东方，他建君士坦丁堡，不过是为了建造一个新的宗教之都。①在这一点上，孟德斯鸠为什么偷偷地"溜"过去了？毫无疑问，他希望读者看到，他对君士坦丁政治变革的评论，对事实上更为重要的宗教变革同样适用：君士坦丁"建立"基督教和建立新城一样，完全出于个人的虚荣心，完全为了传播他的名声。君士坦丁在世界上确立了牢固的地位，并非因其卓越之处，而是因为基督教可以为一位罗马皇帝的私人利益服务。基督教也在世界上获得了突出的地位，不是因为罗马人的奴隶性格以及帝国缺乏宗教正统（religious orthodoxy），同样也是因为皇帝的力量太大，因而能为了私人目的塑造某种特殊宗教的命运。

如果我们接受孟德斯鸠对君士坦丁建立君士坦丁堡以及同时建立基督教的意图的讨论，我们就会遇到一个困难的问题。孟德斯鸠对建城后果的讨论，是否同样表明了他对基督教如何影响帝国的观点呢？孟德斯鸠是否相信，基督教用建立君士坦丁堡时采取的同样方式来削弱帝国？第十七章对君士坦丁的讨论让读者们做好了准备，而在第十九章开头，孟德斯鸠做了一个毫无预兆的（unannounced）关于基督教对罗马政治影响的讨论。

二 基督教对罗马帝国的影响

在第十九章的开头，孟德斯鸠告诉我们，人们曾激烈地争论，基督教的诞生和帝国的衰落是否同时发生。在罗马［衰落］问题上，基督教徒指责异教徒。他们认为戴克里先分裂权力的行为

---

① 可参 W. Sinnigen 和 A. Boak,《至公元 565 年的罗马史》（*A History of Rome to a.d. 565*），New York：Macmillan, 1977, 页 415–416。

(四人联合统治)摧毁了帝国,"每个皇帝都想维持奢侈的生活,都想拥有一支强大的军队,仿佛统治者只有他一个人一样"(页176)。基督徒说,四人联合统治使得税收大幅上涨,帝国大片土地荒芜。另一方面,异教徒不承认这种观点。他们认为,对基督教大规模的承认才是罗马问题的真正所在:"就像过去在罗马繁盛的时候,人们把台伯河涨潮泛滥或其他自然灾害都归之于诸神的怒火一样,在罗马快要灭亡的今天,人们也把一切的不幸归之于这种新宗教的兴盛和古老祭坛的倒塌。"(同上)孟德斯鸠为这种"最流行"也因而"最具诱惑"的观点举了一个例子,他重述了城市守卫官希玛柯(Symmachus)的一封信。他说,

> 比之我们过去繁盛时的经验,什么还能让我们对诸神有更好的知识呢?我们必须对曾经的许多个世纪保持信心,沿着我们父辈的足迹,他们也跟随着他们的父辈而取得成功。设想罗马会对你说的话,他正在说:伟大的君主们,国家的父亲们,尊重我的岁月吧,那时我始终遵守着先辈的仪式(ceremonies)。正是由于这种仪习(cult),世界服从我的法律;正是由于它,我们将汉尼拔打出了城池之外,我们将高卢人打出了卡庇多山(Capitol)。为了国家的诸神我们要求和平;为了当地的诸神我们才要求它。我们不会介入那些适合懒散人们的争论,我们要祈祷,而不鼓吹战争。(页177)

随后,孟德斯鸠概括了三位基督教作家对希玛柯的回应来总结这段讨论。这些作家不愿意或者至少无法因罗马的问题去指责异教徒,因此至少让自己的宗教免于指责。欧洛修斯(Orosius)编写历史,他在作品中指出,不应将基督教视为罗马罪恶的源头,因为世界中本来就存在着巨大的恶。撒尔维阿奴斯(Salvianus)的书则要揭示出,罗马问题的真实起因是异教徒的放纵。最后,

在《上帝之城》中，圣奥古斯丁认为："天上的城与古代罗马的地上的城有所不同。在古代罗马，由于某些虚幻的人类美德，人们获得了和这些美德一样虚幻的报偿。"（页177）

正如我们已经提到的，孟德斯鸠没有明确判断这些彼此竞争的说法的优劣，没有指明相对而言谁更有价值。尽管如此，这一段论述仍然留给我们一些线索，从中我们能够看到一幅相当清晰的图景。

孟德斯鸠反对希玛柯的立场，但并不是根据我们首先想到的原因。我们可能很简单就拒绝了希玛柯的观点，因为他高度赞扬的这种异教学说本身就很荒谬。不过，给出这样的结论，理由并不充分。希玛柯的观点并没有预设罗马宗教的真实性，他正是要试图证明其真实性。希玛柯提出了一种完全以人为中心的解释诸神的方式。他坚持认为，人们通过观察什么对自己好来认识诸神——历史的成功反而证明了历史上诸神的存在。出于这个原因，人们不能因为不满意其宗教"预设"而拒绝希玛柯的政治观点。他没有宗教预设，因为他自己坚持，宗教由政治决定，即由政治世界的成功或失败决定。

孟德斯鸠以另一种方式批评了希玛柯的学说。对于罗马政治环境的变化，他提供了一种政治的（而非宗教的）解释方式来反驳希玛柯的观点。异教的政治实践似乎要在世俗事物中寻找神圣的意图，使世俗的苦难不那么令人恐惧。人们要说服自己：重大灾难起源于神圣意志，这将使人们变得安心，不仅因为它会给予灾难以意义，也同样带来些许希望，期望未来人们能够控制灾难。孟德斯鸠对政治实践的这种回应，其实在暗示人们，当他们能够找到世俗解释的时候，诉诸神学解释就不那么必要了。相当重要的一点是，孟德斯鸠提到的这种异教政治实践的例子是台伯河的洪水泛滥。在第十四章，他已经提到了河水的泛滥，在那一章，人们将洪水视为僭政的象征（页143）。孟德斯鸠此处引用了两种异教徒的观点：基督教应该为罗马毁灭负责，诸神应该为台伯河洪水泛滥负责，它们实际上暗示着，罗马问题的真正原因在于僭政。这正是孟德斯鸠从第十三到十八章一直小心翼翼展开的观点。在第十八章，罗马不能阻止野蛮人的原因在于，他们丢掉了古老的原则，丢掉古老原则的原因是这些士兵（此时此刻，他们已经成为政治体制的真正主人）丧失了他们的军事纪律（页173 – 175）。在政治体制中，军队统治地位的上升反过来可以视为皇帝僭政的结果，它破坏了士兵本应具有的审慎意识（页151 – 152、162）。

但是，即便孟德斯鸠拒绝了希玛柯的立场，我们也不清楚他是否支持基督教的立场。不过很明显，他肯定不会同意欧洛修斯。就算"世界上一直存在着异教徒所批评的恶"，但在世界的某个特定部分——罗马——中，人们也不总是如此罪恶。"伟大与衰落"的标题已经显示出孟德斯鸠不大可能接受欧洛修斯的论证。他可能觉得撒尔维阿奴斯的论证很有道理，但毫无疑问也会质疑，撒尔维阿奴斯是否真正触到问题的实质。以孟德斯鸠的视角来看，异教徒道德的失序最终将导致政治的失序。① 对于圣奥古斯丁的观点，孟德斯鸠只是部分同意。某种程度上来说，他的论证是对希玛柯的意见——诸神的真实性取决于此世崇拜者们是否成功——的回应，在这一点上孟德斯鸠当然同意奥古斯丁，而他自己对希玛柯的批评恰恰基于此岸和彼岸世界的差别。奥古斯丁断定此岸之伟大缺乏吸引力，孟德斯鸠很难支持他——同样，这也能从孟

---

① 孟德斯鸠暗示，共和国晚期的道德失序同样有政治的原因，也即共和国的扩张（页121 – 122）。可以参见洛文塔尔，（David Lowenthal），《孟德斯鸠〈罗马盛衰原因论〉的谋篇》（The Design of Montesquieu's *Considerations*），载 *Interpretation*（Fall 1970），I. 2.，页150 – 151。［译按］中译参李世祥译文，载刘小枫编，《古典诗文绎读》（现代编），北京：华夏出版社，2009。

德斯鸠选择"罗马的伟大"作为恰当的研究题目这一点得到印证。

不管怎样，所有的基督教作者都承认政治和宗教是两种分离的事务，这也是他们和希玛柯的根本分歧所在：希玛柯认为宗教是罗马政治问题的根源所在（因此，政治问题必须有一个宗教的解决方式），基督教徒则坚持认为这两个领域是分离的，政治问题需要政治的解决方式。

但是，政治和宗教真像基督教作家坚持的那样彼此完全分离吗？孟德斯鸠让读者们的脑海中产生这样的疑问。我们会注意到，孟德斯鸠将希玛柯的论证形容成对基督教及其影响"最受欢迎"和"最有诱惑力"的反驳。这显然暗示了还存在着其他反对者的学说，尽管它们没有希玛柯这般广受欢迎，事实上却可能更有力量。这些反对的学说是什么呢？在孟德斯鸠描述三位基督教作家回应希玛柯的信的段落中，我们会发现一个清楚的暗示。前文我们已经说过，孟德斯鸠将撒尔维阿奴斯的观点总结为，异教徒的放纵是罗马式微的真正原因。但是，《罗马盛衰原因论》的文本中却并未这样写。我们在展现他对撒尔维阿奴斯观点的总结时，已经稍稍进行了校订，纠正了孟德斯鸠一个"明显"的错误。撒尔维阿奴斯在书集中论述了异教徒道德的衰败，孟德斯鸠却将其描述为基督徒的道德败坏："撒尔维阿奴斯撰写了一部书，他在书中认为，基督徒的放纵乃是招致蛮族踩躏的原因。"①那么现在，孟德斯鸠称呼"基督徒"的地方当然都应读作"异教徒"，不仅因为撒尔维阿奴斯就是这样写的，原因更在于，孟德斯鸠称呼撒尔维阿奴斯为反对希玛柯的基督教信仰守卫者的做法根本毫无意义。就算读者能够在上下文中将"基督徒"都替换为"异教徒"，重要的疑问仍然没有解决：孟德斯鸠在这里犯了一个错误吗？更

---

① 在 Pléiade 版（页 177）和 1734 年 Desbordes（Amsterdam）版中，都出现了"基督教徒"。

确切地说,他的错误是有意还是无意?毕竟,《罗马盛衰原因论》不仅是一部精心撰写的书;它也是孟德斯鸠持续重读和重新思考的作品,甚至在1748年,孟德斯鸠又亲自修订并发表了一个新的版本。他如此注重这篇文本,我们很难想象孟德斯鸠没有意识到他在此处说了什么。

我倾向于将它解释为一个故意的错误,这是非常重要的。孟德斯鸠的论述暗示我们,希玛柯意图反对基督教却最终失败了:正是由于基督徒的放纵,蛮族才能征服罗马人,因为基督教已经败坏了罗马军队的美德。当然,这就是马基雅维利对基督教作出的第一个反驳(随后为吉本所采用),这是一个致命的宗教,它使其拥护者变得"女人气"。在《李维史论》第二卷第二章中,马基雅维利比较了基督教和罗马原始宗教:

> 我们的宗教称颂谦卑、沉思的人,多于行动的人。它将最高的善赋予谦逊、卑贱以及对人类事务的侮辱,而其他宗教则将最高的善赋予灵魂的伟大、身体的力量,以及所有会使人勇敢的其他事务。如果我们的宗教要求你有力量,它真正想要的是让你能够忍受而非能做勇敢之事。因此,这种方式的爱令世界变得虚弱,并放弃了世界,正如猎物向邪恶力量投降,邪恶力量之所以能安全驱使世界,是因为它看到人类的通性,为了上天堂,人们考虑更多的是如何忍受伤害,而非如何报复。①

如果马基雅维利的批评中还有一些真实性的话,政治和宗教就不像孟德斯鸠笔下三位基督教作家让我们所以为的那样是分离

---

① 马基雅维利,《论李维》(*Discorsi Sopra La Prima Deca di Tito Livio*),载全集(*Opere*)第一卷,Verona:Arnoldo Mondadori,1949,II,ii,页238。

的。实际上，人们开始意识到，为何基督教作家强调两个领域的独立性，为何奥古斯丁会走得更远，认为即便基督教对此岸的事情有致命的影响，也不能对其正确性有任何争论。当然，最大的问题是，在这场辩论中孟德斯鸠站在哪一边。他谨慎地向我们提供了可称之为"马基雅维利立场"的线索，这是否等同于对这种立场的支持？

最终，这个问题的答案或许既是又不是。本文第一部分力图说明，孟德斯鸠将基督教的成功归结为罗马帝国特殊的政治条件，尤其因为存在着普世的僭政。正如上文所述，对《罗马盛衰原因论》第十三到十八章进行细致的考察之后，我们发现孟德斯鸠认为，罗马帝国的衰落是皇帝僭政的结果。基督教不应为罗马帝国的衰落负责，正如古罗马军队美德的丧失是僭政的副产品一样。在根本上，基督教是罗马衰弱的结果，而非原因。孟德斯鸠在第十九章的第一句话中清楚地暗示了这一点：基督教建立于"帝国已经衰落的时候"（页176）。与此同时，这样的说法也是公允的：一旦罗马已经在衰落，基督教会加速它的腐朽。不过或许另一点我们还应该确定：孟德斯鸠用如此谨慎的方式论述整个主题——如果他认为基督教在这个方面完全不应该受到谴责的话，那就没有任何道理不能光明正大地谈论了。那么，在最后一部分的分析中，我将论证，孟德斯鸠的确相信，基督教应该为罗马帝国的衰弱负部分责任。

三 基督教对希腊帝国的影响

《罗马盛衰原因论》的最后四个章节都用来讨论"东方的"或"希腊的"帝国（也即拜占庭），这里孟德斯鸠发展出第二个、对基督教的政治影响更具破坏性的批评。基督教不仅仅展现为一种加速病态政体腐败的力量，在第二十到二十三章，孟德斯鸠甚至将基督教（或者更准确地说，对宗教的一种特别的使用方式）视为政治秩序崩溃的重大原因。

孟德斯鸠关于基督教对东方或希腊帝国影响的核心论述，主要出现在第二十二章，这是本书最长的章节。在本章末尾，孟德斯鸠如此总结他的讨论：

> 希腊人一切不幸最邪恶的根源就在于，他们从来不知道教会权力与世俗权力的本质和界限，这使他们在两边都陷入不断的迷误。

> 作为人民安宁所依赖的这一伟大区别不仅仅建立在宗教上面，而且还建立在理性和自然上面。而理性和自然则要求，真正是分开的而且只有分开才能够存在的事务，永远不应该混在一起。

东方帝国的核心问题，是未能适当地分离教会和国家。孟德斯鸠在本章的主要目的恰恰是要解释，并且说明这一点最终如何导致帝国的毁灭。在随后的篇幅中，我们将试图尽可能简要地总结这种观点。

孟德斯鸠认为精神和世俗权力不充分的分离摧毁了希腊帝国，其论证的关键在于他对僧侣灵魂的描述。在第25段，他认为僧侣精神的核心是自我克制的意识，它最终会抵触自身：

> 人类头脑中有一种奇怪的矛盾。早期罗马的神职人员并没有脱离公民社会，他们担任职务却不太关心它的事务。当基督教确立起来的时候，本应更加脱离世俗事务的神职人员，却开始审慎地介入了。而当帝国衰落时，僧侣成为唯一的神职人员，由于他们特殊的誓言而必须逃离并害怕世俗事务的人们，却抓住每一个机会参与其中；他们不停地到处搅浑水，

扰乱他们已经离开的世俗世界。(页199)

孟德斯鸠在这里暗示说,正是由于神职生活禁止他们满足自然的"世俗"欲求,一旦有机会,神职人员就会展现出违反自然的、对政治权力的过分关注,这不过是释放那些违背自然而被压抑的激情。神职人员意识到自己离世俗世界越远,他就会越极端地追求(以及滥用)政治权力以补偿他的境况。①

按照孟德斯鸠的看法,僧侣灵魂古怪的畸形状态会同时给政治世界和宗教世界带来灾难性的后果。对于宗教来说,介入政治的神职人员是危险的,这会引诱他们操纵和歪曲宗教教义,为政治目的服务。比如,孟德斯鸠告诉我们,在反对圣像崇拜的战争(一次撕裂了帝国的争论)中,僧侣的地位不仅由神学考虑决定,还取决于僧侣们的算计:何种教义能使其政治权力最大化。

不过,我们现在最需要关心的,是神职人员介入政治对世俗世界产生的影响。孟德斯鸠认为,希腊帝国的政治生活由僧侣们掌控:

> 没有僧侣的安排,任何国家大事、任何和平、任何战争、任何停战、任何谈判、任何婚姻都无法进行。君主的会议充斥着他们,人民大会也几乎完全由他们组成。(页199)

随后,孟德斯鸠继续讨论"它引起的邪恶超乎想象"(页

---

① 僧侣是禁欲的,但"最初的神职人员"却不是禁欲的,毫无疑问这个事实很有意义。神职人员的禁欲生活和他们对权力的过度迷恋之间的奇特关系,是孟德斯鸠最喜欢的主题。可参见《波斯人信札》(第七章)中太监总管扭曲的自传信(郁斯贝克闺房中的太监,在某种程度上说,可被视为神职人员的替身)。在《论法的精神》第五章第二节中也有类似的思想:为什么僧侣这么喜欢他们的教会?恰恰因为那种不可忍受的东西。他们的教规剥夺了所有正常激情欲求的东西:唯一余下的是对折磨他们的教规本身的激情。教规越是严厉,越是限制僧侣们的激情,他们对于教规遗留给他们的激情便越发强烈。

199),并在这个章节中举了很多例子。在蛮族掠夺行省的时候,要么因为被说服,要么因为被强迫,皇帝巴兹尔(Basil)和皇帝利奥(Leo)让自己的士兵建造教堂(页199)。帕里奥洛格斯(Andronicus Palaeologus)解散了他的海军,因为僧侣让他相信,上帝对于他争取教会和平的热心深感满意,他的敌人不敢向他进攻(页199)。甚至在战争中,为了获得宗教遗产,将军们不惜解除围困,丢弃城市(页196)。

僧侣权力的危险影响不仅局限在军事方面。孟德斯鸠认为,僧侣最有害的政治实践之一就是为了保护其特权地位而经常引发教义争论。他将僧侣比作斯基泰人(Scythians),这是希罗多德《原史》第四卷开头提到的民族。他们把奴隶弄瞎,以此保证奴隶的顺从。和斯基泰人一样,僧侣们将公众的注意力转移到圣像和教义的争论上,使得世俗世界的人们看不见自己的政治权力。用这种办法吸引世俗世界人们的注意力是很稳当的,因为宗教争论本身就充满热情而又无休无止:

> 在一般的争论中,既然每个人都觉得他可能会犯错误,因此执拗和固执总不会太极端;但是在我们关于宗教的争论中,既然依据事情的本性,每一方都确信他的观点正确,对那些固执地坚持改变我们,而不是改变他们自己的人,我们就会心生愤怒。(页201)

僧侣们激起的宗教分歧使帝国几个世纪都处于四分五裂的状态。孟德斯鸠指出,这些争论异常激烈,常常让希腊人忘记他们的自由和自我保存:

> 对希腊人来说,狂热的争论变成常态,当坎塔库济诺(Cantacuzene)攻陷了君士坦丁堡的时候,他发现皇帝约翰

(John）和皇后安娜（Ann）正在一次宗教会议上和僧侣的对手论辩。当穆罕穆德二世（Mohammed）围攻君士坦丁堡的时候，他都不能停止神学仇恨；在那里，人们忙于佛罗伦萨的宗教会议甚于对付土耳其的军队。（页201）

正是由于孟德斯鸠在章节末尾揭示的这类事件，神圣和世俗权力未能成功分离，最终导致希腊帝国的毁灭。但是，在本章的最后一段中，孟德斯鸠清楚地表明，这个问题不是希腊帝国独有的；他用非常迂回的方式暗示，在他所处的时代，这也是一个相当严重的问题。

他用一种非常特别的方式向我们展示了宗教在"古代罗马"也即罗马共和时代的地位。孟德斯鸠认为，罗马遵循了"自然"而且"理性"的道路，严格地区分了神圣和世俗权力："在古代罗马，尽管神职人员没有建立起一个单独的集团，但同我们这里一样，人们对这一区别也知道得很清楚"（页203）。他随即引用一个故事来证明他的观点：

> 克洛狄乌斯（Clodius）将西塞罗的房子奉献给自由。西塞罗流放回来之后，要求收回自己的住宅。主教们决定，如果它不是根据人民确切的命令而奉献的，人们就可以将它还给西塞罗，而不会亵渎宗教。"他们宣布，"西塞罗说，"他们只考虑奉献是否合法，而不考虑人们制定的法律；他们以主教的身份判断第一点，而以元老的身份判断第二点。"（页203）

奇怪之处在于，这个故事似乎讨论的是，罗马共和国中教会和国家未能分离，而非成功分离。元老们和主教在原则上彼此不同，但人们常常忽略，二者都由同样的人担任，教会和国家实际上融合为一个元素。罗马"主教"仅仅是戴着不同帽子的元老，这意味着，在罗马共和国里，世俗和神圣权力没有实质区别——克洛狄乌斯用他的宗教权力打击政敌西塞罗，西塞罗也能够仅仅通过之后的政治成功，为受到质疑的宗教行为平反。①那么，这个例子恰恰形成了一个与孟德斯鸠试图阐释的论点相反的主题。

但是，孟德斯鸠为什么在这里选择一个很明显充满争议的例子？我们将其归结为孟德斯鸠的粗心凌乱，甚至迟钝？稍微思考一下，我们就能指出一种更大的可能性。既然孟德斯鸠在段落的开始认为，古代罗马和现代法国（或者对"我们"来说，就是一般意义上的现代欧洲）对于恰当地分离教会和世俗权力有着同样程度的理解，那么，他细腻地描绘西塞罗的故事，就是要表达一种相当危险但又非常重要的观点：法国没能恰当地理解"真正能够区分事物"（精神和世俗权力）的"自然的"和"理性的"原则，"只有分离了"，事情才能"继续存在"，"这一点永远不能混淆"（页203）。与古代罗马一样，在现代法国，教会和国家也严重地混淆了。

现在，孟德斯鸠讨论"希腊帝国"的真正意图已经相当明显了。洛文塔尔曾经指出，如果《罗马盛衰原因论》仅仅是一个历史作品，一个"罗马人的"历史，那么最后有关"希腊"的四章就属多余。②这个评论大体恰当。孟德斯鸠将这四章附加到作品上，不是因为他自己对拜占庭的历史感兴趣；他这么做是因为在讨论古代的、遥远的土地的时候，能够对其时代重要的政治特征——宗教和政治权力的勾连——表达相当尖锐的批评。

当然，任何一位研究法国历史的学者，都能看出来孟德斯鸠在担心什么。在写作《罗马盛衰原因论》的时候，两个世纪以来的宗教冲

---

① 普鲁塔克，《西塞罗传》，第28–34章。
② 洛文塔尔，前揭，《孟德斯鸠〈罗马盛衰原因论〉的谋篇》，前揭，页144–145。

突已经将法国撕成碎片。就在相当晚近的 1685 年，由于神职人员的压力，路易十四废除了南特敕令，有效地禁止了新教在法国的传播，抓住了许多身处国外的最有价值、最富有的公民；纵观孟德斯鸠一生，詹森派和耶稣会士之间的恶毒斗争——君主积极地参与其中——持续不断地扰乱这片土地的安宁。① 即便是那些不熟悉孟德斯鸠时代的法国历史的人，也会相当清楚地知道，认为法国已经完美地理解了宗教和世俗权力的"自然"分别，不过是个讽刺的说法。

如果未能恰当地区分教会和国家，是"希腊之不幸的最糟糕根源"，人们会接着问，孟德斯鸠是不是也将二者未能分离视为法国最严重的威胁？至少，人们希望他能给出改善这种境况的办法，更好地区分教会和世俗权力。正如我们期待的一样，孟德斯鸠在第二十二章提供了如何实现这个目标的许多暗示。

这一章有两个段落的主题是改革腐化的教会，孟德斯鸠在其中一个自然段中处理了希腊帝国状况的问题。第 17 段开篇写道，曾经，在东方几乎发生了类似西方两个世纪以前的革命，在那个时候，随着学术（letters）的复兴，人们开始感觉到，他们已经陷入了权力滥用和秩序混乱之中。（页 197）

不幸的是，复兴火苗潜在的正面影响，完全被缺乏耐心的改革者的冲动行为破坏了。学术的复兴令人们开始寻找解决问题的理性办法，但"大胆又难以驯服的人们则不再改革教会，而是将它砸碎"（页 197）。孟德斯鸠说，为了抗争僧侣，破坏神像的皇帝挑起了公开战争，它却适得其反地导致了权力的滥用。本章的第 42 段解释了这个问题，孟德斯鸠认为："每个国家都存在一般精神，权力本身就建立在这一精神之上；当它（权力）损害了这种精神的时候，它就会侵害自己，结果必将停滞不前。"（页 203）

---

① André Maurois，《法国史》（*A History of France*），London：Jonathan Cape，1949，页 219–220。参见《波斯人信札》第 24 和 135 封。

这是一种很深刻的保守学说，它要人们慢慢地讨论，从内部稳健地改革，而非从外部进行革命。因反对圣像（也即反对僧侣）而发动战争，是一次失败，它太过激进。既然帝国的"一般精神"仍然是一种巨大的虔敬，对敌人的公开进攻就给了僧侣们使出杀手锏的机会——他们将求助于人民的支持，以此还击：

> 拥有新主张的人们斥责僧侣的圣像崇拜，僧侣们反过来回击那些人，说他们在玩弄魔术。僧侣们向人们展示没有圣像的教会，告诉人们，那里也没有任何曾经能够引起人们尊敬的东西。僧侣们让人们想象，这样的教会除了让人向魔鬼牺牲之外，没有别的目的。

如果说，孟德斯鸠对希腊帝国的改革尝试能够提供任何指导的话，那么，在他实现自己的伟大事业时也就不应该公开宣战，而应采用微妙的宣传战役。孟德斯鸠不是伏尔泰。他明智地看到，公开对抗他所处时代的"一般精神"会适得其反。因此，他的战略就是试着逐渐地、不经意地从内部改变，引发一种"学术复兴"，不必宣扬，而让人们"开始感觉到，他们已经陷入了权力滥用和秩序混乱之中"。学术复兴最好的例子，当然就是《罗马盛衰原因论》这本书本身，这部作品总在暗示而从未清晰地指明论点。孟德斯鸠没有冒犯其时代的一般精神，他没有公开地批评法国混淆了神圣和世俗权力。但是，读过希腊帝国漫长历史的法国人，知道僧侣政治权力曾引起权力滥用的法国人，不是多少都会感觉到，当下的神职人员在政治实践中拥有巨大权力是成问题的吗？那么，从某种程度上说，孟德斯鸠希望"自然而理性"地区分教会和国家，而《罗马盛衰原因论》本身（及其他类似的作品）将会成为实现这个目标的工具。如此，这本书就不仅诊断了疾病，还以一种奇特的方式进行治疗。

写到土耳其将要消灭希腊帝国的时候,《罗马盛衰原因论》就此终止。孟德斯鸠的最后一段文字值得我在这里全文引用:

> 我没有勇气谈后来的灾难了。我只能说,在最后的皇帝们的统治之下,帝国不过是君士坦丁堡的远郊,也像莱茵河一样地终结了:当莱茵河消失在大洋中的时候,它不过是一条小溪罢了。

洛文塔尔认为,最后的这个比喻相当奇特。①很多河流到达海洋的时候,水面都是最宽的。莱茵河与众不同,它在到达海洋的时候,很多河水注入向西流淌的瓦尔河中,莱茵河由此变小。这个比喻的重要性显而易见。孟德斯鸠暗示说,罗马帝国在东方死亡了,但它的精髓(我们不妨说它的精神)仍然活着,在西方的欧洲颇具生命活力。孟德斯鸠运用莱茵河的比喻,优雅地唤起读者的注意:在最深刻的意义上,他讨论罗马与现在的生活是"有关的","人们永远无法忘记罗马"。②反思罗马的问题一直是反思现代世界问题的最好指引。从某种程度上说,在当今时代,基督教和政治之间的关系再一次变成问题,孟德斯鸠的论述对他的时代和我们的时代同样充满了真知灼见。

---

① 《孟德斯鸠〈罗马盛衰原因论〉的谋篇》,前揭,页164。
② 《论法的精神》,第十一章第十三节,页414。

孟德斯鸠对罗马历史的分析

奥克（Roger B. Oake）著
汪海涛 译 林凡 校

研究孟德斯鸠关于罗马的著作时，试图追溯这些作品可能的材料来源，这种尝试定然会激起巴尔克豪森（Barckhausen）心中的虔敬感。①或许是由于拉布莱（Laboulaye）的影响，巴尔克豪森指出了波舒哀（Bossuet）和孟德斯鸠之间的本质区别：波舒哀的罗马证明了一项人类命中注定的计划，而孟德斯鸠，正如其著作标题所示，要分析、解剖一段特定的历史，以便从公开的事实或他所以为的事实中寻找一个具体民族的盛衰原因，从而思考哪些可能普遍适用。②

虽然这听起来与马基雅维利极为相似，但我们要是视孟德斯

---

① 巴尔克豪森，《孟德斯鸠：拉布莱德论文之后的思想和著作》（*Montesquieu, ses Idées et ses Oeuvres d'après les Papiers de la Brède*），Paris, 1907, 页194以下。

② 参照拉布莱编辑的孟德斯鸠《罗马盛衰原因论》，全集第2卷（Paris, 1875－1879）。拉布莱花了大量时间梳理孟德斯鸠思想的准确起源，他对孟德斯鸠和波舒哀的比较的说明也颇有趣味。

鸠——即使仅仅是在《罗马盛衰原因论》中①——为一位马基雅维利主义者，那将是彻头彻尾的蒙蔽。因为，虽然神意（Providence）并未在其范围内起作用，但孟德斯鸠离意大利这位非道德的经验主义者还是很远。他研究的结论不是为了政治家（politicians），而是为了哲人和治邦者（statesmen）。②

孟德斯鸠认为，正如其兴盛一样，罗马衰亡的主要原因也应从罗马人的独特特征中去挖掘，也正是在他的这种做法里，我们能同时发现他的科学判断和道德判断。巴尔克豪森将《罗马盛衰原因论》和《论统一君主国》（*Réflexions sur la Monarchie Universelle*）③放在一起考虑，这是极其正确的，因为前一部著作确实表明了一种对世界帝国的指责——这个观察自然出自十八世纪欧洲的眼光。当然，孟德斯鸠认为，罗马帝国"注定是普世［帝国］"。罗列一长串罗马注定伟大的赞语，虽然可以论证巴尔克豪森刚才的观点（前揭，页200以下），却非孟德斯鸠分析的重点。确实，对他而

---

① ［译注］文中《论法的精神》《罗马盛衰原因论》和《波斯人信札》的引文翻译参考了下列中译：《论法的精神》，张雁深译，北京：商务印书馆，1959；另参许明龙译本，北京：商务印书馆，2009；《罗马盛衰原因论》，婉玲译，北京：商务印书馆，1962；《波斯人信札》，梁守锵译，北京：商务印书馆，2006。文中法语由胡嘉兴先生翻译，谨致谢忱。

② "在《波斯人信札》中可以看到，托辞的空虚本质曾迫使西班牙人走向一个极端：它成为保存事物的唯一手段，这导致马基雅维利主义者不知残忍为何物。"（《未发表的思想片段》［*Pensées et Fragments Inédits*］第1573条，Bordeaux，1899，1901；以下称《思想录》。）如果有人想集中察看孟德斯鸠关于政治的批判态度，他应该读读论文《未发表的论混合政体》（*De la Politique in Melanges Inedits*，Bordeaux and Paris，1892）。当然，这里并不涉及 Levi‑Malvan 在《孟德斯鸠与马基雅维利》（*Montesquieu e Machiavelli*，1912）中谈到的马基雅维利对孟德斯鸠的启发问题，而仅仅是一般意义上所谓的"马基雅维利主义"。［中译编者按］politician 是现代意义上的政治活动家，熟于政治事务，但未必具有真正的政治热忱与美德，statesmen 来自柏拉图的对话《治邦者》（*Statesman*），更强调为政者的智慧与德性。此处译文是为了强调二者的差别。

③ 孟德斯鸠，《著作两种》（*Deux Opuscules*），Bordeaux and Paris，1891。［译注］后一本著作的全名为《论欧洲的统一君主国》（*Réflexions sur la Monarchie Universelle en Europe*）。

言，罗马的成功既不是普世的神圣计划的证据，也不是政治家应当遵循的理想模式。相反，罗马的历史是对梦想征服世界的治邦者和王者的严正警告。但如果这就是全部，那么其"原创性"就不比对塔西佗的日耳曼人（Tacitus' Germans）式的批判的表面价值高多少。

我们必须研究得更深入、更透彻。如果我们不对拉布莱抱有奇怪的偏见，而是从孟德斯鸠本人的立场去阅读《苏拉与欧克拉提的对话》（*Dialogue de Sulla et d'Eucrate*），①那么，我们就可以知道孟德斯鸠对苏拉的"钦佩"是一种高乃依式的钦佩。②正如对话中的展现，苏拉是罗马式英雄的典范。"一旦不再需要担当重任，他便认为自己已经完成使命。"他"生来不是一个平静地统治一个奴性民族的统治者"。他热衷于"夺取胜利，建立或颠覆诸邦，制造阴谋，惩罚篡位者"。至于"政府治理的那些细节，只是适合资质平庸的人，他们因循守旧，执行法律，或训练日常军队"，但这与苏拉的精神不合。他宣称，自己放弃罗马统治权的理由是，如果他建立僭政，那么，在后代的眼中，他就"不过是一位最卑鄙的王者"。如果他是罗马的僭主，他将没有对手，也没有敌人——换句话说，没有人能够撼动他的"荣耀"。至于他所倾洒的热血，只是为了完成一生中最伟大的行动——可以无须防备，站立于罗马人面前，并提出自己的建言。

---

① 在《孟德斯鸠全集》中，拉布莱针对《苏拉与欧克拉提的对话》撰写了一篇"致读者"，他在文中指责孟德斯鸠将残暴的苏拉"诗意化"为自由的信徒。

② 这正是孟德斯鸠自己所言："是高乃依的几幕剧启发了我这段对话。我那时还年轻，阅读伟大的高乃依和那位和他一样神圣的伟大作家，激发了我努力写作的热情。"（《思想录》，第90条）。"这位作家"可能是他所敬佩的年长的克雷比永（Crébillon），或是拉辛（Racine），后者关于米特利达特（Mithridates）的悲剧与孟德斯鸠在《罗马盛衰原因论》的第七章中的解释极为相似。

苏拉告诉欧克拉提，不要产生一种错觉，以为他的行为只是出自爱国之情，因为相对于"灵魂的高尚"（hauteur de son âme），对祖国的爱是太过平庸的激情：

> 我只听从我自己的思考，特别是我对人类的蔑视。你们尽可以像我评价世界上最伟大的人民所用的方式，来评判我对其他人的蔑视程度……作为城邦民，我过去就认为，剥夺这个城邦的自由（la liberté），是一项滔天之罪。我已经惩罚了这个罪行；你们认为我是共和国的贤达也罢，罪人也罢，我完全不在乎。

这里的"自由"和"权力制衡""节制""安全"等概念相去甚远，孟德斯鸠认为，后面几个概念恰是正义所需的特定条件——至少罗马提供了这几项条件，这也是孟德斯鸠对罗马的仰慕所在。① 苏拉只是隐晦地暗示了真相，因为他意识到，要想充分展现自己的"荣耀"，就需要一些实力相当的对手。如我们所见，这便是他提出的没有成为僭主的理由。

另一方面，他宣称，自己成功获得其地位的原则使他的对手因他的果敢而如此"惊讶"，甚至于到了最后，他的果敢本身就足以保护自己的生命和功业：

> 这果敢的作风不仅让我得以与米特利达特（Mithridate），与马留（Marius）和他的儿子，与提贝留斯（Thélésinus），乃至与人民作对，并且还在我人生终结之时保全了我，使我拥有了永远的自由。

然而，这不仅是苏拉的政策，也是罗马人的政策：

---

① 《罗马盛衰原因论》，第八章，"城里经常存在的倾轧"。

但是罗马受益最大的,莫过于她让世界各国都对其产生了尊敬。她很快就让国王们沉默了,好像使他们失去了知觉。①

让我们在此稍作停留。孟德斯鸠强调,苏拉对个人自由的爱与他的"荣耀"是他的内在动力,另一方面,他的方法或原则却血腥而果敢。我们知道,对孟德斯鸠而言,这是罗马早期胜利的两个主要基础。不过,孟德斯鸠还是有所修正。当他谈到罗马早期战争时,他说:"坚韧和勇气对罗马来说不可或缺,因为她常处于最危险的复仇中。罗马人的这些美德和他们的自爱、对家庭的爱、对一切人类珍视的东西的爱是分不开的。"②而对苏拉来说,勇气和爱国精神是分开的。他告诉欧克拉提,他对祖国之爱从不热烈,罗马早期的历史中倒有很多范例。他"喜欢科利奥兰努斯(Coriolanus),后者将火和剑带到了他忘恩负义的城邦的墙角,使每个侮辱过他的公民都后悔不已,如同他喜欢将高卢人(Gauls)从朱庇特神殿赶走的人一样"。实际上,苏拉是爱荣誉的政治家(timocratic man)的典范,对他而言,荣誉制城邦(timocratic state)早期不成熟阶段的限制已经不复存在。事实上,虽然与前面的引语有些矛盾,苏拉自己却又说道,只要他在共和国能过上快乐的日子,他便会平静地生活。所以,对孟德斯鸠来说,苏拉代表的是,在荣誉制转化为无政府状态和僭政之前,这种爱荣誉的政制精神的最后狂热之情。苏拉问道:"如果没有我,元老院能阻止因盲目自由而愤怒的人民将自己交给马留或第一个给予他们独立希望的僭主吗?"虽然没有明确地意识到,但苏拉其实已经提供了答

---

① 《罗马盛衰原因论》,第六章,页172;也可参见执政官在战争中用过的战术,第一章,页121。

② 同上,第一章,页121。

案:"为了避免这种灾难,元老院往往不得不让不顺从的人民投入战争。尽管非其所愿,他们仍被迫毁坏大地,征服他邦,但这些臣服的异族增加了我们的负担。"我们应注意,这种古典视野中的生存空间(Lebensraum)政策与苏拉的"原则"是多么协调。

如果我们将苏拉作为其同胞的英雄典范的设想是正确的,那么,显然诸如"限制"对祖国的爱等等便是虚幻,而非现实。使罗马团结的是不断的战争和对复仇的恐惧;罗马人共同的目标是一支军队而非一个公民城邦。正如苏拉问自己:"既然我们在世上再无敌人,共和国的命运将走向何方呢?"

《苏拉与欧克拉提的对话》中,欧克拉提指出,苏拉自愿放弃独裁官之位也拯救不了共和国。他已"永远剥夺了自由",他已为罗马的每个心怀军事野心的人指出了道路。虽然,苏拉忧郁地反省自己,他不想重复恺撒(Julius Caesar)的命运。但在《罗马盛衰原因论》中,孟德斯鸠回答了苏拉;即使不出现恺撒,也会出现另一个人。共和国注定毁灭。①关于苏拉可能走上恺撒之途,在《苏拉与欧克拉提的对话》中,欧克拉提只是陈述了事实,在《罗马盛衰原因论》中,孟德斯鸠则详述了他的行为。最重要的细节是苏拉在《苏拉与欧克拉提的对话》中竭尽心力的辩护:

> 他发明了流放,并且悬赏非本派成员的人头。从此之后,要想直接地依附于共和国就不可能了:因为在两个雄心勃勃的人当中,必有其中的胜利者要驱逐反对胜利的人和中立者,还有自由党人。因此选择依附于这两人中的某一个,才是明

---

① "既然共和国注定要灭亡,问题只是要知道它如何被推翻,为谁所推翻。"同上,第十一章,页200。

智之举。(xi, 199)

正如欧克拉提怀着所有人都会有的震惊所说的话："你将英雄的野心视为庸俗的激情,只有深谋远虑才有价值……谁能预见,出于原则的英雄主义(heroism of principle)是否比出于冲动的英雄主义(heroism of impetuosity)更具毁灭性?"

我们阅读《罗马盛衰原因论》时会发现,孟德斯鸠认为这种"出于原则的英雄主义"正是罗马最重要的原则。他从描述一个主要靠掠夺邻居的部落开始这部著作。他在展示罗马的政治制度从僭政向成功的共和国的发展时,着力强调了从小规模的掠夺发展为征服世界的原因,也即罗马的军事技术发展的原因。执政官的任期以自然年度为限,这意味着,为自己扬名立万的野心所驱使的执政官们,不断怂恿元老院出台战争政策,施行冒险和持续进攻的策略;元老院希望在任何时候都能发动战争,以便使难以驾驭的民众分心;人民渴望战争,因为不论是士兵还是普通公民都能从战利品中获得私利。所以"罗马……永远处于激烈的战争状态:原来,一个永远在进行战争的民族,一个将战争作为政府统治的原则的民族,必然或是自己毁灭,或战胜所有其他民族,因为那些民族无论是在战时还是在和平时,他们的进攻和防守都没有准备好……不断战争的原则的另一个后果是,罗马人不战胜则决不缔结和约"。①

随后,孟德斯鸠阐述了如下理念,罗马之所以能保持"贫穷的正直",并因而能抵制皮鲁士(Pyrrhus)、高卢人和汉尼拔(Hannibal)的进攻,是因为罗马的早期战争不是也不可能是决定性的,毕竟作战技术还不够发达。起初,意大利半岛的人民不会使用攻城战(siege-warfare)需要的器械,因为士兵不领取报酬,

---

① 《罗马盛衰原因论》,第一章,页121,楷体为笔者所加。

很难让他们长期驻守某一防御工事。因而,罗马的早期战争都是为了掠夺敌人的营地或抢走他们的收获;当一方或另一方成功这样做时,他们便都退回到自己的战略要地。他说:"如果他们迅速地征服了所有邻近的城市,那么在皮洛士、高卢人和汉尼拔来攻的时候,他们会早已处于衰微的境地了;就像世界上几乎所有国家遭到的命运一样,他们会过于迅速地从贫穷走向富足,再从富足走向腐化堕落。"(同上,页121、122-123)这里暗示了孟德斯鸠历史概念的两个重要方面。他以纯粹的经验主义开头,完全从当地的特殊环境出发,解释罗马为何慢慢走上扩张的道路。他遵循如下概括:罗马的最终命运是某种政治法则的特定样式。因没有注意到孟德斯鸠方法的二重性,巴尔克豪森(前揭)的分析存在缺陷:仅仅强调罗马的"兴盛"是其衰亡的诱因,只是抓住了《罗马盛衰原因论》的部分概括因素,而失去了经验性的整体。

在《罗马盛衰原因论》第一章结尾段落,我们可以看出他的经验主义走得有多远。我们会发现,他如何将罗马人保持"美德"(vertu)归因于环境的特殊安排,并在很长时间内没有扩张领土;他将这种环境的改变归因于不算特定的事实:

> 在元老院设法给士兵发了军饷以后,军队就围攻了威伊城(Veii):这次围攻持续了十年之久。人们看到罗马人使用了新的技巧,罗马人有了另一种作战方法;他们的成就更加辉煌了;他们的胜利得到的好处更多了,他们进行了更大规模的征服,开辟了更多的殖民地,最后,威伊的攻克则成为一种革命了。(《罗马盛衰原因论》,第一章,页121)

然而,这种经验主义(或许可以被称为"细节的经验主义"[empiricism of detail])必须完全服从于"原则的经验主义"(empiricism of principle）；因为《罗马盛衰原因论》前面的章节显然致力于为荣誉制进行论证，这是罗马人的军事特性，或者"原则"，我们当然不能认为孟德斯鸠"直到第五章才真正进入主题"。①第一章描述了年轻的共和国彻底的战争性格。第二章继续以这种性格描述开篇："罗马人注定与战争有不解之缘，他们将战争视为唯一的艺术，他们将自己全部的才智和思想都用于完善这种艺术。"接下来的章节详细描述这种完善。第三章从经济上解释了何以早期共和国能够保持全民武装。罗马早期的财富分配实际上很公平，战争的获利平等地分配给公民，因而国家的收益没有转化为"奢侈"；它主要的支出是战争，军队和居民比率保持在一比八，而在孟德斯鸠的时代，如同后期腐败的罗马，这一比例仅仅是一比一百。显然，他认为罗马原始的经济使她的"持续战争原则"成为可能。"正是土地的公平分配使罗马摆脱了当初的卑微地位；这一点在罗马已经腐败的时候人们才会有更清楚的意识。"②

这样，在详细描述了这种完全的军事和荣誉政制的罗马特征之后，孟德斯鸠根据历史依其顺序所自然提供给他的精巧对照方式，对比了荣誉政制同寡头政制，以此论证他的主题。第四章谈到了罗马与迦太基的战争，对建立在财富之上的国家和建立在军事强盛之上的国家作了一系列的对比。在扼要驳斥军事上弱于罗马的高卢和仅仅是冒险者的皮洛士之后，第五段奠定了本章的基调：

---

① 这是索雷尔（Sorel）的观点，参氏著《孟德斯鸠》（*Montesquieu*，第二版，Paris，1899，页57）。不幸的是，很长一段时间之内，研究孟德斯鸠的著作中，这是被最广泛翻译和阅读的一本。虽然书中的传记部分合情合理，但其余的部分因其骇人的错误判断而受损，因为作者没有利用更多"未版"的著作。

② 《罗马盛衰原因论》，第三章，页136。毫无疑问，如果脱离了前四章的文脉，这段文字，就像这部著作的其他文字一样，很容易被误解。从前面的论述我们可明显地看出，孟德斯鸠不是一位"经济历史学家"，对他来说，罗马的经济是其兴盛的次要而非主要原因，就像其经济变化仅仅是衰亡的次因。

先于罗马富裕起来的迦太基比罗马腐败得早。因而,当在罗马只能依靠"美德"获取公职,且只能获得荣誉和更多的劳动时,在迦太基,国家能提供给个人的一切东西都在出售,公民个人的一切服务都能从国家获取报酬。

第四章展示了罗马的胜利战争,这结束了孟德斯鸠所谓的罗马人的防御战争和与此相对的道德正直阶段。①随后,我们便会看到他们"毁灭性地"征服世界的故事以及由此而来的必然后果。首先,孟德斯鸠非常合乎逻辑地描绘了东地中海各国的粗略图景——希腊、马其顿、叙利亚和埃及,罗马将要征服它们。然后,在第六章——这本笔法精彩的著作中最为浓墨重彩的一章,他分析了罗马的对外政策。

拉布莱对于本章的开头有令人震惊的注解:波舒哀"大肆谴责罗马的不正义,其程度超过了孟德斯鸠",对此,我们难免会觉得有点滑稽。姑且不论孟德斯鸠已经发表的关于国际法和正义战争的观点,②即便是这一章,无需任何道貌君子的帮助,我们也能看出孟德斯鸠对罗马政策的谴责。我们会看到罗马实行残酷的分类统治,罗马利用同盟者,当不再需要他们的时候,就将其毁灭殆尽;因少数公民犯罪就宣布整个民族有罪;故意利用罗马使节制造"事端";从不善意地进行和谈并且不断地破坏和约所确定的其他民族的经济结构;"解释"和约的条款(如与迦太基的和约)直至对方厌恶一系列的不公平之举。罗马人这些政策,都没有遵循"事件的逻辑":

---

① "正义的战争只有两种:一种是为打退来犯之敌而战,一种是为援助受犯的同盟者而战。"(《波斯人信札》,第95封信)"国家的生命和人的生命一样,人在正当防卫时有杀人的权利,国家为了自保也有进行战争的权利。"(《论法的精神》,第十章,第二节)

② 《波斯人信札》,同上。

> 罗马人的这些习惯绝不是偶一为之的个别行动。这永远是他们经常不变的原则；这一点是很容易看到的，因为他们对最大的国家所使用的规则，正是在罗马建国初期他们对他们周围的那些小城所用的规则。(《罗马盛衰原因论》，第六章，页167)

罗马对外政策原则的不正义带来了无情的逻辑困境。那些怀疑孟德斯鸠对这种"原则"或者说罗马的一般特征进行谴责的人，应该重读有关罗马战争时期财政的章节。"作为世界的主宰者，他们劫掠全部的财物。他们作为立法者比作为征服者更像不正义的盗贼。"认为孟德斯鸠揭露这种比匪徒还恶劣的方式仅仅是为了谴责本身，对他来说是不公平的。实际上，这是全书的关键章节。他随后要做的事情，就是描述这种不正义如何深入骨髓并且摧毁那些成功运用这种不正义原则的人。简短的第七章论述了米特利达特（Mithridates）反抗征服者的英勇战斗，以一段预言结尾。当庞培（Pompey）最终杀死了这位象征着地中海世界仅存的自由的国王时，庞培已经

> 完成了罗马这一伟大而壮丽的工程。他将广阔无垠的土地纳入罗马帝国的版图；这与其说是增强了罗马的实力，不如说给罗马增添了宏伟壮丽的气象；虽然他凯旋时布告上写着，他增加了三分之一的收益，但国家的实力并未增强，而自由却濒临消失。

然而，在孟德斯鸠解释罗马大厦的腐败本质如何转变成现实之前，他必须消除读者思想中可能存在的偏见。罗马衰亡的真正原因是内部分裂吗？真正的烦恼是因为平民拒绝忍受比他们优秀的人的正当的权威吗？答案正相反：从最早的年代开始，罗马城中就存在党派和阶级冲突，这种冲突非但没有引起罗马的弊病，反而是其健康的标志。"一般情况下，每当我们看见在一个自称为

共和国的国家中,人人都十分平静时,就能肯定他们在这个国家已失去自由了。"① 我们不能将罗马的衰亡归咎于她的公民政府(civil government),因为她的公民政府是值得钦佩的。② 从内部结构来看,罗马是一个自由的共和国,其城墙内一直存在"隐藏的战争"证明了这一点。罗马是一个相对持久的共和国——与英格兰相似而与迦太基和雅典不同,因为罗马找到了在导致公开战争前纠正胡作非为的方法,而且愿意使用这些方法。但使罗马失去内部自由并导致其衰亡的,是她伟大的荣耀吗?

《罗马盛衰原因论》第九章提出了导致罗马失去自由的两个特别具体的原因,而这两个原因又从属于另一个根本原因——罗马疆域的不断扩大。另一方面,我们提到的疆域扩大这个原因,孟德斯鸠曾痛苦地指出,是穷兵黩武的原则的结果。当罗马军队"越过阿尔卑斯山和海洋",士兵们不得不参加多次战争,就要远离祖国,并因此而失去他们的公民精神,取而代之的是对他们将领的忠诚,将领意识到他在其独立的部队中的权力,便不愿意服从公民的权威。这可能产生强大的大众领袖,在其领导下平民能持续地反抗元老院,而不是零零散散地斗争。另一方面,一旦罗马拥有军队的数量超过罗马的原初公民所能提供的数量时,就不得不答应意大利人通过武装反抗而得来的平等的要求,这就终结了曾作为罗马自由的灵魂的联盟传统。③

---

① 《罗马盛衰原因论》,第九章,页192。
② "罗马的政府是十分完善的,因为自从它产生以来,它的制度就足以促使人民的精神、元老院的力量或者高级官吏的威望永远能够制裁任何滥用权力的事件。"(《罗马盛衰原因论》,第八章,页187)
③ "从那以后,罗马就不是像过去一样的城市了;过去,人民受同一种精神、一种对自由同样的爱、一种对暴政同样的憎恨所鼓舞;过去,对元老院的权力和显贵的特权的嫉妒是和尊敬混合在一起的,这种嫉妒不过是对平等的一种热爱罢了。"(《罗马盛衰原因论》,第九章,页190)。

我们应注意军事主义的一系列后果：罗马的"持续战争原则"使其疆域不断扩大；罗马遵循的外交政策完全是军队参谋部门的工具；为了扩张和控制因此获得的帝国，罗马不得不在其疆域内保持庞大的军队；公民军队（citizen‐armies）长期离乡背井，失去了他们的本色并成为军队将领有效的专业工具；为保持军队实力，大量外邦人获准享有公民权，从而损害了国家的同质性（homogeneneity）。

临近第九章的结尾，孟德斯鸠回到了前一章的论点，罗马并非因内部的"政治分裂"而毁灭，谈及罗马的公民政府时他甚至怀有更深的仰慕之情，认为她的公民政府相对于她的"和谐联盟"（harmonic union）更完善，在"和谐联盟"中，就像音乐一样，不和谐的因素不过是整体效果的一部分，而在"亚细亚的专制制度，即一切不宽容的政府"的和谐中，"往往存在真正的分裂"。他的结论十分明确：罗马的法律对其征服世界有极大的帮助，但是却不适合征服世界后对其进行控制，更不用说维持专制统治的结果了。为何会如此呢？他已经指出，罗马帝国的政策不仅是在细节上而且在原则上都是无节制和不正义的。本章以一段对罗马的挽歌结束并非偶然。自此以后，论述便只关注导致她逐渐衰亡的特定原因和事件。

其他历史学家可能会在此立即论述国内战争，我们却看到，孟德斯鸠在第十章提出的是国家内部的堕落，道德的堕落。他曾向我们表明罗马的誓约从不受非罗马人的信任，而现在，即使在国内，罗马的誓约也不比希腊誓约更受信任。西塞罗那引用的一项复杂的政治"交易"可以生动地说明这个现象，西塞罗论曰："仅仅在一个条约里，就能看见多少无耻的人啊！"孟德斯鸠将怀疑主义（Pyrrhonism）的增长归因于诚信的缺失，他还认为怀疑主义侵蚀了宗教信仰——这座永恒城市传统的重要组成部分。同时，随着国家财富的增加，个人财产也不断增加，并因而致使个人无节制的奢侈和浪费。同时成为富人和好公民确实很困难，而贫穷阶级的增加，甚至更悲惨的受害（the ruined）阶级的增加，则让他们因为嫉妒之故而宁愿作出任何孤注一掷的行为。

这是国内战争的恐怖行为的道德前奏。有一个因素，也只有一个因素在维持着罗马现在的统一，也正是这个因素令罗马能够不断扩张：

> 无论罗马的堕落达到了什么程度，她还没有彻底地堕落。因为她的制度有极其强大的力量，即便困于财富、软弱和淫乱，她仍能保持英雄的勇气，能倾其所有投入战争。我认为这是世界上其他任何国家都无法做到的。
>
> 罗马公民认为商业贸易是奴隶才干的行业，他们不会从事这些行业。如果有一些例外的话，那也只是部分被解放的奴隶（freedmen）继续从事先前的行业。但是，一般来说，他们只知道战争之术（the trade of war），这是他们获取官职和荣誉的唯一方式。因而在他们丧失了其他所有美德之后，仍保留着军事美德。

正如他已经提出的，荣誉政制的罗马要优于寡头政制的迦太基。

罗马真正的自由已被摧毁；留下的只是被谁摧毁和何时被摧毁的问题。"既然共和国注定灭亡，问题只是要知道它如何被推翻，为谁所推翻。"[1]苏拉血腥的"共和主义"未能拯救罗马，却指出了通向恺撒之途。无论动机多么令人敬佩，刺杀恺撒

---

[1] 《罗马盛衰原因论》，第十一章，页200。

都是无用之举,因为恺撒死后,虽无僭政,但也没有自由了(同上,第十二章开篇)。在共和政体之后,奥古斯都成功建立了僭政(同上,第十三章);在提比留(Tiberius)治下,甚至共和主义都消失了,通往卡里古拉、克劳迪乌斯甚至更糟的道路已经打通(同上,第十四、十五章)。

现在,"持续战争原则"开始报复它的发明者:

> 皇帝的恐怖僭政来自罗马人的一般的精神状态(esprit général)。由于他们突然受到了一个独裁政府的统治,而且他们在统治和被奴役中间又几乎找不到一种中间的东西,所以他们没有温和的风尚作为接受这一改变的准备。他们的气质仍旧严峻。罗马人所受到的待遇就和他们本身对待被征服的敌人一样,他们受到同样方式的统治。(同上,第十五章,页236;强调为笔者所加)

如果说,这促使我们去设想,在"人类事务的景象"的著名哀歌之中具有某种怀乡气息(同上,页239)——尽管在这种怀乡气息之中,罗马的宏伟计划最终以"满足五六个魔鬼的嗜好"而结束,那么,我们就务必谨记,在本章前面部分,孟德斯鸠就已放弃作出道德判断,既无怜悯,亦无惋惜。

罗马军队,这个弗兰肯斯坦(Frankenstein)式的怪物,由罗马人的独特性格塑造而成,最终却成为罗马人自我毁灭的工具。皇帝们的权力依赖于军队,所以他们的最终结局与罗马并无二致:

> 士兵依附于恺撒家族,因为他能保证他们因革命而取得的所有利益。所有罗马其他显赫的家族都被恺撒家族消灭了,随后恺撒家族也随着尼禄而灭亡。长期受压迫的市民权无力

与军权相抗衡;每支军队都想拥戴自己的皇帝。①

某些贤明的君主——涅尔瓦(Nerva)、图拉真(Trajan)、哈德良(Hadrian)、两个安东尼(Antonine)——能够赢得军人的尊重。但是继他们而来的"新魔王"放纵滥用军事权力的行为恣意发展。戴克里先(Diocletian)的改革和私有财产的消亡,暂时保证了对军队的控制及其完整,因为一方面军队将领现在受制于政府,另一方面没人能够贿赂士兵以引领他们的反抗。无论如何,现在禁卫军的长官是民事官员而非军事将领,腐败的法庭代替了腐败的将领。最后,军队已经极其腐化,战斗力低下,罗马效仿迦太基的政策,试图通过收买结成联盟,获得和平。罗马已经失去了其扩张和统治最有效的工具:

> 罗马之所以能成功统治一切民族,不仅是因为他们的战术,同时也因为他们的审慎、他们的贤明(sagesse)、他们的坚韧以及他们对荣誉和祖国的热爱。在皇帝统治之下,所有这些美德都消失了,他们唯独保持着战术。正是仰仗战术,尽管他们的君主软弱且残暴,他们仍然能保住已经征服的土地。但是当军队也被腐化了,他们就成为其他民族的瓜分对象了。(同上,第十八章,页275)

所有这些现在都发生在西方,帝国的分裂导致经济崩溃,蛮族入侵致其灭亡,而东方,则和其他"亚洲专制国家"一样腐败。

---

① 第十五章,页241。应当注意,这段与孟德斯鸠的如下论述有关,"正如共和国疆域的广大是共和国政府致命的因素一样,帝国疆域的广大也是皇帝生涯的致命因素"。如果和罗马的经济因素一样,共和国和帝国的疆域也只是具体的原因,动乱的直接原因则是军队。

只有认识到孟德斯鸠的著作是对波舒哀的回应,我们才能够认识到孟德斯鸠的独创性所在。①马基雅维利很久以前就已经"经验地"对待历史,如果"经验地"意味着历史完全与所谓"神意"无关的话。孟德斯鸠使用了更加彻底的科学方法。

我们不妨概括一下他的步骤。罗马属于一种社会有机体——共和国,而在共和国这个种类之下,罗马又属于其亚种——荣誉政制。因而,罗马人民的独特动机是"荣耀"(gloire),其"原则是持续的战争",这是"形成其他一切的基础原则"。孟德斯鸠认为,克莉奥佩特拉(Cleopatra)的鼻子解释不了罗马衰亡的现象,罗马的衰亡和兴盛所展示的,是罗马依其本性而形成的法则。

另一方面,虽然罗马是某一种类型的典范,但它也是独特的,自有其独特的历史。罗马早期繁荣的一个原因是,早期所有的国王都是伟大人物;他强调这具有特殊性:"除此之外,我们在历史上再也找不到这样不间断的一连串杰出的政治家和将领。"(第一章,页117)罗马的执政官年年轮换,极大提升了共和国将领的野心,因为只有通过征服或胜利,他们才能获得成功,于是他们在战争中发展出来的战术堪称英勇无惧。不过,因为围攻乏术,所以很长一段时间,罗马的军队都只是采用突袭的方式,直到在与威伊的长期战争中,他们才学会围攻战,也学会了在某地驻扎大量军队的方法,这促进了罗马军事方法的改革,并使征服意大利成为可能。虽然,在本质上,苏拉、庞培和恺撒对共和国的衰亡都没有责任,但并不能否认,苏拉之剥夺公民权以及国内战争依然是共和国衰亡的具体原因。实际上,与其说孟德斯鸠觉察到

---

① 我认为,孟德斯鸠对波舒哀最明显的"回答"没有引起学者们的注意。这是第十九章的开篇的内容:帝国衰落时,基督教已开始广泛传播,基督教徒与异教徒互相谴责,都说罗马的衰落是对方之错。奥古斯丁的观点结束了这种争吵:"有谁看到了天上之城与这地上之城的不同? 在这地上之城,古罗马人因为某种人类的美德,取得了同这些美德本身一样虚幻的报偿。""恺撒的归恺撒。"

罗马历史的独一无二，不如说他对一般的帝国都心生厌恶，这阻碍了他在马基雅维利的指引下将罗马塑造为一个典范的形象。例如，他说："今天，权力是如此不均衡，一个小国家不可能依靠自己的资源而繁荣，可这些资源本是上天给予人类之物。"

对孟德斯鸠而言，历史应该是一系列林奈（Linnaean）式的描述吗？①即便如此，他的努力也极其彻底，甚至开创了历史的新纪元。但是，正如我们试图说明的，孟德斯鸠的历史概念包含了道德判断。这些道德判断没有先入为主的超验基础。孟德斯鸠反而从历史的观察中归纳出法则。这些概括性的法则是他的著作中最重要的"考虑事项"；它们意味着虽然历史在特定事实的观念上不会"自我重复"，但治邦者们不能仅仅依靠偶然机运。

孟德斯鸠这样评论奸污卢克雷西娅（Lucretia）的恶行：公民可能比较容易忍受新的税收的压迫，因为新税可能对他们有益，但对个人尊严的侮辱却有敏锐的感觉，很快就能想象和预见到可能发生的罪恶。在比较罗马和迦太基时，孟德斯鸠指出，比较而言，共和国政府的每个席位上都充满了利益的诱惑：

> 对于国家来说，一个国王的僭政的害处，比起不关心公共利益对一个共和国的害处还要小些。一个自由的国家的优点是它的收入分配得比较好，但如果分配得较差的时候，则自由的国家的优点是它根本没有宠臣；但是当事情不是如此，不是使国王的朋友和双亲发财，而是使参加政府的一切人的朋友和双亲发财的时候，那么一切便都垮台了；这样的违法乱纪比一个国王的违法乱纪要更加危险，因为作为一国公民之首的国王，

---

① ［译注］林奈（Carl von Linné），瑞典博物学家，1735年发表了最重要的著作《自然系统》，1737年出版《植物属志》，1753年出版《植物种志》，建立了动植物命名的双名法。林奈式的描述即是这种现代分类归纳的科学方式。

他照例是最关心守法这件事情的。（［译按］第四章）

令人惊讶的是，下面这段对汉尼拔的评论适用于当前的某些战后问题：①"征服容易实现，因为可以全力以赴集中全力去做；维持征服的结果较难，因为只能用部分力量进行防卫。"

严格的宪法解释者（constructionist）可能会很好地思索孟德斯鸠就"罗马一贯的内部分裂"作出的保守评论："一个自由的政府，也就是说常常处于混乱之中的政府，如果不能依据［政治］法则进行调整，就不能维持。"

如果任何一个国家发现自己正通过军事技术的短暂优越感，沉迷于追随"天命论"（manifest destiny），那么，它最好暂停考察"人类事务的景象"，因为孟德斯鸠通过罗马的悲剧结局为它提供了一幅微观图景。

吉本（Gibbon）似乎有点忘恩负义地指责他的老师孟德斯鸠，批评他将历史哲学化的"罪行"，②指责他通过暗示和条理分析的方法将历史还原为纯粹的细节明细单。孟德斯鸠认为，虽然每个国家的历史都具有特殊性，但还是可以依这个国家的原则而描绘它的大方向，这些原则由这个国家的本性决定，而本性反过来由这个国家所属的国家类型决定。因此，尽管有无数特殊的原因，我们还是能够概括地勾勒一般的法则，政治科学当然也就是可能的。《罗马盛衰原因论》并没有偏离孟德斯鸠的主要研究，相反，它应当被视为《论法的精神》的前奏。吉本认为，国王纯粹的军事支持、奥古

---

① ［译按］本文写于1955年，所谓"战后"是指第二次世界大战之后。
② "对那些决定性的同时又具备一般原因的考察，总是讨好某一部分人……在孟德斯鸠这样的人看来，一般原因的理论，是人类哲学的历史。他使我们看到借着梳理一条由财富、智慧、勇气和缺陷构成的主线，回答那些帝国兴盛与衰亡的原因，而不用理会它们各自的特殊原因，甚至压倒历史的特殊性。"《文学研究评论》（*Essai sur L'étude de la Littérature*），London：Becket and de Hondt，1761，页106以下。

斯都建立的统治以及王位继承法律的缺乏，都隐含了罗马帝国堕落的可能性。因此，他认为帝国的命运很大程度上取决于其统治者的个性特征。孟德斯鸠认为，奥古斯都和恺撒一样都是军队的工具，但军队太过强大，不会受控于任何"英雄"，罗马人的独特个性已经预示了他们终将衰亡的命运。因为在孟德斯鸠看来，自由要以节制作为其存续的条件，罗马人对"荣耀"无节制的贪欲和不可避免的征服，破坏了他们的自由，就像他们曾对待其受害者一样。

《罗马盛衰原因论》是革命性的，不仅仅因为孟德斯鸠将神性的或超验的推理驱逐出历史研究领域；也不仅仅因为在这部渊博的著作中，他通过诚实而彻底的努力，梳理罗马历史可靠而完整的因果链条。这部著作具有积极的革命性，是因为它假定人类行为始终存在显著的法则，我们可以通过归纳而得到这些法则。道德判断交给了这样一些人：他们的行为通过对法律的强烈需求导致了自我毁坏。

迈内克（Friedrich Meinecke）断言，"孟德斯鸠和伏尔泰一样，将启蒙内部无法解决的辩证问题，强加给历史主义来解决"，①正义并非孟德斯鸠试图在事实中获得的规律，也不是他同样努力在其中寻找的道德律。他在讨论国家正义时展示的观念的或可能的辩证法，属于他作为政治哲人而非历史学家讨论的一部分。孟德斯鸠身上还有另一种后果，他是后来历史相对主义的起源，这与把他视为"源头"的看法大相径庭，因为他意识到了空间和时间，更强调不受制约的绝对（absolutes）的现实性。斯特龙伯格（R. N. Stromberg）对类似立场的评论更加极端："人性在任何地方都是相同的，唯一可变的是物理的环境……这是孟德斯鸠的荒谬的来源，他的历史观产生了错误，将所有人类的差异都

---

① 迈内克（F. Meinecke），《历史主义的产生》（*Die Entstehung des Historismus*），1936，页152。

归因于地理环境。"①孟德斯鸠的罗马史研究是对这些批评的最好辩驳——不过，我们还必须指出，在他关于"民族性格"的最简练论述中（《论法的精神》，第十九章第四节），"野蛮人"甚至几乎完全受"气候"的支配。正如斯特龙伯格先生所言，真正可怕的是这种幻象：某位作者令人感兴趣之处仅仅在于他在"生成的巨链"（Great Chain of Becoming）中所处的位置，那么，当我们将孟德斯鸠置于圣埃夫勒蒙（St. Evremond）和吉本之间，我们就可以结束对他的讨论。

---

① 斯特龙伯格，《十八世纪的历史》（History in the Eighteenth Century），载于 *Journal of the History of Ideas*（1951），页301。

孟德斯鸠论政制衰败

克劳斯（Sharon R. Krause）著
曹天鹏 译 林凡 校

　　至少从政治哲学在雅典诞生的公元前五世纪甚至公元前四世纪开始，政治制度的衰亡——衰败的原因和驱向，就一直深受政治科学家们关注。近年来，当代政治科学的研究路向，一直过于集中于解释苏联的解体、南斯拉夫的分裂和非洲后殖民国家的不稳定状态。这些解体、分裂和不稳定在许多方面并不相同，当代对政制衰败的理解更像是处理一种例外现象，而不是政治生活统治本身应该关注的问题。这些研究方向其实是现代政治思想变革的延续，后者着力于介绍基于人性的普遍法则、自然权利和理性永久状态的可能性。与此相对，古人否认了永久状态的可能性，并认为政制衰败和革命是政治生活中极为棘手的一部分。关于这个问题，思想的现代性转向是从十七和十八世纪的霍布斯、洛克、康德开始，直到十九世纪以黑格尔法哲学趋于顶峰。孟德斯鸠在这一段思想史中具有重要地位，因为他作为一位现代思想家（和一位自由主义者），却深信每一种政制都具有衰败的必然趋势。然而，他也不完全赞同古人对政制衰败的看法。他与古人看法的相左之处在于,他对政治衰败及其道德意义的终极原因的理解与古人并不一致。虽然孟德斯鸠不认为这个趋势能够被完全克服,但他的确相信减缓的可能——尽管未必一定会取得成功。

《论法的精神》首版于1748年,这是他二十年的劳动"果实"(孟德斯鸠语)。①该书极其全面地考察了几乎所有有关政治制度和政治生活的内容,可谓是最广泛意义上的理解,包括其政治构成、民事和刑事法律、国防和外交关系、经济、宗教、文化、社会组织模式和家庭结构等等。这本书分析了古代和现代的所有政府形式,并比较分析其在各大洲的状况。此书最著名和最有影响力的首先是孟德斯鸠的三权分立说,②这是联邦党人极为受惠之

---

① 孟德斯鸠,《论法的精神》(De L'esprit des lois)序言,《孟德斯鸠全集》(Euvres Completes de Montesquie),第 2 卷,Roger Caillois 主编,Paris:Bibliotheque de la Pléiad,1949 – 1951)。孟德斯鸠著作由本人翻译。[译按]《论法的精神》中译参张雁深译本,北京:商务印书馆,1959,译文略有改动,不一一标明。

② 孟德斯鸠所说的"权力分配"(pouvoirs distribués)(第十一章第七节)并非"权力分离"。事实上,通过温和体制建立的权力制衡,预先假定了权力之间具有一定的相互作用,如行政权否决立法决定,而非严格的分离。孟德斯鸠对权力制衡的分析,参见如 Sergio Cotta,《孟德斯鸠政治思想中的分立思想》(L'idée de Parti dans la Philosophie Politique de Montesquieu),载 Actes du congrès Montesquieu réuni à Bordeaux du 23 au 26 mai 1955,Bordeaux,France:Delmas,1956,页 257 – 263;C. P. Courtney 的《孟德斯鸠和英国的自由》(Montesquieu and English Liberty),载于《孟德斯鸠的政治科学》(Montesquieu's Science of Politics:Essays on The Spirit of Laws),David Carrithers、Michael Mosher 和 Paul Rahe 主编,Lanham,MD:Rowman & Littlefield,2001,页 273 – 291;Joseph Dedieu,《孟德斯鸠与法国的英格兰政治传统》(Montesquieu et la Tradition Politique Anglaise en France),New York:Burt Franklin,1909;F. T. H. Fletcher,《孟德斯鸠和英国政治》(Montesquieu and English Politics),London:Edward Arnold,1939;Gabriel Loirette,《孟德斯鸠与法国的良好政制问题》(Montesquieu et le Problème, en France, du bon gouvernement),载于 Actes du Congrès Montesquieu Réduni à Bordeaux du 23 au 26 mai 1955 Pour Commémorer la Deuxième Centenaire de la Mort de Montesquieu,Bordeaux,France:Imprimeries Delmas,1956,页 219 – 239;曼斯菲尔德(Harvey C. Mansfield Jr.),《驯服君主》(Taming the Prince:The Ambivalence of Modern Executive Power),New York:Free Press,1989,第九章([译按]中译参冯克利译本,南京:译林出版社,2005);Henry J. Merry,

处，其次则是孟德斯鸠对社会和文化因素的政治影响的强调，因此他有时也被视为现代社会学的先驱（甚至创始人）。①但是，他的政制衰败论却少有人关注。事实上，权力分立和孟德斯鸠的准社会学（quasi - sociological）方法一直是学界研究的主要内容，而《论法的精神》里谈到的腐败和政制衰败问题却鲜有关注。② 拙作

《孟德斯鸠的自然政府体系》（*Montesquieu's System of Natural Government*），Lafayette，IN：Purdue Research Foundation，1970，尤其是页 313 - 345；潘戈（Thomas Pangle），《孟德斯鸠的自由主义哲学》（*Montesquieu's Philosophy of Liberalism*），Chicago：University of Chicago Press，1973，尤其是页 114 - 163；John Plamenatz，《人与社会》（*Man and Society*）第 1 卷，New York：McGraw - Hill，1963，页 276 - 293；Paul Rahe，《政府的形式、原理、对象和目的》（Forms of Government：Structure, Principle, Object, and Aim），收录于由 David Carrithers、Michael Mosher 和 Paul Rahe 主编，《孟德斯鸠的政治科学》，前揭，页 80 - 97；Judith Shklar，《孟德斯鸠》（*Montesquieu*），Oxford, UK：Oxford University Press，1987，页 79 - 104；George C. Vlachos，《孟德斯鸠的政治学：概念与方法》（*La politique de Montesquieu：Notion et method*），Paris：Montchrestien，1974，尤参页 98 - 162。

① 对这一解释的例子，见涂尔干（Emile Durkheim），《孟德斯鸠和卢梭：社会学的先驱》（*Montesquieu and Rousseau：Forerunners of Sociology*），Ann Arbor：University of Michigan Press，1960；雷蒙·阿隆（Raymond Aro），《社会学主要思潮》（*Main Currents in Sociological Thoughts*）第 1 卷，New Brunswick, NJ：Transaction，1998，页 13 - 72。Robert Alun Jones 对此解释作出了评价，见《含混的笛卡尔主义者：涂尔干、孟德斯鸠和方法》（Ambivalent Cartesians：Durkheim, Montesquieu, and Method），载于 *American Journal of Sociology* 100（1994）：页1 - 39。Pierre Manent 在《人的城邦》（The City of Man）中也将孟德斯鸠解读为对通向政治学的基础社会学方法的支持者，Marc A. LePain 英译，Princeton, NJ：Princeton University Press，1998。在对这种解读的挑战中，Catherine Larrère 指出，将孟德斯鸠称为社会学的创始人之一是颇具讽刺意味的，因为"他进入这项研究领域不是必然如此，但却是合乎道理的"，参 Catherine Larrère，《孟德斯鸠的真相》（*Actualité de Montesquieu*），Paris：Presses des Sciences Po，1999，页 10。

② 一个例外是卡森（Badreddine Kassem）的《孟德斯鸠作品中的衰败和专制主义》（*Décadence et absolutisme dans l'œuvre de Montesquieu*），Paris：Librairie Minard，1960。他广泛地探讨了政制衰败的主题。卡森细致地介绍了孟德斯鸠对涵盖从东方到西班牙、意大利、法国、英国和古罗马的各种腐化或政制"远离本性"的解释（页9）。他为每一种政制都有效地制定了特定的进程，但是，他对衰败的普遍根本原因的解释缺乏说服力。具体地说，在该书的第三部分，他确定了四个"衰败的主要原因"：战争、人口、宗教偏执和专制（页 213 - 266）。最终，他说这些原因又可以进一步解释为唯一的"根本原因，

主要探讨后一主题,并力图说明为什么孟德斯鸠认为走向衰败的总

其他原因都可以追溯到它",即专政(页274,另参页20)。然而,这种解释并不充分,因为它难以触及专制的原因。此外,虽然卡森在这些篇章中把专制当作衰败的根本原因来探讨,但在其他地方,他又把它当作衰败的最终结果,说"专制是其他政制的衰落的最终趋向"(页247)。后一主张激励我要解释得更为准确。如果准确地说,专制是衰败的结果,它就不可能是这种情况——专制是唯一主要(或首要和根本)原因。这一分析偏离了卡森依据人性和政治不公而给出的关于政治衰败的终极原因。

除了卡森的分析,对腐化的评论,使得对孟德斯鸠论罗马著作的分析被极大地限制或者聚焦于专制政体即政治衰败的终点,没有详细探讨衰败的过程或其原因。对孟德斯鸠《罗马盛衰原因论》的分析,见 David Lowenthal 对此书的译本引言(New York: Free Press, 1965);迈尔斯(Richard Myers):《〈罗马盛衰原因论〉中的基督教与政治》(Christianity and Politics in Montesquieu's *Greatness and Decline of the Roman*),载 *Interpretation* 17 (1989 - 1990 冬季号),页223 - 238 [中译编者按]译文参本集论题);奥克(Roger B. Oake):《孟德斯鸠对罗马历史的分析》(Montesquieu's Analysis of Roman Histor),载 *Journal of the History of Ideas* 16 (1955),页44 - 59 [中译编者按]译文参本集论题)。对孟德斯鸠专制理论的探讨,见 Paul Vernière,《孟德斯鸠与〈论法的精神〉中的穆斯林世界》(Montesquieu et le Monde Musulman, d'après *L'esprit des Lois*),载于 *Actes du Congrès*,页175 - 190;Robert Shackleton,《词语"专制者"和"专制"》(Les mots "despote" et "despotisme"),载于 *Essays on Montesquieu and on the Enlightenment*, David Gilson 和 Martin Smith 主编,Oxford, UK: Voltaire Foundation, 1988;Françoise Weil,《孟德斯鸠与专制》(Montesquieu et le despotisme),载于 *Actes du congrès*;Roger Boesche,《恐惧君主和商人:孟德斯鸠关于专制的两种理论》(Fearing Monarchs and Merchants: Montesquieu's Two Theories of Despotism),载于 *Western Political Science Quarterly* 43 (1990 年 12 月),页741 - 762;Robert Koebner,《专制者和专制:政治术语的变迁》(Despot and Despotism: Vicissitudes of a Political Term),载于 *Journal of the Warburg and Courtland Institute*,第 14 卷,编号 1 / 2 (London: Warburg Institute, 1951);克劳斯(Sharon Krause),《〈论法的精神〉中的专制》(Despotism in *The Spirit of Laws*),载于《孟德斯鸠的政治科学》,前揭,页231 - 272;Melvin Richter,《孟德斯鸠对欧洲与亚洲的比较分析》(Montesquieu's Comparative Analysis of Europe and Asia: Intended and Unintended Consequence),载于 *L'Europe de Montesquieu*, Napoli, Italy: Liguori Editore, 1995;Elie Carcassone,《〈论法的精神〉里的中国》(La Chine dans *L'esprit des lois*),载于 *Revue D'histoire Littéraire de la France*, Paris: Librairie Armand Colin, 1924,页198 - 205;David Young,《孟德斯鸠对专制的看法和他对旅游文学的运用》(Montesquieu's View of Despotism and His Use of Travel Literature),载于 *Review of Politics* 40 (1978):页392 - 405;Paul Rahe,《政府的形式、原理、对象和目的》,前揭,页90 - 97。

趋势不可避免——不过就实际情形而言,在任何具体情况下都不能断言这是完全确定的状况。拙作第一部分指明《论法的精神》第二至八章提出的各种政制形式和每种政制形式衰败的特定类型。第二部分分析了会令所有政体衰败的两种一般原因。其一是政治权力自身的侵蚀本性(nature),这种天然本性令每一种政府的体制结构永远脆弱,因为这些政府结构拥有权力之后会不断地自我扩张、僭越现有体制的界限,并修改孟德斯鸠所谓的政制"本性"。其次,衰败的普遍原因是每一种政制都可能是不完整的,在孟德斯鸠看来,无论是哪一种政治制度,其形成的"原则"本身就内在地蕴含了不完整的可能,这可以视为关于人类天性和个人道德心理学的不够精确的表达。不过,政治内在的不完整可能和权力的侵蚀本性能够变得淡化。论文第三部分根据孟德斯鸠的自由主义方法——尤其是多元主义的教化影响,论及减缓衰败的可能,我也试图思考这些结果对当代自由主义民主的意义。

一、诸种政府形式和类型的衰败

在《论法的精神》第八章讨论政体的腐败和政体变化时,孟德斯鸠遵循了该书第二章和第三章展开的三种类型。在这前几章的内容里,孟德斯鸠区分了三种主要政府形式,确定每一种形式所依据的,是这种政府形式的"本性",或"能成其所是的"宪制结构,而且,根据每一种政府形式的"原则",再通过人的激情能够令"政府运作"(第三章第一节)。共和政体由人民或部分人民统治,其运作的动力是政治美德,即对平等和共同福祉的爱。[①]君

[①] 共和政体可以采取民主制或贵族制(第二章第二节)。在贵族制中,民主美德特征化的平等之爱被代之以孟德斯鸠所说的"节制"(la modération),这是一种"较次的美德"(une vertu moindre),它促使掌握权力的少数人避免压迫多数人(第三

主制是君主根据既定的法律进行统治，其统治受到强大的政治干预团体的左右，尤其是贵族的左右（第二章第一节和第四节）。君主制的原则是荣誉——渴望区别的野心、精神独立和对特权与君权的妒忌，它激发个人和集体的抗侵蚀能力，从而维持政治制度的权力平衡（第二章第四节；第三章第五至八节）。专制主义则不尊重既定的法律，是不尊重干预团体而进行的独裁统治，在这种政体中，一切都按个人的"意志"和"反复无常"随意运作。它靠人们对暴君无限权力的恐惧来维持（第二章第一节；第三章第九节）。孟德斯鸠提供了关于这些政体的类型学，用以解释政治制度的结构和在不同的场景中政治权力的运动。这些总体类型类似于许多评论家所指出的"观念类型"，实际的政府形式或多或少类似于这些类型，但从不会完全符合。[1]实际的政府形式可能结

章第四节）。尽管孟德斯鸠从共和主义民主类型中区分出贵族制，但他把后者置于首位，说道："贵族制的民主化程度越强，它就越完美。"（第二章第三节）纵观整个分析，民主共和主义被视为典型形式和自我否定的民主美德，而非贵族制的节制，一般来说，后者通常被视为共和主义的界定原则。孟德斯鸠对共和政体的进一步讨论，见 David W. Carrithers，《民主与贵族制的共和国：古代和现代》（Democratic and Aristocratic Republics: Ancient and Modern），载《孟德斯鸠的政治科学》，前揭，页 109－158。

[1] 参 Nanerl O. Keohane，《德性共和制和荣誉君主制：孟德斯鸠政治思想中的两种模式》（Virtuous Republics and Glorious Monarchies: Two Models in Montesquieu's Political Thought），载于 *Political Studies*, 20 (1972)，页 383。具体的专制政体从未完全缺乏限制君主的权威，例如，传统习俗和宗教信仰以及自然条件如气候和地形等因素，都是典型的原因，令实际的专制者受到限制。在这个问题上，孟德斯鸠提请特别注意中国（第八章，第二十一节）。关于此点，参 Alain Grosrichard，《宫廷结构：西方古典视野中的亚洲专制构造》（*Structure du Sérail: La fiction du Despotisme Asiatique dans L'occident Classique*），Paris: Éditions du seuil, 1970，页 47；Anne M. Cohler，《孟德斯鸠的比较政治学与美国宪政主义精神》（*Montesquieu's Comparative Politics and the Spirit of American Constitutionalism*），Lawrence: University of Kansas Pres, 1988，页 71－73；Françoise Weil，《孟德斯鸠与专制》，前揭，页 201；克劳斯，《〈论法的精神〉中的专制》，前揭，页 250；Richter，《孟德斯鸠的政治理论》（*The Political Theory of Montesquieu*），Cambridge, UK: Cambridge University Press, 1977，页 83；卡森，《孟德斯鸠作品中的衰败和专制主义》，前揭，页 247；以及 Young，《孟德斯鸠对专制主义的看法》，前揭，页 401 以下。

合孟德斯鸠所列举的不同类型的政体要素，虽然每种政体都有自身的独特本性和原则。

书中第八章名为"论三种政府原则的腐败"，开篇即直言一个普遍规则，"每一种政府形式［的衰败］几乎总是由原则的腐败开始的"（第八章第一节）。然而，孟德斯鸠最初在考虑腐败与衰落主题时，根据每一种政体的政制和运动原则，作了相同程度的细致分析。不同的政府因不同的特定原因而腐败，并以不同的方式衰败。这样，我们就会看到，一些一般规则逐渐呈现，但是，孟德斯鸠开始时进行的分析，则是强调每种政体类型腐败的多元化和衰败的具体形式。例如，当作为共和主义美德核心的"平等精神"开始蜕变，开始接受不平等的时候，或当平等精神变得"极端"，从而使"每个人都要同他们选举出的领导者平等"的时候（第八章第二节），民主制就衰败了。当平等之爱被不平等的精神取代，民主政制就走向贵族制了；当极端平等精神兴起，就走向专制了（同上）。后一个转变开始时，极端平等精神就会限制个人的行动，似乎对各种限制不可忍受。渐渐地，民众反抗一切反对民众并自我坚守的权威（也就是议员和法官，最终则要反对法律）。在这个过程中，民众破坏了制度约束，而原先，这些制度约束通常可以限制政治权力的行使。同时，在平等的名义下，"人民要分享所有公共财产"（同上），这样，为了满足个人利益而破坏公共利益，也就不可能提供公共之需——包括公开的辩护。在这种情况下，孟德斯鸠说："人民从他们的自由中获得越多，他们离必然失去自由的时刻就越近。"（同上）虽然孟德斯鸠没有就这一点作更明确的分析，但我们很容易设想他认为的这个"时刻"：因偶然的原因或某种阴谋导致了一场危机，而人民发现国库空虚，发现他们以前的自我牺牲精神再也无法重现，于是，他们陷入绝望，不再相信承诺带领他们返回稳定和舒适状态的强人。但是，他们这般做法实际上把自己交到了专制者之手，因为他们先前急切提高平等地位的渴望，正好破坏了对政治权力的制度限制。因此，极端平等最终只会导致个人的独裁统治。一个共和国生成于政治美德，若想保持其本色，就必须避免所有的不平等和极端平等精神。

同样，君主制必须保持荣誉原则不受破坏。"当荣誉与其他荣誉产生矛盾时，当一个人可以同时遭受着耻辱和尊严时"（第八章第七节），这一原则就会被败坏。换句话说，当君主赋予公共荣誉、地位和官位时，选择那些对他的权威卑躬屈膝，而不是主张精神自由或争取独立意志的权利本位的人，腐败就发生了。①在这种情况下，孟德斯鸠说，"头等的品爵只是头等奴役的标志"，而且重要人物（les grands）变成了"专横权力的卑鄙工具"（第八章第七节）。荣誉之获得和因荣誉而受的贬损其实是一体两面，而对孟德斯鸠而言，令人尊敬的独立是荣誉的某种形式，这种独立

---

① 进一步讨论荣誉作为对抗君主威权的源泉的作用，参 Michael Mosher,《君主的悖论：荣誉面对君主权力》（Monarchy's Paradox: Honor in the Face of Sovereign Power），载《孟德斯鸠的政治科学》，前揭，页 159-230；Corrodo Rosso,《道德学家孟德斯鸠》(*Montesquieu Moraliste*)，Bordeaux, France: Ducros, 1971, 页 100; David W. Carrithers,《孟德斯鸠的历史哲学》（Montesquieu's Philosophy of History），载 *Journal of the History of Ideas*, 47, 第 1 期（1986），页 76；克劳斯,《区别和不服从的政治》（The Politics of Distinction and Disobedience: Honor and the Defense of Liberty in Montesquieu），载于 *Polity*, 第 3 期（1999 年春），页 469-499；阿尔都塞（Louis Althusser），《政治学和历史》（Politics and History: Montesquieu, Rousseau），Ben Brewster 译，London: Verso, 1982, 页 80; Mark Hulliung,《孟德斯鸠和旧制度》(*Montesquieu and the Old Regime*)，Berkeley: University of California Press, 1976, 页 179; Lawrence Levin,《孟德斯鸠〈论法的精神〉的政治学说：学说的古典背景》(*The Political Doctrine of Montesquieu's Esprit des Lois: Its Classical Background*)，New York: Columbia University Press, 1936, 页 104; Franklin Ford,《长袍与刀剑》(*Robe and Sword: The Regrouping of the French Aristocracy after Louis XIV*)，Cambridge, MA: Harvard University Press, 1953, 页 20。

至少偶尔呈现。①为独立指明方向的，应是深植于公众承认的社会和政治传统中的荣誉法则。因此，"荣誉自有其最高法则"（ses regles supremes），而且，这个最高法则超越了个人的私人（或主观）意志，同样也超越了君主的个人意志（第四章第二节）。然而，荣誉不能至少不能直接地依照德性来界定。可是，即便君主制原则正常运行，孟德斯鸠还是称之为"虚假的荣誉"。他说："从哲学上说，这是一种能够驱动国家各个部分的虚假荣誉，但这种虚假荣誉和真正的荣誉一样，对于公众是有益处的，对能够获得荣誉的个人而言，也是有用的。"（第三章第七节）从哲学上"说"，真正的荣誉应该类似于亚里士多德所言的伟大人物的抱负，因为他们行事正确，或出于正当理由，或时机适宜，或方式正确，诸如此类。②这种伟大人物的抱负不仅受深植于历史的荣誉法则的引导，更受本质之善和他行为之善获得公众认可（或荣誉）的引导。③按照孟德斯鸠的说法，作为个体，伟大人物赢得的外在荣誉和显示的内在荣誉是"有用的"，因为这些使他成为一个更好的人，能够更完美或更完满地体现人之为人的意义。

---

① 孟德斯鸠钦慕由荣誉带来的独立，这明显体现在他对两个不服从的贵族的简述之中：克里杨（Crillon）拒绝暗杀基斯（Guise）公爵，但他向亨利三世提出建议，愿和公爵决斗。在圣巴多罗买节的屠杀之后，查理九世写信给所有总督要求屠杀胡格诺派，在巴纳雍（Bayonne）指挥的多尔德伯爵上书国王说："陛下，我在居民和士兵中只看到良善的公民和勇敢的战士，没有刽子手；因此他们和我恳请陛下将我们的武器和生命用于有用的事业（choses faisables）。"这一伟大而慷慨的勇气做到了怯懦的行为绝对办不到的事情。（孟德斯鸠，《论法的精神》，第四章第二节）

② 亚里士多德，《尼各马可伦理学》，1106b22-24。Bertrand Binoche 指出，孟德斯鸠也可能已在心里将波舒哀（Bossuet）的世俗野心谴责为"虚假荣誉"，波舒哀曾将其与"构成对上帝诫命和基督教法则遵从"的"基督徒荣誉"进行了对比，参 Bertrand Binoche,《〈论法的精神〉导读》(Introduction à De L'esprit des Lois de Montesquieu), Paris: Presses Universitaires de France, 1998, 页125。

③ 或者至少他应该基于其行为之善而赢得荣誉，因为政治认可应该体现其应得的奖赏（natural deserts），参亚里士多德，《尼各马可伦理学》，1123b。

可是，即使孟德斯鸠所谓的未遭败坏的荣誉，也没有达到这一完美层次。然而，在某种程度上，孟德斯鸠对真正的荣誉和虚假荣誉的区分，以及他对后者的接受，反映了他的现代政治自由主义的取向。他在很大程度上接受相对温和的早期自由主义者，如洛克等人所提出的政治愿望，他们认为政治的目的是为了实现个人安全——或舒适的自我保全，而不是灵魂的完美。这也意味着，"虚假"荣誉并不等同于败坏的荣誉。按照孟德斯鸠的说法，虚假荣誉不会威胁君主制，而是有助于它。相比之下，荣誉的败坏则导致了个体和共同体的独立性的丧失，可是，这种独立某种程度上却意味着高贵，同时，随着荣誉的败坏，维持着温和君主制的平衡之力也开始瓦解。然而，如果说，败坏荣誉导致一种君主制与这种政制本性和原则相关的衰败，那么，这并不表示一种从真理到谬误的变化，或者一个从道德美德到道德罪恶的简单改变，原因在于，在君主政制之下，即便是没有败坏的荣誉，也还是错误的荣誉，与道德美德也完全不能等同言之。与此类似，作为共和主义美德核心的适度的平等精神，可谓不平等精神和极端平等精神之间的中点，但是，孟德斯鸠并没有采用亚里士多德的方式，连接这个意味着一种独立的道德标准的中间点。孟德斯鸠从未说过，有德性的共和主义者的温和平等是其政制的本性使然，或是自然正当的反映。他并没有将共和制政府的原则基于更高的正义标准。这暗示了他对所谓的古典共和主义的"政治"美德和道德或基督教美德之间区别的强调。① 极端平等精神之所以有问题，并不是因为极端平等本身就是不义的，而是因为它制造了专

---

① 参见他在《论法的精神》序言之前的《致读者》（Avertissement de L'auteur）："为了理解这部著作前四章，就必须遵守我所谓共和政体的'美德'，是指对祖国的爱，即对平等的爱。它完全不是一种道德美德，也不是一种基督教美德，而是一种政治美德。"在第三章第五节注释、第四章第五节、第五章第二节和第五章第四节中，他重申了此中区别。

制主义。如果按照一种独立的道德标准衡量，在柏拉图《王制》中的政制等级中，在政制衰败的循环中，每个相续的政制都意味着前一种政制的衰朽，而孟德斯鸠则以不同的制度设计取代了柏拉图的政制等级。每一个变化都是一种衰败，因为它标志着对现有政制本性和原则的背离。但只有一种变化可以视为道德衰败的变化，那就是从任何温和政制（共和制或君主制）向专制的转变。

然而，即使就专制本身而言，腐化的道德含义因孟德斯鸠对这个术语的矛盾使用而变得含混。比如，他也用"腐化"来表示专制政府的破坏作用。像荣誉、美德和恐惧这些专制主义原则，都易受败坏。当恐惧已被败坏，像其他政体一样，专制政体很可能崩溃。但恐惧的败坏意味着什么呢？恐惧的败坏仅仅意味着其他动机取代了恐惧，而不是恐惧本身受到贬低，因为恐惧哪里值得羡慕或仰视呢？专制不同于共和制政体和君主制的理由如下：

> 专制政体的原则是不断腐化的，因这个原则在本性上是腐化的东西。其他类型的政制因某些特殊的偶然变故，违背了自身的原则而消亡；专制政体的消亡则是因为其内在的缺陷，某些偶然的原因也不足以防止它的原则被腐化。（第八章第十节）

专制政体内在"腐化"的部分原因是，它不能作为一种政体维持本身，所谓"缺陷"就是指这方面的不足。败坏既指温和的政府，也指专制政府，因为败坏的首要意义只是一种变化或崩溃，是一个现实问题，而不是一个道德问题。

然而，专制政体所以就其本质而言即是一种腐化，恰恰是因为这种腐化超出了单纯现实的层面。虽然孟德斯鸠没有明确界定最佳政制，但他却非常清楚地阐释了专制政体是最差政制。因此，如果在处理腐化和衰败时没有明确的至善（summum bonum），那么，至高的恶（summum malum）就必定存在。①他说，专制政体给人性带来"侮辱"（第八章第二十一节）和"可怕的疾病"（maux effroyables）（第二章第四节），令人不得不"承受这种痛苦"（第八章第八节）。在这专制政体下，"人的命运像野兽一样，不过是本能、顺从和惩罚"（第三章第十节）。一旦没有抱负，人类沉思的能力就会明显削弱（第四章第三节；第五章第十三节；第三章第九节）。因为在专制政体下的生活极不安全，很少有人愿意为了所需的繁荣而承担风险和投资，因此，商业和其他技术——比如工业和土地耕种，就被忽视（第五章第十四至十五节）。人由于其情感和义务，才能够超越简单的生存，提升人的生命意义，但比如"尊重长辈，呵护妇女儿童，[和]以守法为荣"之类的情感和义务，在专制政体下无从得见（第三章第十节）。所有的行动都只是简单的反应罢了，是对未经反思的欲望和恐惧的反应而非出自原则的意图（第五章第十七至十八章）。孟德斯鸠没有详细阐释他所指的"灵魂"（l'ame）的"伟大"（grandeur）的本义，但他坚持认为，只有在温和政体之下，保护个人自由才有可能（第五章第十二节），而在专制政体之下，就像在奴隶制之下一样，"灵魂……被不断贬低"（第十五章第十三节）。②

因此，孟德斯鸠就政治衰败而论及的道德意义就比较复杂。

---

① 因此，朱克特（Michael Zuckert）认为："孟德斯鸠至少不是一个道德或政治相对主义者，这从他对专制主义和奴隶制的强烈反对中应该可以明确看出。"Michael Zuckert，《自然法、自然权利和古典自由主义》（Natural Law, Natural Rights, and Classical Liberalism: Montesquieu's Critique of Hobbes），载于 *Social Philosophy and Policy*，18，(2001) 第 1 期，页 247。

② Weil 指出，专制毁灭才能，参《孟德斯鸠与专制》，前揭，页 201 以下。在同一点上，见卡森，《孟德斯鸠作品中的衰败和专制主义》，前揭，页 20，页 92。关于前面段落中专制对人的本性的拆解，可参考克劳斯更为细致的解释，参《〈论法的精神〉中的专制主义》，前揭，页 257–258。

他拒绝简单地将腐化和具体政体的衰落等同于美德本身的衰落。①这严重背离了柏拉图《王制》中所描述的政权腐化和衰落。《王制》第八卷描述的从王制到贵族政制、荣誉政制、寡头制、民主政制，最后到僭主政制的运动，构成了从一个整体道德标准不断背离的连续阶段。②在每一个阶段，政制的衰败都发端于道德或知识上的失败，所以人们无法看见或实践真正的善的本质。腐化概念就是参照这个标准，而且，甚至主要是根据一种特定政制的崩溃来界定。在孟德斯鸠看来，从温和的共和制过渡到温和的君主制时，没有显著的道德提升或道德减损，反之亦然。因此，我们不妨举例来说，一个共和政体的腐化就道德而言，很可能只是一个毫无意义的事件而已（第八章第八节）。但是，如果其腐败导致专制政体，那么，其道德意义就会彰显无遗。

不过，这样的结果的政治意义多少显得更为模糊。虽然孟德斯鸠把专制政体当作一种政府形式，但它在某些方面却是非政治的，甚至是反政治的。③专制政体没有给集体的自决和理性思考留

---

① 这是我们的分析与卡森不同的另一个的要点，与此不同，卡森认为，"孟德斯鸠的政治学中，首要的是一种道德原则（une morale）"。一种政体的价值首先来源于其原则中的人所具有的价值。美德、荣誉和恐惧是一种道德秩序。参卡森，《孟德斯鸠作品中的衰败和专制主义》，前揭，页275。在孟德斯鸠对政治衰败的探讨中有一种道德教义，但它比卡森所表明的更复杂。例如，卡森的解释没有承认，孟德斯鸠也强调了对作为共和政体原则的政治美德与道德美德之间的区别（孟德斯鸠，《论法的精神》，《致读者》，第三章第五节注释，第四节第五章，第五章第二节，第五章第四节）。卡森对孟德斯鸠接受作为君主制原则的"虚假荣誉"，也同样保持沉默（第三章第七节）。

② Binoche 也将孟德斯鸠对政治衰败的探讨同柏拉图相比较，他认为，孟德斯鸠的解释"比柏拉图更为复杂，其实，柏拉图在描述政体时，通过荣誉政制、寡头政制与民主政治的方式退化描述了一个通向僭政的单向过程：因为政制从好到坏，具有一个起点和一个终点"，而在孟德斯鸠这里却具有多个起点和终点。参 Binoche，《〈论法的精神〉导读》，前揭，页204。

③ Richter 在《孟德斯鸠对欧洲与亚洲的比较分析》（前揭，页338）中指出专制政体中没有政治。另参克劳斯，《〈论法的精神〉中的专制》，前揭，页240–242。

下空间，因为专制者"无须思考、怀疑或推理；他只有个人的意愿"(第四章第三节)。专制政体是本能和欲望的统治(第五章第十三节)，善于思考的人们不会把政制方向朝向专制政体，在这个意义上，专制政体更像是自然的贫乏之域，而不像作为政治生活典型特征的集体抉择。专制政体也可能破坏公共领域——这是政治生活的另一个核心组成部分。在专制政体下，一切都是专制者的私有财产。因此，孟德斯鸠说："国家的保存，只是君主的保存，毋宁说是君主幽居的宫殿的保存而已。"(第五章第十四节)在这些情形下，政治是不可能的，因为政治的前提是公共事务的存在。因此，"这里的政治及其动力应该是有限的，法律也是一样"，因为"一切都简化为：使政治、民事的管理与专制者家庭的管理相调和，使国家官员与后宫的官吏相调和"(同上)。可能正是由于专制的非政治性质，孟德斯鸠才会说政治"衰败"，而不像亚里士多德在《政治学》第五卷那样使用"革命"这个术语。革命这个概念不仅意味着衰败，它更表明一个政治秩序被另一个政治秩序所替代。然而，孟德斯鸠笔下的衰败清楚地表明，一个政治秩序的灭亡可能并不总是伴随着另一种形式的政治秩序的出现；结果可能反而是政治整体的丧失，一种反政治的组织形式的出现。因此，即便政治衰败有时可能是道德中立的，比如当一个温和君主制向一个温和共和制的转变，但孟德斯鸠还是认为，某个政体的衰败也可能是灾难性的，这不仅是这个政体特定的生活方式的衰败，也是一般意义上的政治生活的衰败。他谈论政治衰败而不是革命，就是在提醒我们注意这个持久的危险。

孟德斯鸠使用"腐化"这个概念时，在道德意义上来讲是含混的，他要传达的内容究竟是什么呢？首先引起我们注意的，是他在《论法的精神》中介绍的多元主义政治。多元主义政治基于一种消极标准，由这种标准而形成的政制应能预防大多数不好的情形，相反，多元主义政治不应基于一种描绘了最佳生活方式的积极标准。孟德斯鸠反对柏拉图——终究也还是反对亚里士多德，对他来说，不存在唯一最好的生活方式，而只存在美好生活［方式］的多样性，政体也有多种体面的形式。缺乏统一标准，可能会使荣誉生活、政治美德、道德美德和商业平等并列；君主制与共和制也如此排列；古代世界与现代世界亦然。因为孟德斯鸠教诲人类之善的多样性，因此，他被某些人指控为相对主义者。[①]这个罪名不易消除，因为孟德斯鸠确实把每一种政制都当作一个道德和政治生活的具体语境，因此，正确的标准也就依赖于具体的语境。不过，孟德斯鸠坚持认为，专制政体的道德堕落至少暗示了一个超越具体语境的标准，这也就反对在阐释他的著作时将其视为强硬的相对主义者。孟德斯鸠不是一个相对主义者，而是一个多元主义者，这也是他作为自由主义者的标志之一。使用"腐化"和"衰败"概念时在道德意义上的含混，其实是在要求他就自己的政治哲学给出明晰的定义。

二、衰败的必然性

孟德斯鸠在第八章开篇指出，政体的腐化几乎总是从其原则的腐化开始，根据这个断言，每一种政体衰败的主要原因似乎都是这种政体自身的特征（character）。毕竟，政体的驱动原

---

① 这是对孔多塞（Condorcet）攻击《论法的精神》的反击。孔多塞对孟德斯鸠的批评，再版于 De Stutt de Tracy,《孟德斯鸠〈论法的精神〉疏论》(*A Commentary and Review of Montesquieu's Spirit of the Laws*), Thomas Jefferson 英译，New York: Burt Franklin, 1969, 页263。

则——诸如美德、荣誉和恐惧——是政体自身的特征起作用的效果。但后来他坚持认为,"政制中最轻微的变化也会引起原则的毁灭",这暗示了政制的特征只有在政制形成之后才会出现,而不是政制特征塑造出政治制度(第八章第十四节)。他以迦太基共和国为例,迦太基元老院在第二次布匿战争期间丧失了权威,这腐化了上层市民,导致"地方长官的美德同元老院的权威一道丧失了"。我们在书中其他地方也会看到,孟德斯鸠留心的是,共和制的原则以怎样的方式改变,才会影响到这种政制的结构,就像古罗马的极端平等精神导致了平民攻击元老院享有的特权(第十一章第十六节)。至于君主制,我们发现本性和原则(或者政制和特征)有一种类似的相互影响的关系,还发现政治衰败源于这两个因素的混合。虽然孟德斯鸠说君主制的衰败源于荣誉的败坏(第八章第七节),但他还告诉我们,荣誉被败坏是君主侵犯贵族特权的结果,这导致了权力的政制平衡或政府结构的转变:

> 当人民剥夺了元老院、地方长官和法官的职权时,民主政制就衰亡了;同样,当君主逐渐剥夺团体(corps)或城镇的特权时,君主政体也就败坏了。第一种情况导致所有人的专制;后一种情况则是一个人的专制。(第八章第六节)

因此,"几乎所有君主制腐败的原因"都是君主侵犯了裁决机构的独立性,这可以参考路易十四(Louis XIV)的政策,他削弱法国贵族的权力,将权力赋予他亲近的那些世袭而身居高位者。荣誉和君主制原则的堕落,似乎是政府结构变化的结果。

然而,注意到[政制]结构和特征对政治衰败的相互影响,还远不足以解释这种现象。那么是什么导致政制结构和性质的变化,进而导致它们的衰败呢?我们已知道,专制政体不可避免地衰败，因为它们根本上是自我毁灭的（第八章第十节）。①相反，孟德斯鸠在这一节告诉我们，温和政体之被毁坏，是因为某些特殊的"偶然变故"违背了这种政体的原则。但在其他地方，他又认为，共和政体和君主政体的衰败并非偶然。事实上，他经常说，各种形式的政制都必然衰败。有一节题为"君主政体的独特属性"，结尾带有宿命论的语调："河流汇集成海；君主制消失在专制的海洋之中。"（第八章第十七节）像专制政体一样，君主制因内在的困难导致它本质上的不稳定。首先的困难是国王和贵族之间的张力，由于这种张力，国王虽是"所有公民和政治权力的源泉"，但国王总是受到贵族（还有更为普遍的裁决机构）的节制，国王的权力因此而受到限制（第二章第四节）。他们之间权力的动态平衡是这种政制的真义所在，也是君主制的明确的特征，因为君主制的"基本原则"是"没有君主制，就没有贵族；没有贵族，就没有君主制；如果只有一者的话，那就是专制了"（第四章第二节）。但是，这个形成平衡的动态结构也令君主制很不稳定，因为各方都力图以对方为代价，不断寻求自己的优势地位。反观路易十四在这方面的成

---

① 专制自我毁灭的一个原因是它缺乏固定的法律，缺乏法律的延续。其结果就是一个国家总是限制在一代以内，因潜在的继任者竞争统治之位，不稳定就明显贯穿于这个短暂的历史之中（孟德斯鸠，《论法的精神》，第五章第十四节）。此外，专制者依赖他的军队来维持民众的恐惧，以维护自己的权威，但如果没有一定的群众作为军队的镇压对象，专制者本人在军事上和他的臣民们就会同样脆弱。专制政体的另一个固有弱点，是在专制者使用权力的过程中，自然会导致恐惧的扩散，于是其权力也就因此而变得脆弱。随着时间的推移，为了达到同样的效果，惩罚必定变得越来越严厉（第六章第十三节），但过于严厉的惩罚却难以执行，因为个人变得过于恐惧而不敢控告（第六章第十三节至十四节）。执法的缺乏导致部分人民对政治权威的不屑，这意味着恐惧的过度使用最终会破坏自身。孟德斯鸠在此得出的结论是，无限的权力产生了不可避免的矛盾，所以它在本质上是不稳定的，因此不能实现那些追求权力的人的目标。这一结论的目的在于劝告专制者，并让潜在的专制者收敛他们的统治。

功，孟德斯鸠把这个巨大优势归功于这位君主对军队的控制，因此君主制倾向于走向专制政体就如河流奔向大海。①当然，事情可能走上另一条路，后来的事情也的确如此，比如，1788—1789年的贵族暴动打开了大众革命之门，结果就导致了孟德斯鸠所谓的"所有人的暴政"（第八章第六节），在其后的恐怖岁月中，出现了拿破仑治下的"一个人的专制"。如果说，法国大革命表明孟德斯鸠错看了法国君主政体最终会衰败的方向，那么，这反而可以作为证据，证明他一个更为广泛的论题的准确：即使在非专制的政体中，衰败的普遍趋势也可能同样有效。

[君主制的]荣誉原则本身固有的问题，也可能导致这种衰落趋势。荣誉需要一个相对稳固的社会秩序。孟德斯鸠认为贵族的特权必须是世袭和排他的，一定不能转移给人民，"除非我们有意违背（choque）[君主]政体的原则，并想削弱贵族和人民的力量"（第五章第九节）。贵族甚至应该"把与人民分享权力当作是主权者的耻辱"（第八章第九节）。然而，他在别的地方又认为，一个世袭制贵族倾向于"无知""疏忽"和"蔑视市民政府"，这些都有可能破坏贵族作为君主的平衡之力的效果（第二章第四节）。同样，皇室通过任命将政治权力给予大肆阿谀国王的奉承之徒（第五章第十九节）。在《思想录》（*Pensées*）里，他谈到了"内在的欲望与不安，这是人皆有之的东西，可以令人停留在他们所在的位置"，因此，这种欲望与不安是政治世界的维持力量，就此而言，也可以称之为一种积极的力量。②因此，"规定每个人株守其职业并传之子孙的法律，只有在而且也只能在专制政体中才有用，因为这种政体中谁都不能也不该有竞争之心"

---

① 参卡森，《孟德斯鸠作品中的衰败和专制主义》，前揭，页9。
② 孟德斯鸠，《思想录》，第69（5）条，Pléiade版，卷一，页993。

（第二十章第二十二节）。于是，在君主制的背景下，孟德斯鸠支持卖官鬻爵之事，因为这可以让有野心的果断之人发挥政治影响，他们才最有可能参与竞争，以维持政治权力之间的平衡（第五章第十九节）。矛盾的是，稳定世袭而又为荣誉所必需的社会秩序，也阻止"有功"之人脱颖而出，从而削弱了荣誉，这使君主制政体在受到君主权力侵犯时变得脆弱。①君主政体的腐化似乎不可避免。

共和政制的衰败似乎同样不可避免，理由是这远远超出了第八章第十节提到的"偶然变故"。而且，政权内部的张力会导致固有的不稳定。孟德斯鸠认为，要保持政治美德来激励共和政制，"共和政制有所恐惧是必要的"（第八章第五节）。原因在于，共和政制的美德植根于共同利益对个人利益的优先地位，故而这种美德需要一种"自我舍弃，但这终归是一件非常痛苦的（penible）事情"（第四章第五节）。对外部敌人的恐惧，可以在

---

① 同样，Diana Schaub 提醒人们注意孟德斯鸠在《波斯人信札》中对贵族道德沦丧的描绘（第74封信），Schaub 写道：我们认识一个王国的"显贵"，"他是如此傲慢地吸鼻烟，如此无礼地擤鼻子，如此冷淡地吐痰，并且以如此令人讨厌的方式来宠爱他的狗"。孟德斯鸠仔细打量这个"小家伙"的丑陋外表，他的吐痰方式表明他缺乏对他同类的基本礼貌。他认为自己优越于（并漠视）其他人，他甚至堕落到把宠物当作自己的情感归属。当贵族的社会地位不再伴有任何真正的人类优点时，我们可以喻之为贵族"兽性"。见氏著，《欲爱自由主义》（*Erotic Liberalism*：*Women and Revolution in Montesquieu's Persian Letters*），Lanham, MD：Rowman & Littlefield, 1995，页124。卡森也认为，对于孟德斯鸠来说，"所有贵族在世袭制下，注定是极端腐败的"。参《孟德斯鸠作品中的衰败和专制主义》，前揭，页176。关于因同时依赖并对抗固定社会秩序的荣誉的悖论，见 Sharon Krause，《荣誉自由主义》（*Liberalism with Honor*），Cambridge, MA：Harvard University Press, 2002，页65-66。关于十八世纪的法国贵族的优点和资格的讨论，参见 Jean Egret，《路易十五和1715—1774年间的议会对抗》（*Louis XV et l'opposition parlementaire 1715—1774*），Paris：A. Colin, 1970；William Doyle，《波尔多的议会和旧制度的结束：1771—1790》（*The Parlement of Bordeaux and the End of the Old Regime: 1771—1779*），New York：St. Martin's, 1974；Iris Cox，《孟德斯鸠和法国法律史》（*Montesquieu and the History of French Laws*），Oxford：UK Voltaire Foundation, 1983，尤参页167；参 Ford，《长袍与刀剑》，前揭，尤参页117-119。

一个共同的目标下联合民众，而且，这种必要性的压力使得人们更乐意出于美德而作出牺牲。因此，"这些国家越安全，就越像死水一样，不能不腐败"（第八章第五节）。因此，如果他国没有开启一场能够扩大自己边界的军事冲突，共和政制就不得不制造这种冲突。而且，一个小的共和国必将被外国势力所摧毁（第九章第一节）。但是，共和制国家的扩张也会导致衰败，比如共和罗马。① 因为共和制国家版图的扩大，它也失去了集体认同和共同精神，这会导致不平等并激发个人私利，从而破坏其政治美德的激励原则（第八章第十六节）。共和国的本质只要求拥有一个小面积的领土，但它们也有扩大的必要。这个矛盾造成共和政制的固有的不稳定。与此同时，共和国还有不知节制的特征。共和国公民务必勇猛，以捍卫他们的政制免受外国侵略，但这也令他们难以统治，因为这些战士"外在形象如此自豪、如此鲁莽、如此可怕，其内心也不可能温和。在一个自由国家里，要求人们战时勇敢而和平时怯弱，这简直就是空想"。②

因此，共和制和君主制的衰败不单是"偶然变故"所致。二者和专制政体一样，也会遇到致其衰落的矛盾，这些矛盾会造成现实的事件，使政制很容易衰败。然而这并没有道出全部情形，因为我们还可以在《论法的精神》中发现两个衰败原因，它们比前面所谓的原因更为根本。第一个是政治权力自身的侵蚀本性。孟德斯鸠指出，"这是一条万古不易的经验，任何有权力的人都容易滥用权力，直至遇到一些界限之后，他才会收手"（第十一章

---

① 孟德斯鸠，《罗马盛衰原因论》，第九章，Pléiade 版，卷二，页 118 - 119。另参《论法的精神》，第九章第一节：如果共和国疆域较小，则亡于外力；如果疆域较大，则亡于内部的堕落。这种双重难处，就是民主制和贵族制国家也不能幸免，无论它们是好或是坏。这种弊端出自事物的本性；不存在什么救赎的方式。

② 孟德斯鸠，《罗马盛衰原因论》，第九章，页119。

第四节)。权力的侵蚀本性可能导致一个政府结构的变化,无论是君主对贵族的攻击,还是民众针对参议院的篡权之举。以罗马人为例,孟德斯鸠认为,这要"归咎于人们中间永存的痼疾",那就是"平民既让保民官保护自己,又利用保民官进行攻击",逐步消除了贵族的特权,因此而开启了共和政制结构的根本转变(同上,第八章,页112)。当共和政制最后"步履维艰",他继续说,真正的原因不是"某些个人的野心"。相反,"我们必须谴责那些总是凭既有权势而贪图更多权力的人,那些贪得无厌、妄图拥有一切的人"(同上,第十一章,页129)。权力的侵蚀本性——或者人性的侵蚀本性,每一种政制都深受其害,比如说,每一种政制的安排,对于那些想逾越政制权威的范围的人们而言,都是脆弱的。这种本性还会激起领土扩张的权力欲望,甚至超越任何一种政制所能维持的统治极限。领土扩张的倾向导致政制衰败,这是孟德斯鸠在第八章(第十五至二十节)中直言的一个主题。[①]正如我们所知,孟德斯鸠所谓的政治腐化与衰败,有一部分的意义只是指单纯地背离了某个政制体的既定本性。在某种程度上,滥用权力或扩张个人权力的普遍倾向,会导致某个政制现行权力分配的改变或权力边界的过度扩张,人性的这种特点将会成为某个政制腐败(或谓改变)的根本原因。这样的人性还有一种倾向,容易导致所有类型的政制走向专制,因此,这样的政制腐化不仅是政制结构上的改变,还意味着道德意义上的贬损,因为对既定的权力约束的攻击,打开了通往无限权力统治或专制的大门。

---

① Binoche 认为孟德斯鸠所说的腐化和政治衰败的两个主要原因,是领土扩张和"制度的无序"(Binoche,《〈论法的精神〉导读》,页207-208)。但是,这种解读是不完整的,因为它并没有解释,为什么孟德斯鸠认为这是必然的趋势。事实上,Binoche 界定的原因并非主因,而是一种调和,它们本身源于更深刻、更根本的因素。

腐化与衰败的第二个根本原因,是所有政制原则不可避免的不完整的特征,或者更普遍地说,人的生活方式总是不完整的。美德、荣耀和恐惧只传达出人性的一个部分。三者作为激励政制的人性精神,每一种都面临着来自人性其他部分的持续攻击,面对许多定然与它冲突的要素。对总是力图抗衡自我利益的共和政制的美德而言,这个事实也许令人极为震惊,也正是因为这个原因,共和政制的美德似乎特别容易受到人性施加的压力。但是荣誉在这方面也是有限的——即便我们不把荣誉视为自我牺牲。正如孟德斯鸠所言,姑且不论其他,荣誉毕竟不同于宗教信仰的谦卑、商业利益的狭隘利己主义、平等的感情;作为每个个体或每种具体情形下的偏见,所谓荣誉,在共同的人性看来也有所欠缺。同样,恐惧必须避免野心、爱、贪婪、骄傲、独立和自由的爱的羼杂。这在《波斯人信札》中言之清晰,书中后宫所呈现的政制因人性中诸多破坏了恐惧的因素而崩溃,书中的政制结构无法容纳郁斯别克(Usbek)的妻子和宦官的爱、野心、贪婪和骄傲等等。①

[人性]不完整的问题不在代表孟德斯鸠类型学的三种政制形式讨论范围之内。我们可以推断,美德、荣耀和恐惧并不意味着人性的全部,而且,一切政制原则必定也是如此。所有政制都包含了一种特殊的生活方式,是某种东西而非其他什么东西形成了[这种政制下]特定的人性,每一种政制都能发扬人之为人的某些方面,也绝非其全部。没有什么政制能够包含所有生活方式或所有人性。在政治社会中生活意味着生活于某个具体的政治社会,意味着根据一套特定的标准作出集体决

---

① 在孟德斯鸠的分析中,恐惧是专制政体的动因,关于这种动因,还有一种饶有趣味的分析,参 Corey Robin,《反思恐惧:修正孟德斯鸠》(Montesquieu in Retrieval),*American Political Science Review*, 94, 2 (2000),页 347–360。

定，意味着以善或对的某种观念而承担共同的事业。某些标准可能比其他更接近真理，某些政制可能比别的政制要优良，但没有什么可以包罗万象，因为没有一种生活方式可以成为所有的生活方式，或成为所有的好的生活方式。然而，被一种政制排除的可能性和人性的某方面，常常被推挤到政治生活的边缘抑或中心。政治的不完整的本性令各种政制都容易腐化衰落，因为它令每一种政制都不完整，或者臣服于被这种政制遗留在外的部分人性所发起的挑战，或者需要它们。政治衰败的必然性就毫无例外吗？其肇因是否可以延缓？特别是，能找到解决侵蚀权力的根本问题和政治不完整的办法吗？

三、延迟衰败的机制

在《论法的精神》第八章第二十节，孟德斯鸠介绍了一剂避免政治衰败的良方，此即遏制领土扩张。共和政制国家应避免领土过大，否则就不能再维持一个公民间共有的认同感（第八章第十六节）。君主政制国家的领土应限制在温和君主可以控制的范围之内（第八章第十七节）。任何政制的领土过度扩张都会导致专制，因为只有专制者的铁腕可以统治广袤的领土，统治各不相同又需要控制的人民。除了避免扩张的具体建议，《论法的精神》作为一个整体，提供了两个更根本的机制，用以缓解政治衰败。其一是结构性的，与政体的本性有关，其二则是基于并与激励原则相关的特点。结构性的机制是权力的分离或平衡。孟德斯鸠认为，为了限制权力的侵蚀本性，"有必要借助事物的安排机制，让权力限制（arrete）权力"（第十一章第四节）。既定的政制之中，政治权力和权威必须要设立不同的位置,政治制度还"必须结合各种权力,并加以规范与调和,使之运转";"就像给一种权力添加重量,使它能够和另一种权力抗衡"(第五章第十四节)。要解决权力的侵蚀问题,不必直接以公民或统治者的智慧为基础去寻求。这是孟德斯鸠在处理政制问题时背离柏拉图的另一个地方。个人理性不能解决政制衰败,原因既可能是衰败不单是理性不足之故,也可能是理性依靠自身并不足以控制这个本性上的趋势。没有理性,当然也找不出解决方案,而作为各种权力之间平衡的政治制度是"一个立法的杰作,它很少是偶然产生的,也很少是仅凭谨慎思索就能成就的"(同上)。孟德斯鸠将这类政治制度同专制政体对比,后者的情形是"一目了然的"(saute aux yeux),因为"只需有激情就可以建立专制政体"(同上)。但温和政体作为这样一种杰作,主要基于对政治权力施以的制度限制能够较大程度地自我运作,而不是基于智慧的直接统治。政治理性的首要任务,并不是主要给国家这条航船划定航向,以到达一个特定目的地,而是维持航船的海上航行,避免政治结构陷于侵蚀性的权力所导致的自我毁灭。政府确定的方向——它追求的终点——对孟德斯鸠而言并不重要,远比不上政府所依循的政制形式。他对这方面的强调,反映多元主义植根于他内心深处的政治自由主义。①

通过政制而建立的构思周密的宪制之中的权力平衡,在一个温和政体的其他很多方面也都有所反映。以社会多样性为尺度,

---

① 孟德斯鸠对具有一定形而上学客观知识的可能性的怀疑(参《思想录》,第2062[410]条,页1537,以及第2063[1154]条,页1537)。孟德斯鸠的形而上学怀疑论,标志着另一个与早期自由主义者的共同点。比如洛克,他认为至善的本质对于人类来说,是人类不可能获得确定的认知。和洛克一样,这种怀疑论导致孟德斯鸠维护以个人自由而非灵魂的完美为目标的政治秩序,因为后者将需要关于至善本质的可靠知识。

这完全异于专制政体的强制同一性①和古代共和国的文化同质现象,②这才会利于缓和和稳定,因此也就可以长治久安。③即便是道德标准的多元化,也能够起到调节作用。孟德斯鸠的确表达了一些有关现代世界道德破碎的含混说法。他对比古代共和制与现代君主制的教育,思路如下:

> 古人的教育还有一点优于我们现今的教育,就是他们的教育从不会矛盾(démentie)……今天我们所受的是三种不同的或矛盾的教育:父亲的教育、老师的教育和社会的教育。我们所受的社会教育推翻了前两个教育的观念。这多少是由于我们今天的宗教义务和社会义务截然不同,古人对这种情形是一无所知的。(第四章第四节)④

---

① 在《波斯人信札》中,黎迦(Rica)感叹专制主义的强迫统一,说:"我们之间,性格是统一的,因为他们是被迫的;人们完全不把人当作人来看,而是当作他们被迫成为的人来看。在这种心灵和精神的奴役中,人们只听到恐惧在发言,恐惧只有一个声音,却听不到本性的声音——唯有本性能够说出不同的话语,能够呈现出多样的面目。"(《波斯人信札》第63封,Pléiade版,卷一,页223)孟德斯鸠在《论法的精神》中还提到"专制就是完全的同一化"(第五章第十四节)。在该书另一处,他以更大的篇幅评论所谓"同一":某些同一的思想有时能占据了伟大人物的头脑……但必然打击渺小人物的心灵。他们在同一之中发现一个完美的类型……治安中的同等刑罚,商业中的相同度量,国家中的同一法律及其全国各地均相同一的宗教。但这总是适当的,无一例外吗?……知道什么情况应该同一,什么情况应该参差不一,不是更能表现伟大的天才吗?(第二十九章第十八节)

② 孟德斯鸠说,在共和制中,每个公民"应该拥有同样的幸福、同样的利益,每个人应该体验到同样的快乐,生起同样的希望"(第五章第三节)。在共和政体中,一个人"需要教育的整体力量"(第四章第五节)是部分地基于对同质性的需要,这使它有可能"提升(élever)整个民族亲如一家"(第四章第七节)。这种同质性,就像专制下的统一,也可能是被迫的。请斟酌一下第五章第二节中孟德斯鸠对古代共和国与基督教修道院的比较。

③ Michael Mosher 在《审视欧洲妇女:性别、性向以及对共和规则的批判》(The Judgmental Gaze of European Women: Gender, Sexuality, and the Critique of Republican Rule)中强调了这一点,载于 *Political Theory* 22, no. 1 (1994),页 25-44。

④ 参《思想录》第 1905(51)条,页 1458:"有三种争论似乎从未达成一致:法律、荣誉和宗教之间的争论。"

现代多元化的道德标准,削弱了集体标准和共同事业的共同义务的力量,导致的结果是,古代共和政制轻而易举就能成就的伟业,如今只能够"令渺小的灵魂惊骇不已"(同上)。现代的灵魂是"渺小的",部分原因在于我们的忠诚被分散给不同的权威。但这并不完全是坏事。古代共和政制的团结和共同义务的力量,也会产生极端主义和不知节制的政体(第五章第二节)。这种不知节制不仅危及个人自由,还是政治衰败的重要原因,这一点我们已有所闻。让几种道德权威分开可以是一个很好的方法,至少它有助于权力平衡。比如,宗教的独立权威可以制约一位专制者的权力(第三章第十节);贵族的荣誉法则作为道德权威,可以激励起反对君主的侵蚀性权力的原则力量(第四章第二节)。①另一个有助于权力普遍平衡的超政治(extrapolitical)权威,就是商业。商业形成了权力的抵消设置(第二十一章第二十节),可以制约和平衡政治主权者的权力,并能"减少(ôté)权威的伟大决断之言,至少能够降低这种决断言语成功的程度"(第二十二章第十三节)。因此孟德斯鸠把商业当作一种"宪法保障的辅助设备",它可以抵御走向专制政体的衰败。②因此,通过宪制对权力的分离,可以达到政治权力的平衡,这种平衡还可以借助社会、道德和经济领域的力量而增强。所有这一切都会减缓权力的侵蚀和政体衰落的趋势,并有助于预防专制政体和政治衰败的最危险结果。

在《论法的精神》第十一章第六节——这也是该书最杰出的部分,孟德斯鸠讨论了英格兰宪制,为分权制辩护声言。按照孟

---

① 孟德斯鸠在《论法的精神》第四章第二节中提到的克里扬和多尔德的光荣的不服从说明了这一点。

② Albert O. Hirschman,《激情与利益》(*The Passions and the Interests*),Princeton,NJ: Princeton University Press, 1977,页78。

德斯鸠的描述,英格兰实现了三种"处于独立状态"的立法权、行政权和司法权之间的宪制平衡。立法机构"由两部分构成,它们通过相互否决的功能来牵制对方。它们又都受制于行政权,而行政权自身又受制于立法权"。司法权本身又与行政事务分离,并经民众陪审团授权,负责对其同行进行司法管理,这样看起来司法权就是"隐形的、有用的"。这些独立的要素、检查的系统以及彼此之间的制衡,共同构成了英格兰政府的"根本宪制"(第十一章第六节)。

孟德斯鸠没有主张,英国宪制可以巨细无遗地复制到其他国家。权力平衡可以采取多种形式(第十一章第七节),而且任何既定政制采纳的具体形式,都应该适应更广阔的社会、文化、经济、宗教和历史因素的背景,而这些因素构成了孟德斯鸠所说的法的"精神"(第一章第三节)。例如,权力平衡的宪制既与共和政制也与君主政制兼容。事实上,我们也很难确定,英国自身的政制类型更接近共和政制还是君主政制,因为英国宪制将立法权和司法权(政治主权的传统标志)赋予大众,而将行政权赋予了国王。① 然而,不论英国采取君主制还是共和制,对孟德斯鸠的温和政体而言,权力之间达成的宪制平衡是其普遍的模式。权力的制衡提供了一种限制权力侵蚀本性的机制,就此而言,这也提供了一种延迟腐化与衰落的手段。

第二种遏制衰败的手段出现在《论法的精神》第十九章第二

---

① 虽然英国也有国王,孟德斯鸠还是以较为含混的方式将英国描述为"人民国家",说英国人"为了维护自由,把构成他们君主政体的一切中间权力都铲除了"(第十一章第四节)。在另一处,他称英国为"隐藏在君主制形式下的共和国"(第五章第十九节)。孟德斯鸠的解释者的不同之处在于,认为孟德斯鸠把英国当作共和制还是君主制。例如,在《孟德斯鸠的自由主义哲学》里,潘戈把英国当作新型商业共和国的例子,而 Mosher 在《君主的悖论:荣誉面对君主权力》中认为孟德斯鸠将英国描述为君主制国家。

十七节,在谈及英国政府的驱动精神时,孟德斯鸠暗示了这种手段。孟德斯鸠并未按照他明确其他政体原则的方式为英国政体指定一个特定的原则。相反,他告诉我们,"所有的激情在那里都是自由的"(第十九章第二十七节)。英国似乎结合了所有的激情,以之为驱动力,并令其运行,这样,英国就避免了每种政制原则所固有的不完整。虽然,这种做法的效果并不总有益处,因为"仇恨、羡慕、妒忌和追求丰裕与身份的狂热都将展现无遗"。但是,这样的情形是可以预期的,因为"若非如此,这个国家会像一个身患疾病之人,因为没有力量而缺乏激情"(同上)。一个全面完整的特征不可能总是令人愉悦的,因为出于全面之故,就必须反映人性的所有方面,而不仅是那些令人钦佩的部分。①但英国的政制似乎更为坚固,因为它的原则较之其他政制原则,所排除的人性更少,即便有些不能够有效地服务于宪制[,也没有被排除在外]。例如,英国人的自利和任性导致他们"经常改换党派",忘记所有"友谊和仇恨的法则"。这虽然让他们容易被政府的立法和行政部门官员操纵利用,但是,这也同时为立法和行政提供了抵制对方所需的力量。如果人民结成的党派同某一种权力结合过紧,"从而占据上风,那么,自由的结果就是削弱这一权力,人民就像双手支援身体一样,转而支持另一种权力"。实际上,公民本身作为压重物(ballast),可以维持宪制的权力平衡,保持国家之船的航行。因为英国的权力制衡不依赖于崇高的动机,甚或某个特定的动机,所以英国宪制似乎极有弹性,或不受腐化与衰败的影响。

---

① 在《论法的精神》和未发表的笔记中,卡森发现孟德斯鸠对英国人性格的讨论中都存在一定的"话语暴力"(violence of tone),参卡森,《孟德斯鸠作品中的衰败和专制主义》,前揭,页180。然而,他认为孟德斯鸠不得不接受"英国人本来的样子"(页181)。英国由于其政治制度,作为最自由的国家而存在(页185)。因此,对英国的钦慕,或是慕其民族性格,或是钦其政体(页188)。

但是，英国并非完全无懈可击。事实上，孟德斯鸠坚持认为，"人拥有的一切都会终结，我们所谈论的这个国家有朝一日也将失去自由，也会灭亡"（第十一章第六节）。英国的政制也不会永远不朽。他预测，最有可能让英国衰败的原因将会是立法机关的贪腐，此前，立法机关将投票权售予国王的事实早已闻名于世。①英国"在立法权比行政权更腐败的时候，就会灭亡"（同上）。看来，尽管英国政体的原则有着包容的品质——实际上就是向所有的激情的开放，但某些人性特征还是占据上风并压倒其他的人性特征。特别是，孟德斯鸠在《英格兰短论》（*Notes on England*）中说："金钱在这里受到主权者的尊重；荣誉和美德则无足轻重了。"（同上，页 878）一旦释放了所有的激情，它们终将沦为物质利益的激情，②并将制衡而且延缓立法者们贪财之欲的激情（如美德或荣誉）弃置一旁。当然，商业能够激发商业行为所具有的美德，而且，孟德斯鸠似乎认为，英国民众比地方行政长官具备更多这样的美德。③在为致英国人多姆维尔（William Domville）的信笺而准备的笔记中，孟德斯鸠暗示了这一点。在《论法的精神》出版后不久，多姆维尔曾致信孟德斯鸠：

> 你认为我们不再是我们本该成为的人，认为正是我们的自由导致了这种情形，你还认为，公共之善的观念已经丧失，奢侈与国家腐化的命运在等着我们，即便如此，我们还是大步走向这样的命运。请允许我请教您，先生，您孜孜不倦地

---

① 关于这一事实，孟德斯鸠曾经说过："英国人不配得到自由。他们把它卖给了国王；而且如果国王将自由归还给他们时，他们又将会卖给他。"孟德斯鸠，《英格兰短论》（*Notes sur l'Angleterre*），Pléiade 版，卷一，页 880。

② 关于这一点，参潘戈的《孟德斯鸠的自由主义哲学》，前揭，页 117。

③ 关于商业产生的美德，参《论法的精神》，第五章第六节："商业精神"带来"节俭、经济、节制、劳作、智慧、宁静、秩序和规则"。在第二十章第一节，孟德斯鸠认为，"商业腐化单纯的风俗"，但"它完善并柔化野蛮的风俗"。

思考国家衰败的原因,那么,我们怎样才能结束伦常松弛的状况,即结束抛弃那些最初原则的状况?①

然而,孟德斯鸠拒绝完全赞同多姆维尔的描述。虽然他同意自己在笔记中的说法,在英国的政府事务中有"许多致富之路",这些致富之路似乎表明,英国人"希望腐化"他们的官员和代表,不过孟德斯鸠依然认为,"在人民当中,这也是因人而异的,而且我认为我已经表达了一种自由精神,它将永远明亮,不熄不灭"。他还写道,英国人民"比他们的代表具备更多的美德"。②中产阶级尤其"热爱他们的法律和自由",而且"只要中产阶级保持其原则,[英国宪制]就很难被推翻"。③他在最终回复多姆维尔的信中说,他其实坚持认为,"在欧洲,自由的最后叹息将出自英国人之口"。④

然而英国人全部的力量都用于保护自己的利益,他们缺乏勇气、社会性和高度热情(第十九章第二十七节)。孟德斯鸠写道:

他们的诗人在创作上往往具有原初的粗糙感,在这种风格

---

① 转引自 Charles Dedeyan,《孟德斯鸠和英格兰》(Montesquieu et L'Angleterre), Paris: Centre de Documentation Universitaire, 1969, 页 35。

② 孟德斯鸠,《致多姆维尔先生》(A Monsieur Domville), Pléiade 版, 卷一, 页 1447-1450。尽管这些笔记是为致多姆维尔信件而预备的,但这些文字从未寄出。Paul Rahe 对这些内容极为重视,在其中发现了英国宪制持久的关键。Rahe 认为,商业形成了独立,而正是由于独立,让英国政治具有生气的政治警惕才成为可能,参 Rahe,《政府的形式、原理、对象和目的》,前揭,页 94-97。

③ 孟德斯鸠,《致多姆维尔先生》,前揭,页 1449。

④ 孟德斯鸠致多姆维尔,1749 年 7 月 22 日,《孟德斯鸠全集》(Oeuvres Complètes de Montesquieu), André Masson 编, 第 3 卷, Paris: Nagel, 1950—1955, 页 1244-1245。转引自 Rahe,《政府的形式、原理、对象和目的》,前揭,页 107,注 75。根据 Rahe 的定义,英国政体的原则由英国政治制度所促成,此即由"不安"(inquiétude) 而形成的"政治警惕"(页 84-90),但是,尽管 Rahe 得出结论说这个政体原则"是普遍可靠的",但它并非"完全不受腐化"(页 97)。在不当的情况下,这种不安也可能被转化为各种能够激发专制的恐惧。事实上,Rahe 说:"因为现代共和制和专制处于把它们置于类似运动的激情之中,前者可以很容易退化成后者。"(页 97)

里产生优雅的品位实属罕见;在他们的诗里,你会发现一些接近米开朗基罗的力量,却很难发现拉斐尔的优雅。(同上)

英国人缺乏的,恰恰是孟德斯鸠称赞法国人的特点:"性喜交际而幽默,心胸豁达,爱好生活,热爱分享思想且颇具品位。"与英国相对,法国的特征是"活泼而娴雅宜人,有时洒脱不拘,时常轻率疏阔",但还有"勇气、慷慨、坦率和一定程度的名誉之心"(第十九章第五节)。这并不意味着,孟德斯鸠只喜欢同时代的法国君主政制,而不喜欢英国的政制形式,或者他认为英国正处于崩溃的紧迫危险之中,毋宁说,孟德斯鸠承认英国人的生活方式及其特征并不完整。英国人不完整的特征——尤其是他们对物质私利的专注,解释了孟德斯鸠的如下预测:总有一天会破坏他们政制的,将是贪腐而非其他原因。某些能力和品质在英国人的特征之外,而其他方面则难免有所夸张,尽管事实上"在这里,所有的激情都是自由的"。

这表明,英国人的性格特征即使在未曾得到政制的辖制和塑造之前,很可能就已经是(或已经成为)狭隘的了,因此才容易受因政治生活的不完整而产生的危险之害。英国政制的包容原则减轻走向衰败的必然趋势,但势必不能完全缓解。英国宪制结构也是一样。虽然说,就防止衰败而言,权力的制度平衡比依赖一种过于苛刻的道德美德的形式或"哲人王"的智慧,要更为有效,但是,权力的制衡还是不能保证一个永恒的政治形式。孟德斯鸠关于英国议会腐败的预测强有力地证明了这一点。这表明权力分离不是一个完全可以自我运作的解决方案,而的确有赖于民族的性格特征,即使这种制度机制连最崇高的美德也不需要。在这方面,孟德斯鸠对英国的讨论与他更普遍的政治生活描绘是一致的,在他看来,政治生活的形成,要依赖于政治体制结构与它们的激励原则或令政治体制结构得以成形的道德心理之间的交互关系。

结　论

　　孟德斯鸠对政治腐化和衰败的分析表明，衰败的趋势的确不可避免，不过延缓还是可能的，至少在并未成为专制的政制中是可能的。衰败的趋势总是存在，因为它植根于人类本性和政治的不完整本性。但它可以得到抵制。尤其是，一种权力分立的宪制、涵括人性许多方面而不仅限于部分人性的激励精神，二者将有助于防止政府的垮台。然而，这种抵制的效果难以确定，因为衰败的压力绝不可得以完全克服。孟德斯鸠关于衰败不可避免却又不必然如此的悖论，反映了政治生活的悖论本性，正是由于这个悖论，即使我们不能完全抑制无论哪一种生活方式都无法排除在外的人性特性，我们还是需要以一种方式而不是同时以每一种方式生活。被排除在外的人性与权力的侵蚀本性一道，共同成为导致政治衰败的矛盾的根源。

　　美国的自由民主没有提供这些普遍规则的例外。我们也必须抗衡孟德斯鸠阐明的难以逃避的压力。他的分析提醒我们，在各个层次上为权力——政治权力以及其他权力——分立辩护时，都要心怀警惕。他的分析迫使我们明白，虽然我们的宪制机构为保持个体的个性特征而减轻其重压，但是，如果我们的激励精神完全蜕化成私利，那么，我们的权力分离就无法长存。除此之外，孟德斯鸠让我们有理由重建我们的集体义务，维系社会多元和异质性。虽然每一个政体的激励原则必然（或最终）不再完整，但是，多元主义和异质性所引入的政体行为原则，可以保持我们民族精神的平衡，并保护它不致沦入导致衰落的狭隘。因此，在当今美国，占据主流的物质利益追求虽是完全合法的动机（而且，总的看来，物质利益追求风行于世，也可能有利于个人自由），但是，我们也可以选择各种相互竞争的不同原则，美国社会这个自愿的联盟足够容纳它们，所以，其中自然也有校正我们实利主义和利己主义的原则。荣誉、信仰、友谊、自尊、公民美德、以自由自身为目标的对自由之爱、创造的激情和革新的精神以及一种难以言表而崇高的渴望，这一切都支撑我们政体的正直诚信和力量，正如它们校正自利的原则——因为它们是对自利原则的校正。这些为我们的生活方式带来更多的人性，从而减少我们政治秩序的压力——这种压力来自人性中的某些部分，它不可避免地被最小化或推到边缘。

所有这些都表明，我们今天可以最好地应对腐化和政治衰败的危险，方法不是强加一个新的（或旧的）道德秩序于市民社会，而是保护多元主义、异质性和个人自由，因为以它们为条件，更新的激励精神的成长和人类能力最大程度的实现就有可能。一个自由社会的多元主义、异质性会导致竞争，并因此而减轻政治生活的不完整。它们不能消除孟德斯鸠使我们明白的道理——走向衰败的趋势不可避免，但它们可以让我们追随孟德斯鸠列举的制度性机制，就可以使在边缘处持续再生的过程成为可能。因此，如果孟德斯鸠对政治衰败的分析表明，和所有政制一样，自由主义民主政制包含了自我衰败的根源，那么，我们也有理由相信，我们可以在其中找到自我重生的种子。

古典作品研究

孟德斯鸠对《论法的精神》读者的认识

科勒（Anne M. Cohler）著
邱晨曦 译

孟德斯鸠试图说服他的读者什么？简要概括起来，显而易见的教诲或许是：好的生活是一种主动的能力和自由，它必须存在于一种特定的政体（governments）、气候和时代中。那些曾经思考并研究孟德斯鸠的人一直在争论，他认为哪一种政体最好？政体、气候和时代是否是人们获得美好生活最重要的因素？如果孟德斯鸠是位优秀作家，他自然希望他的读者获得这些教诲，研究这些论证，并继续追问。若想更深入地理解这些教诲和论证，我们必须唤回孟德斯鸠［同时代］的读者，那些他与之谈论并试图说服的人。这篇论文首先试着描述《论法的精神》的读者们的看法和形象。我的观点是，孟德斯鸠认为他的读者就是基督信徒，他认为基督教承袭了一种美德观念，并继承了由这种观念产生的思维习惯。我们将会看到，孟德斯鸠认为，读者的基督徒身份使他在就政治生活进行写作时，既困难重重又充满可能。一旦我们知道他看待读者的方式，知道他期望说服读者什么，我们就能看出衔接《论法的精神》那些片段应该依据的模板,看到在他的教诲之下、能够引导我们走向思想深处的结构。

本文并不直接关注宗教和政治的关系,或启示和政治哲学的问题。不过很明显,与其所在时代的教会相比,孟德斯鸠没有采纳传统的观点。我仅仅考察基督教观念对孟德斯鸠政治写作的影响,而无须知道他对基督教和政治生活关系的最终态度。孟德斯鸠《为〈论法的精神〉辩护》(*Defense of the Spirit of the Laws*) 基于如下主张而作:他并没有写作一本神学著作,他写的是关于政体和法律的书。"人们在[《辩护》的]前两部分会看到,许多尖刻的批评可以归结为:《论法的精神》的作者在构造他的作品时,没有遵循批评者们——神学家——的计划和观点。"① 唯有我们假设,并不存在对政治事务的基督教式考虑,或并不存在由基督教信仰而产生的唯一政体,孟德斯鸠的方法才能回答他对基督教和政治生活关系的看法。更确切地说,回答这一最终问题的努力,必须以如下探究的结论为开端——孟德斯鸠如何看待基督教观点对其政治写作的影响。②

《论法的精神》在第二十四章和第二十五章中详细地处理了宗教问题,我们要从这一最明显的地方开始,考察基督教观念对孟德斯鸠意味着什么。在这两章,作者提到了异教、基督教以及伊斯兰教。异

---

① Caillois 版第二章,页 1160(引用《论法的精神》将在文中用括号表示出编目和章节数,对孟德斯鸠其他作品的引用,均引自 Roger Caillois 修订的《全集》(*œvres Completes*),Paris:Bibliothèque de la Pléiade, Éditions Gallimard,两卷本,1949—1951,以后标注为 Caillois。对《论法的精神》的翻译均来自 Anne Cohler 和 Basia Gulati 为 University of Chicago Press 准备出版的英译草稿。[译按]中译参《论法的精神》,张雁深译,北京:商务印书馆,1959,译文略有改动。

② 参见洛文塔尔(David Lowenthal)的文章《孟德斯鸠》(Montesquieu),收录于《政治哲学史》(*History of Political Philosophy*),施特劳斯(Leo Strauss)和克罗波西(Joseph Cropsey)主编,Chicago:Rand McNally, 1963([译按]中译参李天然等译,石家庄:河北教育出版社,1993);另参 W. B. Allen,《共和国建立的理论和实践》(Theory and Practice in the Founding of the Republic),刊于 *Interpretation*, Vol. 4, No. 2 (Winter 1974),页 79–97。

教指的是早于古罗马和古希腊的宗教，同时也包括美国印第安人和非洲部落的宗教、佛教和印度教。基督教从最开始就被视为一个整体，而不考虑宗教分裂和宗教派别的区分。如果有人对孟德斯鸠在这些派别中的态度抱有兴趣，他可以对比孟德斯鸠和各个派别对基督教的论述，但这不是本文的关注所在。至于伊斯兰教或者孟德斯鸠口中的穆罕默德教，将同样不必考虑其内部分歧而视其为一个整体。

按照宗教是否关心心灵（heart）、精神或者理智，以及这种关心的普遍化程度，孟德斯鸠区分了几种不同的宗教。心灵和精神是某些观念，对我们来说，它们的含义并不清晰。但心灵是激情的家园（第十四章第一节），人们屈从于激情。一个人的灵魂如果空洞无物，他甚至连屈从于自己的激情都做不到，所以，他成为专制的完美臣民，或者可能是一个天生的奴隶。在最炎热的气候中，他写道："在那里，倾向都是被动的；懒惰就是幸福；多数惩罚比让灵魂行动更加容易忍受，劳役比引导人行动所必需的精神力量更可容忍。"（同上，第二节）在这里，激情和心灵等同于物理世界的动力或者极端的天气。其他的天气则可能产生、甚至激励人类的活动，或者那种被称为精神的东西。因此，在这种理解中，激情的确是人身上拥有的被动之物；精神通过不同的活动得以区分，也通过各种各样目标明确的行为得以区分。

我们很难看清精神的面目。精神通常被译为头脑（mind），因为它有思想、理智方面的含义。比如，孟德斯鸠写道："唯有通过婚姻才能获得愉悦和自由的女孩们，她们有精神不敢思考，有心不敢感受，有眼不敢看，有耳不敢听……"（第二十三章第九节）精神在进行思考。对于精神的这一含义，孟德斯鸠在评论精神是否指特定的词语或观点时，给出了其他的例子。① 比如，"人们必

---

① 比如，第四章第三节、第八节；第十一章第二节、第三节；第二十八章第二十二节。

须将何为独立、何为自由纳入考虑（mind/spirit）"。还有一些例子表明，① 孟德斯鸠称为精神的东西，在其他地方被称为一种观点（opinion）。比如，"征服是一种取得：取得的精神意味着保存和使用的精神，而非毁灭的精神"（第十章第三节）。

但是，人们或许会说，孟德斯鸠的精神似乎建立在物理存在的基础之上，类似于激情，或者实际上可以等同于激情。一个著名的例子就是孟德斯鸠的这段评论：

> 人必须将希腊视为一个运动员和战士的社会。现在，这些训练容易使人刚强而冷酷，所以需要其他能使性情更加柔和的训练加以调节。这是一种介于使人刚强的身体训练和使人冷酷的科学沉思中间的适度状态。我们不能说音乐激发了美德，这是不可想象的；但是它具有束缚制度（institution）残暴的效果，它使心灵受到一种未曾有过的教育。（第四章第八节）

音乐如何通过人体器官对精神产生作用呢？训练只能激发起激情——刚强、怒气和残酷，但是"音乐唤起了所有这些激情，能够使灵魂感觉到温柔、同情、和顺以及甜蜜的愉悦"（同上）。如果音乐通过身体而进入精神，那么它将激发多种多样的激情。唯有激发起更多的尤其是更温柔的激情，才可能调和由军事技艺激发的激情；正如孟德斯鸠注意到的，在军事技艺激发的激情占主导的社会中，商业、农业或技艺中的任何成果都会被视为对美德的败坏。这是调和激情的唯一可行方式。第十四章谈到，精神和物理对身体产生作用，它们之间的关系似乎取决于其影响可能产生哪些结果，而不是产生这些结果的方式。

---

① 第三章第三节；第五章第五节、第六节；第六章第八节；第九章第三节。

在这里，我将阐明基督教对激情和精神之间关系的要求，并澄清它们要求的东西是什么。通过论述这个特殊群体理解的精神和激情之间的关系，我们希望能够说明基督教对美德持有的看法。基督教的思维习惯会将任何关于美德的观点都转化为同一种形式。举例来说，如果基督教主张，每一个人都应该控制他所有的激情，以此敬拜神圣的上帝，那么，"酗酒是糟糕的"这一观点就会被纳入这种方式；为了好的公共生活，没人应该喝酒，而且应该有一种相应的法律。其次，我将关注这些对美德的看法之间的异同，以及孟德斯鸠所认为的专制和共和的观点的异同。再次，我将阐明孟德斯鸠认为这种关于美德的观点中存在哪些困难——通过观察他对高利贷和叛国罪的讨论，看他如何通过自己的方式澄清这些困难。最后，在结论中我将表明，孟德斯鸠作品的形式及其写作方式恰恰回应了他对这种观点和思维习惯将如何影响政治生活和思想方式的理解，也回应了建立在这种理解基础上的研究可能采取的方向。

基督教的观点

依照孟德斯鸠的说法，宗教之于心灵，恰如人类的法律之于精神（第二十四章第七节）。基督教和异教不同，因为它"抑制所有的激情；不仅行为，欲望和思想也同样不容违背"（同上，第十三节）。基督教是最讲求禁令的宗教。宗教本应给予忠告而非戒律，应劝告人们而非为人们立法，因为它的规矩"不是为了好，而是为了更好；不是为了好的东西，而是为了完美的东西"；"完美之物不关心人和事的普遍性（universality）"（同上，第七节）。基督教的美德是对激情的完美控制。但是，基督教不过是一种一般性的崇拜，它没有特殊的教义（同上，第二十五至二十六节），因而能够遍行世界。它将自己视为普世的宗教,同时又要求每一个人的完善(第十九章第十八节)。孟德斯鸠告诫说,基督徒的目标是追求激情的完善,但完善与人的普遍性无关,它只适合于基督徒,而他们却打算向所有人传播基督教。①

完善心灵是为了向上帝奉献。孟德斯鸠认为,那些有着抽象教义的宗教和只有普通要求的宗教并不相同,前者展现给我们一个至高的精神存在,让我们屈膝崇拜,后者则是明智的(第二十五章第二节)。基督教的追随者崇拜精神性的上帝,而伊斯兰教则是一种明智宗教。人们更容易追随那些教义明确、有具体要求的宗教,但对这种宗教的信奉并不牢固。在这两种抽象的一般性宗教中,人们都是因为具体的事物而信奉宗教,这些具体事物彼此不同。基督教需要一些异教徒,需要一些有形的事物使人们走向上帝。孟德斯鸠举了一个例子,比如,人们决定称呼玛丽为"圣母"。而在一个明智的宗教中,"神的选民的观念,以及在信和不信的人之间大有区别的观念,使我们极热心地信奉这种宗教"(同上)。伊斯兰教要求信徒通过宗教实践来维持信奉,从而使宗教成为日常生活的一部分。

基督教的上帝是精神性的,这使我们不得不想起孟德斯鸠的主张,政治生活是精神性的,而宗教生活是心灵的。他对廊下派的描绘则表明了精神和心灵之间的联系,这种关联能使基督教和政治生活都拥有精神性的品格。廊下派信徒控制自己的激情,目的在于鼓励人们献身于社会责任。"廊下派信徒将财富、人类的伟大、痛苦、忧伤、快乐都看作虚空,但他们却埋头苦干,为人类谋幸福,履行社会的义务。他们相信有一种神圣的精神居住在他

---

① 有批评认为孟德斯鸠将福音书的所有戒律都视作劝告,为了反驳,孟德斯鸠说,将它们都视为戒律是他的批评者所犯的错误,参 Caillois 版,卷二,页1140。

们的心中。他们似乎把这种精神看作一个仁慈的神明，照看着人类。"廊下派信徒控制激情，以便为神圣的精神留出空间。这种控制使他们能够为他人考虑。与此类似，基督徒更严格的控制能够为崇拜一个精神性的神以及一个由信徒组成的普遍共同体留出空间。精神超出个体，指向他人，指向上帝。这与那种具体的个体性美德形成对比——它要求每一个人都能控制自己的激情。

首先，基督教劝告每一个人都完美地控制自己的激情。但是，要求的一般性和实现的个体性之间存在着张力。基督教要求所有个体都能完全地控制自己。自我控制由每个个体完成，上帝希望每一个人都能完美地自制。这样的美德观点下隐藏着危险：我们会去要求每一个人都能完美地自制；另一个可能的危险是，当人们认定，生存最好依赖某个人的严格统治或某些普遍的自然法则时，他们就会抛弃上帝，也不再要求任何人去自我控制了。其次，基督教希望我们崇拜一个精神性的神，因为我们在自身之中拥有那种精神，而且，我们的确能够和其他人共同享有这些东西。基督教的这两个特点，前者会为政治生活制造巨大的危险，也给一个从事有关政治写作的人设置了修辞的困境。后者则恰好暗示了一种摆脱这种困境的方法。

孟德斯鸠的基督徒读者们认定，某种美德教诲应直接指向每一个人，告诫每一个个体完全控制他的激情。这种看法给孟德斯鸠设置了修辞上的困难。我们可以通过展现孟德斯鸠眼中的基督教和其他政治事务之间的关系来说明这种困难。我将举出两个例子，即基督教与专制政体和共和政体间的相似之处，以及基督教在高利贷和叛国罪中遇到的特殊困境。

专制政体和共和政体

我们能通过很多方式发现宗教统治（甚至是基督教的统治）

和专制统治之间的相似之处。即便孟德斯鸠坚持宣称,基督教的统治与伊斯兰教相反,不是专制的统治,但他认为这主要是因为基督教的温和所致,而非它自身的结构原因(第二十四章第三节)。我们将这种温和归功于某种政治正义权利和民族之间的正义,"当人们没有蒙蔽双眼的时候,战胜者会保存战败者的重要的东西,生命、自由、法律、财产,并且总是保存了宗教"(同上)。孟德斯鸠的确提到了宽和的专制(第十四章第五节),但基督教的宽和不能排除它与专制政体之间的相似。

关于专制统治,孟德斯鸠最早是以一位教皇为例证的。"他深感自己不能胜任……最后他接受了这个职位并且把一切事务都交给他的侄子去办",他说"我从未想到当教皇是这样容易"(第二章第五节)。他像懒惰、无知、奢侈的专制君主那样行事。太监在专制政体中的重要作用(第十五章第十九节)会让读者想起天主教会的僧侣。这种相似性在论述人口的一章(第二十三章第二十八至二十九节)表现得更为清晰。这意味着,教会的统治和专制统治在某些方面是类似的。专制之形成,通过区分统治者或其代理人(代理人的连任取决于专制者的决定)与其余人的差别而实现,这些其余人等之间没有重大的分别。他们都是民事性的,是家庭的或者政治的奴隶,一如我们在第十五、十六和十七章所见。我们也会看到,基督教治下,人们也没有区别。但是,专制政体中的宗教也是其稳定性的根源,是法律的一种安置方式(第二章第四节)。一些永久性的法律,如"宗教法是高一级的训条,它们支配着老百姓,同时又支配着君主。自然法就不是这样,君主不再被认为是一个人了"(第三章第十节)。那么,宗教和专制政体的不同在于前者将法律同时施予君主和老百姓。专制[与宗教]的最后的区别也不复存在。宗教和专制政体一样,均将恐惧视为其动力(第二十四章第十二节)。在专制政体中,宗教的作用被还原为对"一些极简单宗教原则的精神"的熟悉(第四章第三节)。

孟德斯鸠对查士丁尼法典的描述阐明了这种相似。查士丁尼法典既是专制的又是基督教的。在第二十七章结尾处,他将查士丁尼法典放到了罗马继承法发展的最后阶段,首先是政治法建立的以家族为基础的土地分割安排,然后以家庭情感为基础,最后是完全个体性的法律:

> 最终,查士丁尼皇帝完全废除了有关继承的古法,不留丝毫痕迹。他规定了三系继承人:直系卑亲属、直系尊亲属和旁系亲属,没有任何男女之分,没有女系亲属和男系亲属之分,并废除这方面存留的一切区别。(第二十七章第一节)

罗马法从政治法的原则变为宗教法的原则。下面这条法律可作为一个例证,当丈夫或者妻子同意进入修道院时,就应准许他们离婚(第二十六章第九节)。它仅仅建立在基督教原则之上,没有注意到对家庭的保护。孟德斯鸠在评论圣路易的法定宗教制度(Establishments of Saint Louis)时说,"这个编辑本有一个内在的毛病:它形成了一部非驴非马的法典;它杂糅法兰西的法学和罗马法,把两种没有任何关系的而且常常是矛盾的东西拼凑在一起"(第二十八章第三十八节)。查士丁尼的罗马法将接受法律的人们视为没有关系的个体。这是基督教和专制政体的共同特征。

在孟德斯鸠看来,查士丁尼"扫除了他所谓古代法学的障碍,是顺从人性自然的"(第二十七章第一节)。最坏的专制政体无需制定任何一般性的法律,它通过恐惧在个人身上发生作用。宗教坚持认为个体具有相似性,他们的行动遵从共同的法则。基督教关心个体对激情的控制,因而它能够在激情中产生某种规律。当我们把目光从最坏的专制政体转向最高的基督教共同体时,我们始终会谈及控制个体激情的方法。

最高的基督教美德与共和政体的美德也有相似之处。"正像宗教要求人们要有洁净的手，好去贡献祭物给神明一样，法律要求人们有俭朴的风俗，这样才能有盈余去献给国家。"（第五章第三节）或者，正如在解释奢侈和淫乱相伴而生的现象时，他写道："如果你随心所欲，又怎能抑制精神的弱点呢？"（第七章第十四节）每一个僧侣或者公民在个体上都遵从一种控制其激情和心灵的法律，目的是让他去爱他所在的团体，去增强他的精神。区别只在于所处环境的不同。僧侣已从社会中抽身而出，但他们仍旧以自己的美德为社会树立楷模，而且，他们也从社会中搜罗信徒的财产（第二十五章第五节）。每一个公民都是家庭（包括仆人）的领导者，这个家庭则经营着自己的事务（第五章第五节）。基督教土地上的每一个人都是宗教秩序的潜在成员，但是公民身份只属于共和国所选定的那部分人。

美德就是对激情的控制，这个论断将雅典、斯巴达和罗马共和国之间的差别简化为需要多大程度的自我控制才能保证对公民的统治。卢梭在孟德斯鸠的共和美德的基础上，形成了他关于政治美德的观点，[1]甚至在某种程度上说，他构想的政治美德能够与普世的基督教美德相类比，[2]他认为这种美德对所有政治来说都是适当的。[3]如果美德就是自我控制，它在所有地方都是一样，只有程度之别，那么，我们就可以用同一个标准来衡量。卢梭批评孟德斯鸠没能朝这个方向前进（同上，卷四，页 836 - 837）。相比

---

[1]　施特劳斯，《论卢梭的意图》（On the Intention of Rousseau），载于 *Social Research*，Vol. 14，No. 4，December 1947，页 458 - 460。［译按］中译收于《苏格拉底问题与现代性》，刘小枫主编，北京：华夏出版社，2008，冯克利译，页 69 - 100。

[2]　卢梭，《全集》（*Oeuvres Completes*），Bernard Gagnebin 和 Marcel Raymond 编，Paris：Bibliotheque de la Pleiade，Editions Gallimard，1959 以后，卷三，页 281 - 289。

[3]　同上，页 368 - 372（即《社会契约论》第二章，第一至三节）。

基督教甚至君主制，虽然赞扬共和美德，但这并不一定意味着我们应该效仿共和美德。孟德斯鸠的许多读者放弃了古代的共和美德，尽管他们心中或许也决定要控制激情。① 这样，他们也同样放弃了基督教美德，并转而考虑人类目标的多样性，转向了一种以类型差异而非程度差异为基础的比较政治（亚里士多德，《政治学》，卷二，1261a）。自我控制的目标多种多样。孟德斯鸠已经表明，宗教目的不同于政治目的。但是，如果我们作出了这种区分，人们就会感到疑惑，不同的共和国，或者不同政体的目标的差异是否足够巨大，能够凭借这种差异将公民区分为各种类型的人？在孟德斯鸠眼中，会有不同类型的精神、品性（character）以及宗教，但美德只有一种，唯有程度的差异而已。

共和国与专制国家一样，也会不依据法律而严厉地惩罚个体（第六章第三节）。差别在于，前一种情况下人们通过外在的方式控制激情，后一种则要求自我控制。共和国特有的小规模（第八章第十六节）（如果只算公民群体规模会更小）使得自我控制成为可能。如果基督教不能划分出一个小的公民群体，那么，小型共和国内在化的美德也不可能。为了保证共和国的美德，共和政府将会使用专制国家通常用来控制最坏激情的那种外部的、专制的方式来进行惩罚。除非美德丧失其吸引力，否则，共和政府很容易向这个方向发展。

孟德斯鸠认为，基督教的确让古代共和国不再可能，因为它要求每一个人依道德而行动、崇拜上帝。这就意味着，自由公民和其他人、自由和奴役之间的差别消失殆尽。"普鲁塔克在《努

---

① 这一转变在当代的例子可见：Nanerl O. Keohane,《美德共和制与荣誉君主制》(Virtuous Republics and Glorious Monarchies: Two Models in Montesquieu's Political Thought)，载于 *Political Studies*, Vol. XX, No. 4 (1973年12月)，页 383-396。另参潘戈（Thomas L. Pangel),《孟德斯鸠的自由主义哲学》(*Montesquieu's Philosophy of Liberalism*), Chicago: University of Chicago Press, 1973。Mark Hulling,《孟德斯鸠和旧制度》(*Montesquieu and the Old Regime*), Berkeley: University of California Press, 1976。

玛传》(Life of Numa) 中告诉我们,在农神萨图恩 (Saturn) 的时代,没有奴隶也没有主人。在我们的气候里,基督教又恢复了那个时代。"(第十五章第七节) 对于黑人奴隶,他写道:"我们不可能认为这些人是人类,如果说他们是人类的话,那么我们是否还是基督徒就显得可疑了。"(同上,第五节) 我们不能既拥有奴隶,在他们身上找到人性的东西,又相信我们是基督徒。正如我们所知,孟德斯鸠提到了一种新的国际正义,禁止在战争中获取奴隶(第十章第三节,第二十四章第八节)。他认为,在罗马帝国解体到封建君主制建立这段时间里,也就是在基督教传播的时代,这种新的国际正义就是这个冲突时代的特征(第三十章第十五节)。①因此,在那段时间里,法律是属人而非属地的(第二十八章第二至四节)。个体的从属性与世袭封地的结合标志着封建制发展的开端(第三十一章第二十五节)。②对于哥特人的政权,孟德斯鸠写道:

> 它最初是贵族政体和君主政体的混合。当时有一种弊病,就是在那里平民都沦为奴隶。但它是一种好的政体,本身具有变成更好的政体的可能性。颁发奴隶释放书的习惯刚刚形成……(第十一章第八节)

妇女和男人一样,去同样的教堂,接受同样的圣礼,她们应该有一些公共生活。"由于建立慈善事业,由于公开的礼拜,由于大家参加共同的圣礼,基督教似乎要求所有的一切都要在一起。"(第十九章第十八节) 基督教要消解一个民族内部的差异,使政

---

① 参见布洛赫(Marc Bloch),《封建社会》(*Feudal Society*), A. Mahyon 英译, Chicago: University of Chicago Press, 1974, 第一卷, 页 260–261。[译按] 中译参张绪山译本, 北京: 商务印书馆, 2004。

② 参见, F. L. Ganshof,《封建主义》(*Feudalism*), New York: Harper and Row, 1964; 参考其关于封建关系与孟德斯鸠一致的现代研究。

治统治适用于全体人民。而当公民更加基督化，拥有更少的特殊性时，各个民族之间的差异也不就那么清晰了。随着基督教的普及，共和制的统治就变成统治一个其规模无法确认的民族。

基督教与专制政体和共和政体同样关注个体的激情。它们的统治中都有一种任意性。它们之间最明显的差异在于其统治的适用性——是适用于公民，还是适用于每一个人。基督教赞同共和政体的观点，美德是对个人激情的控制，它会把人们引向共同体之爱和精神的某种表达。但在适用性这一点上，基督教与共和政体完全不同，基督教将对美德的预期延伸至每一个人、每一种激情。孟德斯鸠将这种延伸视为一种政治影响，是奴隶制结束所产生的影响，也是难以（倘若不是不可能）完全保持人们的私人性所导致的政治影响。每一个人对基督教美德都保持开放，这意味着政治美德也同样如此。标准太高则需要残酷的暴力，标准太低则缺乏行动力、精神虚弱。在任何情况下，我们都可以看到某种专制的可能性。孟德斯鸠对高利贷和叛国罪的态度，表明他如何回应暴力和虚弱这两种相互交替的危险。

高利贷和叛国罪

通过研究利息贷款的问题，孟德斯鸠展示了基督教篡用古代共和政体观点可能产生的危险：[1]

> 亚里士多德的哲学传到了西方。它为眼光敏锐的人们所喜爱。这些人在愚昧的时代是才子。烦琐哲学家们迷恋着亚里士多德的哲学，他们关于利息贷款的许多说法都借自这位

---

[1] 参见，Caillois，卷二，页1185，孟德斯鸠认为《福音书》中之所以反对高利贷，是为了慈善的原因。

哲学家，其实在《福音书》里就可以很容易找到利息贷款的渊源；他们对利息贷款不分皂白，也不分场合，一概指责非难。(第二十一章第二十节)①

亚里士多德称，高利贷是所有致富方式中最不合乎自然的一种（亚里士多德，《政治学》卷一，1258b）。他没有说城邦应永远予以禁止，反而建议为了满足家用，这是一家之长能够使用的最后手段。在《政治学》第一章，一家之长掌管着包括妻子、孩子、仆人和奴隶的大家庭。这是一个庞大自足的经济单位。在许多家庭的集合体或者一个部落中，经济自足的程度就降低了（同上，1257a）——如果进一步扩展的话，城邦中的自足程度就更低了。家庭的目的是为其成员提供生活的必需条件，它应该为了满足家庭内外的生活而获取必要的资源。这种家庭不必介入零售贸易。零售贸易的目的是获得无限的钱财或者利息贷款，永无止境地以钱生钱，这已经远远不是为家用而致富了。

孟德斯鸠认为，这种对贸易场合和利息贷款的理解基于这样的观念：只有在家庭中，人们才需要获得不同的生活必需品。但是这已经不再可能了，因为生产者不再完全是私人性的个体，也不再完全局限于家庭之中。独立家族的数量显著增加，开展贸易、获取利益变得更为普遍（第二十三章第十五节）。古代共和国的公民不应从事不以家用为目的而致富的贸易活动，而经过经院哲学家的转化，这成为一条普遍原则：所有利息贷款都应受到指责。孟德斯鸠反对基督教篡用古人的说法，将对部分人有效的禁令，

---

① Caillois，卷一，页1470（《思想录》，页1939）："读到亚里士多德的《政治学》的时候，我很惊讶，我发现了神学家们对高利贷的所有原则，与他一词一句如出一辙。我想他们是原封不动地引用。我曾在《论法的精神》里提到过。不过，这些绅士不愿意我发现他们的来源：他们对自己无知，正如不知道尼罗河的源头一样。他们对这一点表示强烈抗议。"

转化成针对每一个人的普遍规则。①将一条规则普遍化的冲动,令一条适用范围相当有限的一般规则,更找不到恰当的适用群体。

孟德斯鸠谈到现代政治中的美德时颇为勉强,他也不愿意谴责贸易和高利贷。他的勉强和不情愿来自他对政治生活中诸多困难的认识,这些困难是基督教信仰的结果,源于基督教信仰带来的理论和实践上的普遍化趋势,它要求每一个人在每个地方都有相同的美德。如果孟德斯鸠感觉到政治生活的普遍化是困难的,他一定已经考虑过,政治生活要尊重特殊和个体(第四章第四至八节)。政治生活必须以某些目标为最终目的,而且,这些目标之间不能简单地比较,不能任意衡量。

第十二章关于公民自由的讨论中,孟德斯鸠从讨论异端转向讨论叛国罪,这个转折发生的具体文脉是,孟德斯鸠由惩罚特殊犯罪而提出了公民安全的问题。从第九章到第十三章,孟德斯鸠对吸纳了基督教的现代自由政制作了探究。他认为,在这个背景下,叛国罪与政体的关系,可以通过异端和叛国罪之间的相似来理解。这种相似使得叛国罪成为一个可能摧毁制度的关键问题,可是,最初构造这个制度是为了降低个人直接、专断命令的可能性,并以此保护政治生活的特殊性。

孟德斯鸠的讨论由异端转向邪术、对此施以同性恋和叛国罪。异端罪作为渎神之罪,人类统治者会极力对此施以惩罚。不过,这种惩罚面临的问题是,神的无限性与人性的软弱、无知、反复无常不成比例(第十二章第四节)。政府必须将人的这种软弱、无知、反复无常考虑在内,但神却不必如此。这种差别带来两种结果。首先,既然人无法以神圣的规范为准则,那便会有无尽的惩罚。没有人足够美好而免受惩罚。人类统治者也没有神的仁慈。

---

① Caillois,卷二,页 227 – 228(《致读者》)。

其次，没有充分的外在标志使人们能够知道真相，即人到底在多大程度上接近了神为其设定的标准。上帝的要求超出了人类的所有行为，甚至要深入灵魂中的激情最细微的变化。所以，如果政府要惩罚异端，人们将陷入无尽的恐惧之中。

对于邪术，人们可以公开控告一个人否定上帝、信邪术，即便这个人的外在行为毫无可以指摘之处（第十二章第五节）。与此类似，同性恋也难以明辨，因此，对同性恋的指控多是出于臆测，或是出于嫉妒者的告发，或是出自孩子和奴仆的指控。邪术、同性恋与异端一样，都无法通过检查人们的公共行为而确立其存在。为了寻找不正当行为的证据，人们产生了探究公共行为背后世界的冲动。孟德斯鸠将这些犯罪行为同异端联系在一起，他暗示的是，正是由于它们和异端的相似，使得人们总是在寻找那些隐匿的犯罪行为的证据。统治者对在结构上和基督教类似的东西作出的判断，无论事情的关键部分是否可以明察——特别是当其内容充斥着基督教戒律时，都会导致无休无止地寻找犯罪行为。

孟德斯鸠同样可以论证，惩罚异端、邪术和同性恋是不合适的，因为政府没能恰当地关注这些事情。叛国罪则并非如此。孟德斯鸠说，对于叛国罪必须冷静温和，通过行为而非思想或写作仔细地勘定其叛国与否，审判的过程则应保持尊严和行为的得体。在叛国罪中，他特别强调只应该考虑行为，而非思想和写作。

叛国罪是反对政制本身的罪行，它会受到统治者的惩罚，罪行的发生恰恰体现了政制的存在。现代共和国法庭中的法官，与古代共和国中同时承担审判和立法职能的法官，有着同样的重要性。我们不能说，通过继承或选举获得职位的人就代表政制本身，但在古代共和国中，我们却可以说一个人是民主派还是贵族派。现代公职人员与规定其职位的法律之间存在着距离。什么人符合由法律建立的标准，这个问题始终没有答案。这种不可避免的差距与其最明显的例子——叛国罪——是难以区分的，尤其是有大量怀疑和秘密的时候，这个问题更加突出。根据推动我们每个个体达到标准并自我完善的基督教来看，尤其重要的是叛国罪必须依行为而厘定，而且，起诉时务必小心谨慎。

政治和宗教道德之间的相似，令对叛国罪的起诉变得格外困难。基督教要求无止境地控制人们的激情，心灵完善的目标就是奉献上帝，这暗示着政治生活也有同样的要求。孟德斯鸠区分道德的种类，目的在于保留以外在于政治生活的上帝为终极目标、追求完善道德的要求。① 总而言之，由于基督教有将所有规则普遍化的倾向，孟德斯鸠反对抵制高利贷的法律。正是因为基督教对政治和宗教道德有着相似的理解，才有了孟德斯鸠对惩罚叛国罪的困难的考虑。同时，基督教也要求孟德斯鸠非常小心，避免鼓励甚至提及任何可能在应用中被误用的原则，也应避免提出某种有蛊惑力的政治道德。

总　结

《论法的精神》非常难读，它有很多短小的篇章，看起来是关于某一问题的片段，但对于读者来说，这一问题的总体意图并不清楚。或者说，每一个章节都是桌子上的一张卡片，它以某种顺序摆在我们面前。孟德斯鸠邀请我们寻找这本书的真正顺序，他写道："如果读者想要知道作者意图的话，只能在作品的意图中寻找。"② 我们要在表面的纷繁混乱中找到秩序，在作品中寻找作者的意图，而这部作品会使我们埋头思考，孟德斯鸠同时代的人所熟知的不同政制间产生差异的原因。孟德

---

① Caillois 版，卷二，页 1152（《为〈论法的精神〉辩护》）。
② Caillois 版，卷二，页 229（《前言》）。

斯鸠似乎许诺，他会为我们提供一个理解所有政制的广泛而且普遍化的设计，但读者却沉迷于个别的政府形式或细节问题之中。孟德斯鸠的声誉来自他令人印象深刻的努力，来自某些作品片段中的智慧。人们已经细致地阅读了他对政府形式的分类、对权力制衡的解释、对刑法的理解以及对法国封建法发展史的分析。人们在气候、政府形式、商业和历史相对来说谁更重要的问题上争论不休。他们发现了一种论证自然权利的便捷方式。

我的观点是，孟德斯鸠只是希望回应他的读者而已。他最关切的是要让读者们看到政制的多样性。他利用人们追求一般性和普遍性的动力，让读者按照他的方案开始探索。基督教的观点和思维惯性会导致政治生活的困难，但孟德斯鸠没有利用这一点来质疑基督教读者。相反，为了吸引读者，他表示赞同基督教，再将基督教从他看到的危险上移开。他的研究主题与所有政制都有关系。"这部作品的研究对象是法律、风俗和地球上所有人的对所有事物的不同的习惯。人们会说，这个主题太宏大了，因为它要面对所有人类制度……"①但是，对于这种普遍的关心，孟德斯鸠并未采用普遍的法则。相反，他对普遍的思考却起到不同的作用，形成了多种政制形态。这种多样性引发了更深的思考，并使人们认识到一种更为复杂的根本形式的可能性。他与他的读者都认为，德性是对激情的控制，并将这一点看作古典共和制的政治原则。基督教的普遍性使其不再可能。基督教试图将所有德性要求普遍化，这一危险倾向使孟德斯鸠坚持将我们的注意力集中在环境、时间、地点和政制的特殊性上，避免将全体公民的美德当作衡量政制是否卓越的标准，

---

① Caillois 版，卷二，页 1137（《为〈论法的精神〉辩护》）。

但这也不必然意味着他持有相对主义的观点，或者他为政治生活设定了某种较低的标准。①

如果说这是一种审慎的教诲而非相对主义，那么问题的关键在哪里？什么是孟德斯鸠思想的核心，什么是人之本性的核心呢？相比于德性和激情，我们已经看到，孟德斯鸠将精神视为连接一个民族的行为和共同目的的方式，无论是处理人与人之间的关系还是面对人与上帝的关系。如果这是孟德斯鸠最关心的问题，他就会围绕这一点来组织文本。让我们简略地回顾一下《论法的精神》，依据这种思路，相互分离的部分是否能够得到解释。②如果这种解释行得通，那么这种从读者的角度来讨论孟德斯鸠的修辞学的方法，就可以为研究《论法的精神》另辟蹊径。

在第一章的介绍之后，第一部分（第一至八章）提出了三种政制：共和制、君主制和专制，并通过性质（或权力来源）、原则（或运行动力）、教育、立法者制定的法律、司法过程、对财富的运用和规模，比较了这三种政制。在讨论国家规模的一章，孟德斯鸠用例子证明了他一直强调的差异：共和国拥有独有且特殊的小规模领土，专制政体拥有的领土规模辽阔却不定，而温和君主制拥有中等的领土规模。在第二部分（第九至十三章）的讨

---

① 如果是这样的话，孟德斯鸠对无关政治的外部环境的关心，就不像社会学家那样显而易见了。有些研究将孟德斯鸠视为社会学家：涂尔干（Emile Durkheim），《孟德斯鸠与卢梭》（*Montesquieu and Rousseau: Forerunners of Sociology*），Ann Arbor, Michigan: University of Michigan Press, 1965；另参雷蒙·阿隆（Raymond Aron），《孟德斯鸠》（Montesquieu），载于 *Main Currents of Sociological Thought*, New York: Basic Books, Inc., 1965, Vol. I, 页 13–56；Henry J. Merry，《孟德斯鸠的自然政府系统》（*Montesquieu's System of Natural Government*），West Lafayette, Indiana: Purdue University Studies, 1970。

② 参考《论法的精神》导言，Jean Brethe de La Gressaye 编辑，Paris: Société les Belles Lettres, 1950, 前言, 页 50–51。

论中，这些中等规模的政体拥有的结构，却既可以是君主制的也可以是共和制的，但它们都与古代不同，按照亚里士多德的说法，古代的君主制是由一个人进行统治（第二章第九节）。在讨论国际正义和税收的章节中，孟德斯鸠强调了两类政体的差异，因而产生了一种思考模式：其中，古代共和国、现代共和国和现代君主国都会与专制政体进行比较。他引导读者思考两类政体差异的基础，思考它们与专制政体分别有何联系。

直到第三部分（第十四至十九章），读者才知道一种政府形式优于另一种政府形式的原因——而无论古代或现代政体。那些需要人们为谋生而辛苦操劳的国家和不需要劳动的国家，其气候自不相同。专制和奴隶制就是无限激情的无定型形态。即便必须采取专制或奴隶制惯用的举措，这两种制度才能延续，专制和奴隶制还是激情的无定状态。土壤是自然环境塑造人类的一个范例。极有价值的独立生活方式，在基督教之前的小型社会中发展成熟。在第十九章，孟德斯鸠重新将现代法国、西班牙和英国带回我们的视线，由此他暗示了现代国家的人民和古代虚荣而骄傲的人民之间的差异。

第四部分（第二十至二十三章）并未将商业视为新事物，而只是将其视为某种以不同的方式安排的东西。正如人口问题一样，在现代国家中，商业似乎需要某种间接而非直接的控制，其基础则在第五部分（第二十四至二十六章）关于宗教的讨论中得以阐明。依据我们曾经讨论过的教诲，基督教与其他宗教不同。这种关于心灵和精神的教诲需要和第三部分加以比较。孟德斯鸠比较制度的落脚点是家庭。在第二十六章，他区分了现代政府和基督教在家庭生活中的不同影响。

第六部分（第二十七至三十一章）详细考察了"一件曾经在世界上发生过但也许永远不会再发生的事件"（第三十章第一

节）。孟德斯鸠这里意指封建制的发展，但是，这样的事件同样可以指代那些塑造了现代君主制的所有变化。比如，独一无二的罗马法一旦成为普世性的，罗马法也就衰落了。结尾部分则讨论了民法在蛮族中逐渐成熟的过程、为蛮族制定法律的原则、封建制的发展以及法兰西的君主革命。

  经由此番勾勒，我们能够开始看到政府形式从古而今的新模式，由直接政府变为间接政府，由异教的或自然的精神变为基督教精神。以这种方式来描述本书框架，我们就可能看到古今精神的差异。本文开篇所悬隔的问题，即孟德斯鸠自己的信仰问题，这里再次出现。现在，我们可以将有关孟德斯鸠的意图的问题更换一个问法：孟德斯鸠转向对精神的讨论，是否只是借助这种方式，意图将基督教观念转变为另一种——甚至是古代的——人类灵魂及其与政治生活关系的观念？或者，他将其视为一种整合政治观念的方式——一种比托马斯式基督教控制激情的观念更有意义的方式？要回答这个问题，我们首先需要弄清自然的精神和基督教精神的差异，回到对第十四、十八、二十三至二十六章的考察。这种比较暗示了从各自精神出发的家庭和政治形式。以这种路径研究的孟德斯鸠，是一位极为优秀而且没有偏见的思想者，他试图在面对现代性的前提下，理解人的卓越是否还有可能。

《卡拉马佐夫兄弟》中的隐秘结局

李阳泽

  读过《卡拉马佐夫兄弟》^①的人都知道，小说在结尾部分对凶案的真相给出了这样的解释：德米特里·费尧多罗维奇认为，父亲费尧多尔·巴甫洛维奇骗走了自己很大一部分应得的遗产，而他与父亲围绕交际花格露莘卡展开的争风吃醋又加剧了德米特里的憎恨，但他从未有过一个明确的犯罪计划。纯粹出于激情，德米特里在一天夜里潜入老卡拉马佐夫家的院子，确认格露莘卡不在这里后，他打算撤离，不料被老仆格里果利发现，情急之下德米特里用铜杵将老仆击昏在地，然后逃离现场。至于德米特里身上的钱，则是他先前私自挪用未婚妻卡捷琳娜·伊万诺夫娜交给他的三千卢布中的一半，他把这一半钱缝在自己胸前，直到案发后才拿了出来。

  这一所谓的"真相"完全出自德米特里之口，从未得到过作者即故事叙述者的明确支持。发生凶案的那一章的真相部分被刻

---

① 陀思妥耶夫斯基，《卡拉马佐夫兄弟》，荣如德译，上海：上海译文出版社，2004，引用时随文标明页码。

意略去，而在法庭审理中，也没有一项证据能证实米嘉的说法。在小说的出场人物里面，唯一相信米嘉无罪的，只有他的两位弟弟阿列克塞·费尧多罗维奇和伊万·费尧多罗维奇，还有格露莘卡。格露莘卡当然是出于爱情而相信米嘉的话，阿辽沙则凭靠"米嘉脸上的表情"相信他没有撒谎。最强有力的支持来自伊万，在他案发后第三次走访斯乜尔加科夫的谈话中，后者交代了实情：人是斯乜尔加科夫杀的。他在德米特里逃跑后，跑到老卡拉马佐夫门前骗他探出头，然后将其杀死，并盗走三千卢布。这是全书中唯一一处能使细心的我们相信米嘉确实无辜的"证据"。有必要指出，即便在这里，也完全没有提到米嘉所谓的藏在胸前的1500卢布。

更细致地考察后将会发现，小说对各处细节的描写疑点重重，甚至存在极明显的自相矛盾。一旦这些线索引起了我们的充分注意，把疑点一一抽出来做一番推究，就会发现作者本人即陀思妥耶夫斯基暗中向我们揭示出"实际的真相"是怎样的。换句话说，作者为《卡拉马佐夫兄弟》设计了两个结局，一个是能满足多数读者的结局，这一结局充满了无法自圆其说的矛盾。还有一个隐秘的结局，它潜伏在大量的细节描写下面。本文的目的就是揭开这一隐秘的结局，并且探究它与作者的写作意图之间的关系。

一 最明显的自相矛盾

我们从一个最明显的自相矛盾说起。米嘉在一次醉酒后曾给卡捷琳娜·伊万诺夫娜写了一封信，信中他坦白自己想杀死父亲，并取回那三千卢布。有意思的是，这封信前后两次提到这笔钱，但是对于三千卢布的藏匿地点的说法竟然不同！第一次的说法是：

我以人格向你保证，我就去找父亲，我要砸碎他的脑壳，把他枕头底下的钱拿来，但愿伊万走了就好。（页730，引文中的强调为笔者所加）

后面在附言中的说法则是：

狗把它藏在床垫下，粉红色的丝带。

如此明显的自相矛盾当然可以解释为米嘉在喝醉后意识不清醒，然而问题在于，"藏在床垫下"这种念头究竟是从哪里冒出来的？显然，第二次的描述比第一次更详细，并且口气显得是专门交代藏钱的地方。案发后伊万第一次走访斯乜尔加科夫，当时后者无意中告诉伊万，藏钱的信封放在"老爷床垫下"（页717），后来在法庭审判时检察官和辩护律师都引用过来自斯乜尔加科夫的这一证词。也就是说，米嘉早就从斯乜尔加科夫那里知道，信封放在床垫下，而在第九卷《预审》里面，米嘉对办案人脱口而出"钱放在枕头底下"（页551）。这无异于告诉我们，米嘉早就开始练习说谎，那次在酣醉中一不小心写出了真话，而在平时的清醒状态，他已经把自己训练到能将谎话脱口而出的程度。这又等于告诉我们，米嘉绝非没有预谋，他练习说谎的原因，很可能是为了在案发后澄清自己的无辜，为此，他必须给卡佳留下字据（字据中的"藏在枕头下"将证明他的清白）。与此同时，他打算偷偷潜入费尧多尔·巴甫洛维奇的宅内盗走这三千卢布，然后再嫁祸给斯乜尔加科夫。

我们的这种猜想并非没有得到明文支持：在检察官的"天鹅之歌"中，也提到了米嘉的这封信，并说"这是在酒醉后写下了清醒时想好的"（页829）。毕竟，虽然作者本人从未就真相问题在书中明确表态，但这恰好表明陀思妥耶夫斯基有意悬置米嘉说法的真实性，在叙事中保持沉默的时候，难道我们不能猜想作者会借笔下人物之口，乃至在字里行间向我们说话吗？果然，法庭审判中阿辽沙的出庭作证就暗藏玄机。

当时阿辽沙在法庭上突然向检察官提供了一条"新想起来"的证词：案发前几天德米特里曾向他指着（阿辽沙特意强调是"指着"而非"用拳头捶"）自己的胸膛，"表示他有办法恢复自己的名誉，而这办法就在这里，在他的胸前……"（页800）

但是，在叙述阿辽沙内心回想这事的时候，作者则明确说"米嘉捶着自己的胸膛"（页800）。一旦我们翻回前文对照，就会发现作者对这段细节的叙述是"德米特里·费尧多罗维奇说到这儿时连连用拳头捶胸"（页183），这不仅与阿辽沙的"所说"相抵牾（与他的"所想"一致），而且阿辽沙完全扭曲了米嘉那番话的原意。米嘉当时告诉阿辽沙，自己胸中酝酿着一个丑恶恐怖的计划，并且"要实现它，而不是制止它"。他还说，"唯有悬崖勒马，才可能挽回名誉"。再把书翻回法庭审判那场戏，作者叙述说，阿辽沙交代了供词后回到座位上，高兴得脸都红扑扑的，还反复纳闷自己怎么把这事给忘了。我们旋即会明白一个重大而隐深的事实：作者暗中告诉我们，阿辽沙是被自己的美好希望给欺骗了。更重要的是，作者由此揭示了自己的笔法：叙述和言辞构成的抵牾、前文出现过的细节在后文中以修正的形式重复出现、刻意含混的表达，这些都是作者意欲传达其秘而不宣的教诲而践行的写作术。

检察官的公诉演说被分成四个部分，第二部分题为"历史的回顾"，在这部分里作者最大限度地揭开了隐秘的或对内的结局。试举一例：检察官说到米嘉喝醉酒后写给卡佳的那封信时，提醒我们注意"但愿伊万走了就好"这句话。我们随即会想起,前文中斯乜尔加科夫曾神神秘秘地与伊万谈话,他向对方暗示如果费尧多尔·巴甫洛维奇死了,伊万和阿辽沙能立即得到巨额的遗产,然后他劝伊万离开这里。倘若把这个细节联系到后文中斯乜尔加科夫向伊万供述自己的犯罪事实,我们会认为早在那时斯乜尔加科夫就已经开始准备犯罪时机了。

但是,一旦我们充分注意到米嘉信中的这句诡异的话,就会恍然大悟,意识到罪案是米嘉和斯乜尔加科夫合谋干的。事情很可能是这样:胆小的斯乜尔加科夫起先在米嘉的胁迫下把暗号、信封这些秘密透露给对方,但是随后当斯乜尔加科夫意识到米嘉的犯罪冲动后,他随即诞生出一个无比险恶的念头——暗中鼓励、刺激、帮助米嘉实现犯罪计划,借此宣泄他对自己的生父费尧多尔·巴甫洛维奇的憎恨。于是当晚米嘉潜入老卡拉马佐夫的宅中,杀死父亲并盗走三千卢布,至于胸前藏着1500卢布一事,则完全是米嘉的信口胡诌。

换句话说,伊万在案发后与斯乜尔加科夫的第三次会面完全是他自己的病中幻想。作者通过伊万自己的一句话给出了提示:

> 知道吗?我担心你是一个梦,你是坐在我面前的一个幽灵!(页736)

这是在暗中告诉我们,这场谈话与紧随其后的魔鬼那场戏,都是伊万的幻觉,不过,幻觉中也并非没有真实。还有一处细节,在伊万"第三次走访斯乜尔加科夫"之前,他曾与阿辽沙谈话,阿辽沙反复告诉伊万,人不是他(指伊万)杀的,他不是凶手。当时伊万立即面色惨白,认为阿辽沙窥见了他内心的隐秘,于是向对方狂叫:"莫非你知道他常来找我?"我们自然会猜想这里的"他"指的是斯乜尔加科夫(前文中多次提到伊万与斯乜尔加科夫一度走得很近）：伊万在内心之所以怀有某种确信，认为自己才是凶手（就像他后来在法庭上所说的那样），是因为他知道自己用虚无主义思想武装了斯乜尔加科夫，把他变成了一个有恃无恐的怪物。直到后来我们才知道，原来"他"指的是魔鬼①——作者暗中把斯乜尔加科夫与幻觉中的魔鬼等同起来。

二 哲人的正义

那么，陀思妥耶夫斯基一手设计出伊万与斯乜尔加科夫会面这场戏，其用意就绝不仅仅是让它为显白情节的发展提供依据。作者更深的用意在于，通过这场幻觉中的对话揭示出斯乜尔加科夫灵魂深处的秘密：他天生就有一点聪明才智，但与伊万根本不是一类人。伊万贸然把自己的思想敞露给斯乜尔加科夫，结果只能是把他带向自我毁灭的深渊。为什么在伊万的幻觉中，斯乜尔加科夫注视着伊万，"目光中充满近乎疯狂的仇恨？"为什么他对伊万说"是咱俩一起杀了人？"为什么他把盗走的三千卢布原封不动地交给伊万？是因为他终于意识到，自己和伊万从来就不是一伙人！在他和伊万之间没有什么"得到双方认可的默契"。②幻觉呈现的是斯乜尔加科夫自戕前发自灵魂深处的怨言：是你伊万

---

① 页752，魔鬼对伊万说：

刚才你在路灯下朝阿辽沙大喊大叫："你是从他那儿知道的！你怎么知道他常来找我？"当时你明明想到了我。至少有那么短短一瞬间你毕竟相信了，相信我是确实存在的。（强调为陀思妥耶夫斯基所加）

② 早在伊万与斯乜尔加科夫的第一次交谈这场戏中，作者已揭示出他们关系的确切性质："他们也谈论哲学问题，甚至论到既然太阳、月亮和星星第四天才造出来，为何第一天就有了光。"（页313、314）

启蒙了我,让我错以为自己和你一样是聪明人。①

既然斯乜尔加科夫是连接显白结局和隐微结局的关键点,②因此可以说,这场戏是揭开作者藏在这一双重设计背后的意图的关键。在隐微结局中,存在着一条向上连接聪明人伊万,向下抵达弑父凶手德米特里的红线,这条线的枢纽就是斯乜尔加科夫,此人是罪行的策划者,德米特里只是他手中握着的一枚棋子。这条线清晰地指给我们看到,"既然没有上帝,那么一切都是可以做的"。这番来自聪明人的洞识一旦抵达其旅程的末端,将会制造出不计其数的恶魔。因此,伊万在幻觉中与斯乜尔加科夫的对话其实是伊万作为哲人的自我认识和反省,这场戏直接导向了紧随其后的伊万与魔鬼的对话,在那里,伊万将会反思什么是哲人的正义。

不过,在此之前我们先要问:陀思妥耶夫斯基为什么要设计双重结局呢?他为何不把隐微结局和盘托出?可能的答案是,《卡拉马佐夫兄弟》的真正主题是救赎——首先是哲人的自我救赎,然后才是多数人的救赎——而不是毁灭,全书后半部分的三场关键性对话的隐蔽主题都是正义:米嘉在狱中与阿辽沙的对话、伊万与斯乜尔加科夫的"第三次对话"以及伊万与魔鬼的对话;如果作者公开米嘉的弑父罪行,就会把这三场对话的戏剧效果破坏殆尽,特别是因为这样会模糊斯乜尔加科夫的特殊位置。

---

① 伊万临走时,斯乜尔加科夫突然又叫住了他,为的只是和伊万说声"再见",可以说,这声道别是充满了感情的。

② 请特别留意第十一卷第七章《第二次走访斯乜尔加科夫》,在那里斯乜尔加科夫用"和聪明人说话"的方式坦白了自己的罪行,这是一次发生在现实而非想象中的谈话。斯乜尔加科夫说:"当时我一度也以为,您同样希望我来干"(页726,引文中强调为笔者所加)。"一度"这个词已经暗示了凶手不是斯乜尔加科夫。这次会面后,叙述者评论说:"伊万从未起过米嘉可能和斯乜尔加科夫合谋杀人这样的疑心"(页731)。把这条暗示和上一条联系起来,真相就很清楚了。

德米特里在狱中与阿辽沙的对话可分为四个部分：米嘉陈述自己与拉基津的对话、米嘉袒露自己身上正诞生的一个"新人"、米嘉对伊万的印象、伊万的秘密。第一部分揭露了19世纪自由主义提出的最新政治方案即社会主义的本质面目。早在全书第一卷作者就已经作了提示：

> 社会主义不单单是一个劳工问题或所谓的第四等级问题，而主要是一个无神论问题，是无神论在当代的表现以及恰恰在不要上帝的情况下建造巴别塔的问题；建塔的目的并不是为了从地上登天，而是把天挪到地上来。（页24）

这显然是陀思妥耶夫斯基出于对科学社会主义的无知而怀有的偏见，他认为在不要神法的情况下去追求理想社会，其结果只能是高贵品质的沦丧——历史并没有证实而是反驳了这种偏见。拉基津首先向米嘉提出了以现代哲学为根基的新人，这些新人由新自然科学武装起来——一种排除了对目的的反思，只追求手段的无限进步的科学。这时米嘉问对方，如果既没有上帝也没有来世生活，那不就无所不可了？对此，拉基津嘲笑米嘉的愚蠢：

> 聪明人能上天揽月、下洋捉鳖，没有办不到的事；哪像你，杀了人，就脱不了身，只得蹲大狱！（页696）

这番话与阿里斯托芬的《云》中的歪理何其相似：

> 年轻人，你想想节欲有什么意义，不能享受一切快乐：没有娈童、女人，
> 　　没有酒，没有食，没有笑；缺少了这些乐趣，
> 　　你的生命还有什么价值？我还要从这儿

> 谈到人性里的情欲问题:譬如说你偶然
> 同什么妇人发生了私情,犯了奸淫过失,
> 被人家捉住了,那时候倘若你一句话也不会说,
> 可就糟了!快同我交游,任意取乐,跳呀,笑呀,
> 这世上并没有什么可耻的事情。①

　　启蒙运动的真相就是把享乐主义变成一种政治方案,与古典享乐主义不同,现代科学否定快乐具有自然的界限。为此,必须首先瓦解传统伦理对人生的理解。② 接下来,陀思妥耶夫斯基借米嘉之口针锋相对地提出了自己的新人:从罪恶中重铸出一颗崇高的灵魂,这些灵魂并非自由,而是无往而不在枷锁中,但他们将从苦难中得到上帝赐予的欢乐。在米嘉发言的最后部分,他抱怨自己被各种哲学学说弄得晕头转向,也就是说,陀思妥耶夫斯基的新人是与各种哲学学说势不两立的,起码也要隔绝于哲学。

　　第三部分米嘉阐述了自己对伊万的印象,这又可以分为三部分:一头一尾看上去都在说伊万的讳莫如深,中间则夹着对拉基津的批判:这些自由主义者成天嚷嚷没有上帝也能爱人类,其实骨子里只想"盖大楼收租金"。第一部分接续着"宗教大法官"提到的聪明人的秘密传统:

> 老二伊万不同于拉基津,他把思想藏起来,老二伊万是个难解的谜,他不动声色,老是沉默。(强调为笔者所加)

　　米嘉的演讲再次回到伊万时增加了两个要点:第一,他认识

---

① 阿里斯托芬,《云》,行 1072–1079,张竹明译文。
② 施特劳斯,《自然权利与历史》,彭刚译,北京:生活·读书·新知三联书店,2011,页 192–193。

到自己不能和伊万相比，伊万是个共济会员①（这就暗示了伊万和宗教大法官是一类人）；第二，米嘉说想在伊万的源泉里喝点水，开始伊万不吭声，但有一次对他泄密说，父亲费尧多尔·巴甫洛维奇虽然低劣不堪，但他的思维方法是正确的。我们由此明白了这三部分的布局意图：一旦少数人忍不住把自己的水拿给多数人喝，就会创造出拉基津这号人和他们的新人。② 在《群魔》的开篇处，作者讲述从小人国归来的格列佛的故事，他继续把自己看作巨人，还在街上向其他路人大喊"小心被踩到"。如果被启蒙的多数人学会了这种傲慢，开始以巨人自居，后果将不堪设想。

最后一部分则告诉我们，整个狱中谈话都在以搞笑的方式模仿苏格拉底之死：米嘉被奇怪地置于哲人苏格拉底的位置上，而伊万则竭力劝米嘉越狱逃跑。米嘉担心，逃到了美国后他的颂歌就唱不成了：在一个物欲横流的社会里没有虔敬和其他美德的位置。作者是否借此暗示，苏格拉底的自愿赴死是为了教育后世的哲人，让他们铭记哲人的在世位置应该以城邦为参考系？那么，伊万又何以会竭力劝米嘉逃跑，特别是考虑到伊万心里相信人是米嘉杀的？③ 原因就在于伊万"对颂歌持怀疑态度"，后来伊万大闹法庭时，曾说："他唱起了颂歌，因为这样他心里轻松！这跟醉汉扯开嗓子大唱'万卡去了彼得堡'没什么两样！"伊万站在虚无的高度上审视颂歌，当然会认为选择苦难中的颂歌并不就比选择越狱好。可是这仍然无法解释为何他近乎强迫地劝米嘉逃跑，

---

① "他的精神或许至今存在于一大批这种绝无仅有的老人身上，并且绝非偶然，而是作为一种约定的现象存在着，像是一个保守秘密成立已久的秘密会社，旨在向不幸的弱者保密，为的是让他们感到幸福，事实一定如此，而且应该如此。我隐约感到甚至共济会也有这样的秘密作为他们的基础……"（页308，强调为笔者所加）

② 对观《一个孤独散步者的梦》第七篇，卢梭摘食毒果却又安然无恙的小故事。

③ "伊万虽然劝我逃跑，"米嘉骤然说，"其实他相信人是我杀的！"

他心底究竟在恐惧什么？

我们再看伊万后来在法庭上的发言，他说是他教唆斯乜尔加科夫去杀人的，因此自己同样是凶手——这等于是在告诉我们：伊万内心深处意识到，即便凶手是德米特里也没什么区别。他强迫米嘉越狱，为的是摆脱啮噬着他的内疚感。

但是，这不是反过来证明了伊万有责任感吗？

三 宗教大法官和佐西马长老

综观全书，有三篇言辞处于结构性的关键位置："宗教大法官""佐西马长老生平和谈话"和"魔鬼。伊万·费尧多罗维奇的梦魇"。

关于"宗教大法官"，几乎所有人都不同意其中的观点，但是，几乎所有人都同意，它是"整个世界文学中最深刻的艺术哲学作品"。①此外，多数人都同意，它和佐西马长老的长篇讲辞构成对立关系。造成这种误解的原因，很可能是由于"宗教大法官"表述其思想的特殊方式：它把一位老年人的教诲放到了一个现代哲人的口中，这就必然割裂"宗教大法官"和"佐西马长老"这两部分的内在统一性，而在靠近结尾的"魔鬼"中，这种统一性会以极其隐秘的方式得到恢复。

"宗教大法官"中的红衣主教把自己的全部教诲都放进了魔鬼提出的三个问题里面，前两个问题分别涉及两类人的生存品质。就在处理第二个问题之前，红衣主教列出了能够统御多数人的三种力量：奇迹、秘密和权威，这三者与那三个问题构成对应关系，处在中间位置的秘密统摄着其余两者。红衣主教的长篇讲辞反复

---

① 巴赫金，《巴赫金全集·第五卷：陀思妥耶夫斯基诗学问题》，白春仁、顾亚铃译，石家庄：河北教育出版社，1998，页207。

提及建造巴别塔①,这是否与他这篇讲辞的目的——反驳站在他眼前的那位耶稣——有什么关系?红衣主教与那位耶稣的对立代表着"正统派"神学家与灵知人的对立吗?或者说,这种对立纯粹在政治层面,但恰恰因此在政治层面无法调解?有一句话值得注意:

> 人人都将幸福快乐,那人数是以亿计的,除了管辖他们的几十万。只有我们是不幸的,因为我们保守着秘密。(页306)

这句话揭示出"宗教大法官"本身的秘密:虽然这篇讲辞讲清楚了多数人的幸福离不开什么,以及建造巴别塔根本就是个阴谋,但是它没能阐明宗教大法官本人的生存根基是什么,也没能说明该如何为人世立法,因此它仍然无法免于虚无主义的危险。讲完道理后,伊万忽然伤感地问自己的弟弟,如果他不放弃"无所不可",阿辽沙会不会为此不认他?对此,弟弟什么也没说,而是默默地"剽窃"了伊万的诗句,这让伊万一下子欣喜若狂。我们记得在诗句里,当耶稣在老人的嘴唇上吻了一下时,"在他心中注入了一股暖流,但老人原来的思想没有变"。这个吻会改变伊万的思想吗?

"已故司祭苦修僧佐西马长老生平"和"佐西马长老的谈

---

① 在宗教大法官的长篇讲辞(按巴赫金的说法,它是"对话化了的独白",因而具有特殊的针对性)的开头,他说"我们"已经彻底解决了自由这件麻烦事,而且解决得很彻底,亦即人们比任何时候都相信他们有充分的自由;但是在开始阐释魔鬼的第三个问题时,宗教大法官先向对方挑明"我们"的秘密:"我们不跟你一起干,我们跟他一起干,这就是我们的秘密!"(强调为陀思妥耶夫斯基所加)他紧接着却说,迄今"我们"的事业尚未彻底完成,迄今为止这项事业还只处在开始的阶段,因为人类还有第三桩苦恼(前两桩是自由和共同信仰——这三桩苦恼是那三个问题和三种力量的变体)尚未解决,即追求建立普世性帝国,然后他再次提及建造巴别塔,这是《宗教大法官》中的最后一次。页297,页303-304。

话及训示摘要"①的特殊性在于它服务于特殊的目的：把阿辽沙引向世俗生活而不是修道院。"生平"和"谈话及训示摘要"加起来共9章，贯穿这9章的线索是佐西马长老反复提及的那句引文：

> 一粒麦子落到地里如若不死，仍旧是一粒，若是死了，就会结出许多子粒来。

前半部分即叙述生平的部分出现了一位关键人物，即佐西马长老的老师——一位神秘客。神秘客对青年佐西马的理论教育在很大程度上与"宗教大法官"保持着一致，②而那位神秘客的生平以及他后来的行动则构成了对佐西马的"实践教育"。如果我们仔细琢磨他在法庭上坦白杀人罪行那场戏，就会发现这和小说结尾处伊万在法庭上的供词何其相似。是否可以把这理解为，陀思妥耶夫斯基在位于全书中心位置的"佐西马长老"里面预先点明了伊万的自我救赎之途？这样一来，在伊万、神秘客、佐西马长老之间就构成了某种循环关系，考虑到"佐西马长老"的意图是教育阿辽沙这类既有美好天性又有远大志向的青年人，我们可以说"佐西马长老"浓缩了全书的意图：培养为阿辽沙的灵魂立法的老师们。③

另外，在全书的开篇部分，阿辽沙认为佐西马长老心中藏着的秘密是"使所有人获得新生"（页29），那是一个人人皆圣贤、彻

---

① 注意佐西马长老在全书首次出场时说的第一句话："谁指定过我充当他们之间的仲裁人？"（页31）
② 见页359，对比神秘客谈到的"自闭现象"与"宗教大法官"中有关巴别塔的所有段落。
③ 陀思妥耶夫斯基在书信中说："我是为少数人写这一卷（即"俄罗斯修士"）的，并认为它是我这部作品的高潮。"《陀思妥耶夫斯基全集》，第22卷，石家庄：河北教育出版社，2010，页1121。

底取消阶级分异的社会,这在"宗教大法官"中遭到了重大的修正,这种修正在"佐西马长老生平和谈话"中被暗中保留下来。①

虽然只有厘清特殊的问题以后才能着手处理一般的问题,这里却不妨简单啰嗦两句。书名向我们提示了这部作品的主人公是卡拉马佐夫三兄弟,然而作者在叙述斯乜尔加科夫的身世时,看似不经意地提到这么一件事:

> 玛尔法·伊格纳启耶夫娜收养了这婴儿。受洗时他被命名为帕维尔,至于父名嘛,大家都不约而同地称之为费尧多罗维奇(亦即"费尧多尔的儿子")。(页113)

陀思妥耶夫斯基本人的名字也叫"费尧多尔",书中的这四位"费尧多罗维奇"因此就都是作者本人的孩子,这就暗示了这部小说的整体构思:鸿篇巨制的情节展现的是四种灵魂类型在人世中如何勾连到一起。在"作者的话"中,陀思妥耶夫斯基告诉我们,阿辽沙才是真正的主人公,并且本书一共有两部,第一部仅仅是阿辽沙青年时代初期的一个瞬间,"主要的是第二部,那是本书主人公在我们的时代亦即此时此刻的所作所为"(页2)。由于陀思妥耶夫斯基没来得及动笔写第二部就去世了,我只得遗憾地承认,或许此书的奥秘将永远佚失在黑暗中。

四 伊万与魔鬼

"魔鬼。伊万·费尧多罗维奇的梦魇"多多少少从马基雅维利的短篇小说《贝尔法哥》中汲取了灵感。陀思妥耶夫斯基

---

① 参见《已故司祭苦修僧佐西马长老生平》:"《圣经》对佐西马神父一生的影响",佐西马神父与那位"眉清目秀的"农家小伙子的对话,页346-349。

似乎对魔鬼情有独钟,他的另一部作品就以此命名。按照那里对魔鬼的定义,本书中的米乌索夫(此人的位置后来被拉基津取代了)、斯乜尔加科夫和拉基津都算是鬼,然而这里出现的魔鬼则完全不同:他不是地上的群魔,而是从高处下到人世,化作了凡人。作者一上来就挑明,这里要交代伊万所罹患的病属于什么性质。此章被巧妙地设计为伊万同自己灵魂的对话而不是内心独白,因为对话这种形式会迫使伊万的内心分裂跃然纸上,加剧他的灵魂中高与低两个部分的对峙。作者对魔鬼的外貌极尽细致的描写本身就是反讽性的,它充分地展示出折磨着伊万内心的痛苦究竟是什么:魔鬼显示出的那种毫无灵魂的随和与近乎麻木的玩世不恭标示出伊万的未来——如果他没有在自我否定的折磨中自杀,那么就只能是沉沦。伊万对魔鬼的发脾气、使性子和咒骂全都暴露了他的心虚,他一再强调魔鬼只是他自己的一部分,并且是最愚蠢、最庸俗的那部分,在此以前这部分处于隐匿状态,但它又随时随地透过他的傲慢、尖刻与神经质表现出来。最明显的一次就是当斯乜尔加科夫试探伊万的时候,他在狂躁中不自觉地让这一面显示出来,它立即被斯乜尔加科夫抓住,认为这是伊万对他的谋杀计划的默许,然而这其实只是伊万本人的一次内心活动的展示,他并非在向对方传达明确的指示。① 斯塔夫罗金曾对沙托夫承认:"当时我

---

① 《陀思妥耶夫斯基诗学问题》,前揭,页 348–351。在致一位书迷的信中,陀思妥耶夫斯基这样写道:

> 他在去莫斯科之前与斯乜尔加科夫谈话时(有意图地)抑制自己不对后者进行开导,不明确表示自己对后者所图谋的罪恶勾当是绝对厌恶的(伊万·费尧多罗维奇对此已经清楚地看到和预感到了),这样他就好像是允许了斯乜尔加科夫的这一残暴行径。对斯乜尔加科夫来说这种允许却是必需的,为什么?(强调是原作者所加,《陀思妥耶夫斯基全集》第 22 卷,前揭,页 1136)

也并不是对您言不由衷，在说服您的时候，也许我所关注的，与其说是您，还不如说是我自己。"真正的理论家绝非好为人师者，但他们往往在无意中把发生在自己内心的惊心动魄的思想战争展露给别人，结果总是难免会有一枚弹片飞进那位不幸的听者的心田，在那里开花结果。①

对话刚开始，魔鬼就谈起阿辽沙：

> 当时你为什么对他这样凶？我是指你对阿辽沙。他挺招人疼的；在佐西马长老的事情上我对不起他。（页752）

阿辽沙之所以对伊万说"凶手不是你"，是因为伊万曾主动问他：那回在父亲家里伊万表情狰狞地对阿辽沙说，"这不过是一条虫子吃掉另一条虫子，两个恶棍都该死！"（页164）当时阿辽沙是否猜到伊万心里希望父亲死？阿辽沙或许并不懂得伊万的症结何在，但他知道哥哥饱受着内疚感的折磨，于是出于爱心想要帮助伊万。魔鬼的话不仅显示出伊万的内心活动，更重要的是伊万从阿辽沙身上隐约看到了某种出路：伊万虽然在智识上远高于阿辽沙，但这样的智识却没有带来灵魂的完善：难道智慧就在于懂得"无所不可"的道理？魔鬼的最后一句话透露出伊万往"宗教大法官"里倾注了自己内心的毒素，而且就其内容而言也不适合给阿辽沙看——它可能会破坏佐西马长老的教育。

然后，魔鬼坦白了自己的沉沦，他心平气和地承认自己是"堕落的天使"，这当然只招来伊万的骂声。但魔鬼接下来的话却让他感到吃惊，他说出了某些伊万从未产生过的想法。对此，魔

---

① 《鬼》，娄自良译，上海：上海译文出版社，2004，页227。根据上下文可知，飞进沙托夫心田的那枚弹片是卢梭关于优良社会的显白说法。

鬼告诫他：

> 我说的话极具独创性，是迄今为止你从来没有想到过的，所以我绝不是重复你的思想，虽说我仅仅是你的梦魇。（页754）

伊万与魔鬼围绕梦魇的真实性展开的斗争恰恰是魔鬼对伊万的教育，他要刺激伊万超逾自己灵魂中低的部分。这首先要求伊万重新审视自己所处的历史阶段，所以魔鬼开始讲自己下凡的历程。紧接着伊万又被一句俏皮话惹恼了，他警告对方别耍弄哲学，魔鬼却顺水推舟，和他大谈现代医学的弊病：那些专家不仅把自己局限在一个极狭小的领域内，而且只能出色地描述症状（"视野令人惊讶的缩小反倒将自身呈现为视野令人惊讶的扩大"[①]），却没有治病的能力，以前那种能医治整个身体和灵魂的老派医生已经绝迹[②]。魔鬼是在提醒伊万，存在过

[①] 施特劳斯，《什么是政治哲学》，李世祥等译，北京：华夏出版社，2011，页34。顺便说下，在《自然正当与历史》第五章"现代自然权利论"中，施特劳斯只介绍了霍布斯和洛克两位思想家，对马基雅维利的"疏漏"，使人们无法理解霍布斯为何要创立新自然科学。只是在"古典自然正当论"的结尾处，施特劳斯提到亚里士多德对自然正当的令人震惊的宽松看法（"亚里士多德明确说，所有的正当——因此，所有的自然正当——都是可变的"，页160）之后，简略地引用了帕多瓦的马西利乌斯对亚里士多德的解释，隔了两页后施特劳斯同样简略地提到了马基雅维利。在《政治哲学史》中，施特劳斯倒是提到了马西利乌斯对普世性帝国的看法：马西利乌斯认为，与其让全世界的君主臣服于一位"精神生活的引路人"，倒不如让全世界统一于一位君主，"因为一个世界性的君主显然比一个世界性的主教更有能力使信徒们维持信仰的统一"（页317），紧接着马西利乌斯就对这样的设想提出了决定性的否定理由——优良政制（例如贵族制）只可能实现于一个非常小的国度里，并且纷争以及由此维系的武德也是自然本身的要求，这也就是说，优良政制的实现即便不需要罕见的机运，也有赖于某些特殊条件的满足。《政治哲学史》，李天然等译，石家庄：河北人民出版社，1998。

[②] 即便还存有几个这样的凤毛麟角，也势必会招来各路攻击和嘲讽，书中对佐西马长老的敌人们的描写就是例证。本文作者即受益于一位本土的老派医生。

一种与现代医学有本质区别的老派医学吗？伊万仍然不买账，这时魔鬼进一步揭示出自己的真实身份，他说自己天性善良，但一道来自最久远的古代的指令要求他扮演反派角色。这是谁发出的指令？看起来不是上帝，因为魔鬼马上坦言说自己并不知道上帝是否存在。

接着他讲了一个小故事，中间穿插着对两处细节的讨论，第一处涉及惩罚，魔鬼说当代越发流行的精神治疗只对那些毫无良心的人有利，因为他们根本不可能被感化。俄国极不适宜地照搬西方的启蒙措施，但俄国的风尚还没有腐朽到需要那些措施的地步。第二处讨论涉及时间的永恒性问题，魔鬼认为世界处于生生灭灭的循环往复中，世界的每次解体都会重归自然元素，然后再次诞生出太阳，太阳又形构出大地的面貌——这种自然学暗中否定了启示。故事中那位被判罚走一百万的四次方公里的离经叛教者终于走完了，进到天堂才不到两秒钟就抛弃了原先的观点，怪肉麻地唱了首颂歌，摇身一变成了保守派，"以致那边有几位思想比较高贵的起初甚至不愿与他握手"（页760）。看来，即便斯捷潘·特罗菲莫维奇这号人也并非不能成为盟友。这时伊万突然兴高采烈地指出，他总算逮住了魔鬼：这个小故事是伊万上中学时编的，魔鬼归根到底并不存在。但对方却说，他的目的就是让伊万不信他："我轮番把你引向信与不信，这里头我自有目的在。"（页761）魔鬼是打算通过这种颠来倒去的思辨训练使伊万超越信与不信的对立吗？

魔鬼再次讲了一个笑话，这次是一个倒霉的年轻人让专家给治得连鼻子都没了。神父安慰他说，至少这回没有人会说他让人牵着鼻子耍了。他马上说宁可天天让人牵着鼻子耍也乐意，只要鼻子能回来！神父又说，其实上帝并没有忘记他，因为他失去鼻子这件事本身,不就说明他让人牵着鼻子耍了吗!整部小说里,"失去鼻子"的最典型人物就是"魔崽"Lise,在这事上伊万多少负有责任,因为他听任那个可怜的小女孩慢慢地被可怕的虚无所吞噬。①

五 哲人的自我教育

在对话的最后部分,②魔鬼以反讽的口吻提到伊万的两篇作品"宗教大法官"和"地质大灾变",但立即遭到了对方的制止。与此同时伊万脸红了——因为他意识到这两篇作品带有玩世不恭的意味吗?魔鬼继续以反讽的口吻提到现代科学所描绘的新人,这些人把传统的宗法伦理踩在脚下(与地质年代平行),认为只有这样所有人才能企及精神上的伟大境界,他们凭靠现代科学征服着没有疆界的自然,尽管如此,却仍旧不能克服生命的自然界限——死亡。但不再有恐惧,也不再有对来世生活的信仰,他们将平静地面对这一不可避免的命运,把短暂有限的生命投入对彼此深沉的关爱中。说到这儿魔鬼突然话锋一转,模仿着宗教大法官的口气说,由于人类根深蒂固的愚蠢,这样的时代永远也无法来临,而那时人类已经抛弃了一切原则,包括真理本身:既然"无所不可",又何必在意得到别人的认可呢?

在《群魔》中,基里洛夫认为,人是出于对来世的恐惧而不

---

① 参见《卡拉马佐夫兄弟》第十一卷,第三章。
② 在这部分前面还有个插曲,他说当耶稣怀揣着被钉死在他十字架右边的一名强盗的灵魂升天时,小天使们(书中阿辽沙屡次被唤作小天使)齐唱赞歌,尖声颂扬主的恩典,但魔鬼硬是克制住想要加入他们的赞歌的冲动,因为"那时必不可少的负数就会消失,从此天下太平,那无疑也将是世界末日,甚至殃及报纸和杂志,因为到那时还有谁要订阅?"紧接着魔鬼恶毒地攻击了《约伯记》,其路数和"佐西马长老生平"中被佐西马长老反驳过的观点相同。页764,对比注12,再对比注8、19。

敢自杀。① 接下来他又把这种恐惧追溯到生存本身，据说生命的本相就是痛苦和恐惧，这无异于说，来世和永罚这一宗法性的恐惧植根于人的贪生怕死的本性，尽管这毫无道理。宗法性的恐惧是根据人的贪生怕死的本性设计出来的，通过取代自然恐惧来强制人过上有德性的生活。基里洛夫认为只要摧毁上帝信仰，人就会积极地直面生命的本相，以自杀来确证自己在充满痛苦与恐惧的生活面前是自由的，因为所有的在世恐惧都是由死亡恐惧派生出来的。基里洛夫没有充分地估计到像他这样的智识人与普通常人对待死亡会有截然不同的反应：一旦常人认识到死亡不可避免，恐惧也白搭，他们很可能反而无所顾忌地去及时行乐，那时一切道德准则都将动摇。基里洛夫也没有说清楚生存为何是充满痛苦和恐惧的，不过我们凭借以上的探究可知，这可以归因于常人渴求的基于身体感觉的幸福与人世命运的变幻无常之间的冲突②——常人的种种操劳和苦恼是其（反自然的）自然本性导致的结果。智识人的生存品质被有意忽视，也就是说，虚无主义产生自一场对生命本相的认识的深

---

① 书中人物——逃亡的苦役犯——费尧多尔·费尧多罗维奇称基里洛夫为哲人，并且揭示了《启示录》的奥秘（页691）。基里洛夫在全书中的三次谈话一次比一次更美地描摹出沉思生活。在第二次谈话中，基里洛夫揭示了本真意义上的死亡：它既不是肉体的毁灭，也不是对来世的信仰，而是在现世中达到某些瞬间：彻底摆脱在世的负担并保持对永恒秩序的凝视中："您一旦达到这些瞬间，时间就会突然停止，成为永恒。"但他始终没有抛弃现代哲学的前提，这促使他最终自杀。见《群魔》，臧仲伦译，译林出版社，2002，页139 - 142、293 - 297、726 - 727、755 - 761。古人则从更宽阔的视野审视人世生活，《斐多》62b处苏格拉底讲了一个秘传说法，随即苏格拉底又把它转译成神话。对观奥林匹奥多罗《苏格拉底的命相》，宋志润译，上海：华东师范大学出版社，2010。

② 塔西佗《历史》，第二卷，70。《编年史》第一卷，61。"寻求自己的身体与影子的平衡是个体生命的在世负担，这负担不是社会的任何制度设计能够解决的。"（强调为原作者所加，见刘小枫《沉重的肉身》，页121，北京：华夏出版社，2007。对比《王制》518c – d）

刻转变：从以理性作为衡量尺度并由此认为生命指向一个确定的、自然的完善状态，到以感觉作为尺度并进而否定生命有着自然的目的。现代哲学从一开始就种下了虚无主义的种子。①

事后伊万对阿辽沙说，他嘲讽自己拯救德米特里的努力只是为了得到别人的夸奖，

> 我不要那些俗物夸我！他在撒谎，阿辽沙，他撒谎，我向你发誓！为了这事，我用茶杯砸他，把茶杯也在他的脸上砸碎了。

后来，伊万在法庭上的言辞的确表明他从未想过得到"俗物"的夸奖，那他又出于什么动机勇敢地站到法庭面前供认自己的罪行呢？对现在的伊万来说，"正义"这个词无论如何不可能与"俗物"联系在一起，但有理由认为，伊万心中所考虑的的确就是正义。魔鬼与伊万的谈话是对他的正义教育。

或许《卡拉马佐夫兄弟》根本就不存在第二部。②

行文至此，陀思妥耶夫斯基为自己的天鹅之歌安排一个双重结局的用意总算是昭然于世了。隐微结局揭示的是，具体个人

---

① 《群魔》快结尾处，沙托夫的妻子生下了尼古拉·斯塔夫罗金的私生子，给孩子起名叫伊万。

② 格罗斯曼的《陀思妥耶夫斯基传》里面仅有两页专门讨论这个问题。作者引用了三段材料，第一段材料即前文中引用过的"作者的话"中关于第二部的说法（其实在那里作者已经向洞察幽微的读者说得很清楚了）；第二段材料来自陀思妥耶夫斯基的太太，她极为简要地讲述了有关第二部的一些情况；第三段材料则是一位熟人回忆他和作者的某次谈话，作者对阿辽沙的日后身份给出了极为关键的提示。很显然这位熟人和格罗斯曼全都误解了陀思妥耶夫斯基这番话的意思。重要的是，人们从未发现过有关第二部书的手稿或提纲，一切都来自作者本人的说法。参见格罗斯曼，《陀思妥耶夫斯基传》，北京：外国文学出版社，1987，页742－743。

（米嘉与斯乜尔加科夫）不可救药。① 这一结局削弱了显白架构的真实性，但没有削弱反倒加强了作者的意图：提示我们最大限度地注意到的那些极其隐秘的教育。从这一点上甚至可以说，显白结局本身就服务于隐微的意图：向潜在的立法者充分展示常人身上两可的、居间的本质，由此论证了古典哲人的观点：人天生就是政治动物，远离城邦的人，非神即兽。

---

① "会不会您创作了一部小说，而被告根本不是里边的人物？问题恰恰在于，您创造出来的是另一个人物！"（页860）

思想史发微

从《药地炮庄》看司马迁的庄学

邢益海

一、引言

方以智《药地炮庄》征引、评品司马迁《史记》人物、史事甚多,[①]一部庄学著作,内容可以如此丰富,讨论问题可以如此细致入微,实在令人咋舌,一改庄学史沉闷、偏枯的旧观,展现出真实的庄学传播、接受或影响史,真奇人奇书!其以史证《庄》、以禅说《庄》、以《易》解《庄》,在汗牛充栋的庄学著作中别有一番样貌,如果考虑到方以智另一部"炮庄"之作《东西均》具有原创庄学作品的性质(对庄学主题有创造性发展,如邵雍的《观物篇》),则方以智的"炮庄"在考据(对庄子文本的校勘、训诂、辨伪、辑佚等,或称诂庄)、义理(古典的评点类以及西

---

① 按主题词搜索,《药地炮庄》中,司马谈凡 2 见。司马迁,至少 38 见,其中子长凡 14 见;马迁 4 见;史迁 4 见,太史公 5 见;《史记》11 见。

学影响后的分科哲学、政治、文艺等思想研究类，或称解庄）之外，能否独立为第三种庄学？本文试结合《药地炮庄》中相关司马迁、《史记》的内容，探讨司马迁与庄学的关系，并一窥"炮庄"的基本特征。

所谓炮庄，可以是《庄子》原文本的集注、集解，也可以是脱离《庄子》原本另撰的对庄学主题有创造性发展的新文本。方以智在《炮庄小引》中声明：

> 浮山药地，因大集古今之削漆者，芩桂硫磺，同置药笼。彼且赢粮揭竿，与之洒濯。彼且跛位闻跫，与之馨欬。彼且屠龙削锯，与之作目。彼且牺饵爨冰，与之伏火。彼且甘寝秉羽，与之消闲。随人自尝而吞吐之，愚者不复一喙。①

"炮庄"的方法超越了各种形式的"以某解"庄的局限。儒、老、禅、佛教，乃至庄本身，乃至读《庄》者，乃至传统文化的经史子集、三教九流，不拘一格，"同置药笼"，"随人自尝而吞吐之，愚者不复一喙"。方以智《药地炮庄》所引证和评点的人、物、事，在在体现了这种"炮庄"的方法。其对司马迁《史记》人物、史事的征引和评点即是一典型案例。

二、司马迁庄学研究概况

庄学即庄子学，庄子之有学实自司马谈、司马迁父子。司马谈论六家，首揭道家，而庄子得以定位。司马迁为庄子立传，文字不多却是不刊之论，后世评庄者无不奉为圭臬。比谈、迁父子更早问世的《淮南子》引申《庄子》之文颇多，是此前荀子、韩

---

① 张永义、邢益海校点，《药地炮庄》，北京：华夏出版社，2011，页9。

非子、《吕览》所无法比拟的，如果再算上已失传的淮南王《庄子略要》《庄子后解》，则庄学始自汉初谈、迁父子及淮南王刘安当无疑。①

历代治庄者众矣，然多集注校刊类，既无明儒学案、宋元学案甚或清儒学案之系统整理，则郎擎霄之《庄子学案》有筚路蓝缕之功矣，惜究其实际，有关庄学史者，不过一章之篇幅而已，名曰"历代庄学述评"，而自"汉代之庄学述评"始，开宗名义即称："愚以为自有《庄子》以来，善读其书者，首推司马氏父子。"② 此后中国哲学史、中国思想史、中国学术史类书籍日益繁多，然和庄学史沾上边者，或可推黄钊主编《道家思想史纲》（湖南师范大学出版社，1991），冯师达文的专著《回归自然——道家的主调与变奏》（广东人民出版社，1992），以及崔大华等著《道家与中国文化精神》（河南人民出版社，2003）。至孙以楷主编的六卷本《道家与中国哲学》（人民出版社，2004），规模始具矣，其中汉代便有一专卷，但均非专门于庄学。1992年出版的崔大华《庄学研究》（人民出版社，1992）接续了郎擎霄《庄子学案》，其下编为"庄子思想与中国历代思潮"，篇幅达200页之多。台湾学者王叔岷先生的研究成果更是引人注目，其《庄学管窥》（台湾艺文印书馆，1978年初版）和《庄子校诠》（台湾中研院，1988年初版）堪称当代庄学研究经典。白本松、王利锁之

---

① 广义言之，庄学当始自庄子本人及《庄子》文本研究。即便司马迁的庄子传也多据《庄子》书。而《庄子·天下篇》更自我定位庄学特质及渊源，书中惠施因对庄子多有评论更被一些学者认为是庄子研究的第一人。有学者还分析屈原与庄子颇有相通处，文学史有"庄骚"传统之说，而自汉初贾谊始，大批文人在灵魂类型上接近庄子（龚自珍《自春徂秋》诗之三谓："《庄》《骚》两灵鬼，盘踞肝肠深"，是庄学史研究不可忽视的重要论域，其卓著者有陶渊明、李白、苏东坡等。宋效永《庄子与中国文学》（南京：江苏教育出版社，1995）对此有所探讨，可参。

② 郎擎霄，《庄子学案》，上海：商务印书馆，1934年初版，页318。

《逍遥之祖——〈庄子〉与中国文化》（河南大学出版社，1995）、李锦全、曹智频之《庄子与中国文化》（贵州人民出版社，2001），算是庄学史通论性的专著。新世纪伊始，严格意义上的庄学通史终于问世，《中国庄学史》（熊铁基、刘固盛、刘韶军著，长沙：湖南人民出版社，2003）①和《庄子学史》（方勇著，北京：人民出版社，2008）相继出版，《庄子学史》篇幅多达3册（198万字）。陈鼓应主编《道家文化研究》第25辑（2010年12月）集中编发了一组断代庄学史的文献提要和述评（分为汉唐、宋元、明代、清代4篇），足见学界对庄学史研究的升温。

即便如此，概而言之，当代学人对司马迁庄学的研究，总体上仍处于很不充分的状态。文献方面，较早的有李长之《司马迁之人格与风格》（开明书店，1948），王叔岷先生的论文《司马迁与庄子》（1975），收入《庄学管窥》一书。刘光义则有《司马迁与老庄思想》（台湾商务印书馆，1986年初版）专书。最新发表的期刊论文为刘洪生的《司马迁对庄子的研究和接受——兼论司马迁在庄学研究史上的地位》。②此外尚有一些汉代思想史研究专著涉及司马迁和《史记》研究，如徐复观《两汉思想史》（卷三）（台湾学生书局，1979年初版）有"论《史记》"，金春峰《汉代思想史》（中国社会科学出版社，1987年版）也有论及《史记》，熊铁基《秦汉新道家》（上海人民出版社，2001）第十一章论"司马迁父子的道家思想"，熊铁基执笔《中国庄学史》第二章"秦汉时期的庄学"于司马迁的庄学有所讨论，陈广忠、梁宗华著《道家与中国哲学》汉代卷第一章第五节"论司马迁《史记》的道家思想"，张松辉《先秦两汉道家与文学》（东方出版社，2004）在"道家与史传文学"章讨论了司马迁及其《史记》，张

---

① 后增补和改写部分章节，分上下册，福州：福建人民出版社，2009。
② 收入方勇主编《诸子学刊》第四辑，上海：上海古籍出版社，2010。

立文主编《中国学术通史（秦汉卷）》（人民出版社，2004）讨论了《史记》的诸子学和史学，方勇《庄子学史》在"汉代诸学者的庄子研究"章有司马迁专节。

三、方以智与司马迁共同的庄学底蕴

方以智少时"尊古学、辨风雅，举止异趣，为时士所忌"。①其早年著作集为《稽古堂》，何如宠序其初集，赞密之（方以智，字密之）"著书好古，志在千秋"（同上，页455），观其《文论》更可尽知：

> 号属文家众矣，何其不古也？……古之儒者，载籍极博，必考信于六艺，通天人，观古今……然后著作成一家言……仲尼删述六经，独其志在《春秋》……司马谈、迁父子，乃论纂前籍，网罗逸文，作《史记》。班彪、固父子作《汉书》。昔称迁有良史才，服其善序事理，辨而不华，质而不俚，其文直，其事核。而固书洽通典重，议论颇不诡于圣人，于迁何多让焉。故六经下有左国，②而《史》《汉》遂为高古绝伦，下此自不逮矣。……呜呼！世无仲尼，遂无所折中与。治世之文古以厚，其指远；乱世之文靡以薄，其义倍。绍明世，继《春秋》，本诗书礼乐，以昭治世之文，意在斯乎！③

方以智于戊辰（1628）曾"汇《史》《汉》章句"而编成《史汉释诂》（后不传）（同上，页472）。他不仅为文博学好古，

---

① 《浮山文集前编》卷之七，《四库禁毁书丛刊》集113，页585。
② 司马迁是认为《国语》乃左丘明所编的第一人，他在《报任安书》中说："左丘失明，厥有《国语》。"
③ 《浮山文集前编》卷之一，《四库禁毁书丛刊》集113，页458–460。

志振古道，乃至载籍以游都无不效法司马迁！其在《又寄尔公书》中告白："弱冠慕子长出游，游见天下人如是而已，遂益狂放，自行至性而不逾大闲。"（同上，页607）子长即司马迁。司马迁《史记·太史公自序》称：

> 迁生龙门，……年十岁则诵古文。二十而南游江、淮，上会稽，探禹穴，窥九疑，浮沅、湘。北涉汶、泗，讲业齐鲁之都，观夫子遗风，乡射邹峄；厄困蕃、薛、彭城，过梁、楚以归。

我们看方以智，连时间上都在刻意效仿司马迁，所谓"年二十出游，遍访诸藏书家"。（同上，页592）他又自称：

> 年九岁能赋诗属文，十二诵六经，长益博学……意欲为古之学者。……年二十，自以为龙门（代指马迁）此时周历天下矣，局促里巷，老牗下，胡为者！乃载书籍游江淮吴越间云。（同上，页500）

《史汉释诂》后虽不传，但我们从《浮山文集前编》留下来的部分文字，① 仍可看出方以智对《史记》《汉书》用心之深，而这些文字及其思想感情，又被他晚年编撰的《药地炮庄》尽数吸收，这首先表现在《药地炮庄》对太史公谈、迁父子的学术立场有详尽的讨论。

司马谈《论六家要旨》收入《史记·太史公自序》，而《史记》又名《太史公书》，从《自序》文看，"太史公"先是谈，后

---

① 例如：辛未（1631），作《为杨雄与桓谭书》，见《浮山文集前编》卷之二，《四库禁毁书丛刊》集113，页477。又作《货殖论》，见《浮山文集前编》卷之三，《四库禁毁书丛刊》集113，页477。又作《任论》，为司马迁《游侠传》辩护，见《浮山文集前编》卷之五，《四库禁毁书丛刊》集113，页548。

是迁,《史记》的创作是子承父志,《论六家要旨》应是父子共同的学术立场,是《史记》评判诸子百家乃至一切史事的重要理论依据,是我们了解《史记》的关键。《论六家要旨》对儒、墨、法、名、阴阳五派均有批评(所谓"有不省"),独称赞道家"采儒、墨之善,撮名、法之要",推崇备至,有褒无贬,其道家立场一目了然。诚然,司马谈的道家是"黄老",没有专提庄子,但所言核心价值"不正是'逍遥''无为''用大''葆真''养拙''集虚'吗?"①王叔岷指出,其"绌聪明"本《大宗师》"黜聪明",《在宥》亦云"吐(乃咄之误)尔聪明"。其"神大用则竭,形大劳则敝"本《刻意》"形劳而不休则弊,精用而不已则劳,劳则竭"。②

司马迁《史记》还将庄子与老子、申不害、韩非合传,称"其学无所不窥,然其要本归于老子之言……用剽剥儒、墨""庄子散道德,放论,要亦归之自然……皆原于道德之意,而老子深远矣"。继《淮南子·要略》"考验乎老庄之术"首次将老庄连用,司马迁在这里对"老子-庄子系谱"首次作了论证,是后世以老解庄派的滥觞,庄子道家说的鼻祖。问题是司马迁本人的道家甚或庄学立场可否成立?《汉书·司马迁传》评迁"其是非颇缪于圣人,论大道则先黄、老而后六经",认定司马迁立场为道家。后世学者多认为司马迁比其父的道家立场淡化,属于儒道调和派,但儒或道孰占主导,则又众说纷纭。我们现在讨论《药地炮庄》如何看待司马迁的学术立场。

司马迁尊孔子、重《春秋》,这是毫无疑问的,需要考虑的

---

① 刘洪生,《司马迁对庄子的研究和接受》,《诸子学刊》第四辑,页408。
② 参王叔岷《司马迁与庄子》,见《庄学管窥》,北京:中华书局,2007,页88。

是他的今文经学的立场，而今文经学又与庄学颇多相通之处。①今文经学所奉"六经"之名始见于庄子的《天运篇》和《天下篇》，并且，庄子关于《诗》《书》《礼》《乐》《易》《春秋》的排序也恰是今文经学所主张的。今文经学中诸如"春秋经世"②、"玄圣素王"③以及"内圣外王"等最核心的几个术语，也同时出现在《庄子》中。今文经学与《庄子》、庄学相通，应该并非偶然。司马迁壮游归来后曾受学于董仲舒，司马迁论孔子作《春秋》，本于董氏今文学。《太史公自序》引董仲舒言答壶遂问："余闻董生曰：周道衰废，孔子为鲁司寇，诸侯害之，大夫壅之。孔子知言之不用，道之不行也，是非二百四十二年之中，以为天下仪表，贬天子，退诸侯，讨大夫，以达王事而已矣。"所谓"贬天子，退诸侯，讨大夫"，就是为后王立法。所以刘小枫称，司马迁之心为"王心"。在中国学问史上，司马迁第一个给孔子"作""传"……孔子并非诸侯王，司马迁列孔子入只有诸侯王才配享用的"世家"，并在十二诸侯世家中插入"孔子生"条，司马迁笔法的寓意很清楚：孔子为"素王"。《史记》并非一般史书，而是素王书。既然孔子以春秋笔法续《诗》，意在"立法"而非"立言"，司马迁"绍法"《春秋》，其意亦当在"立法"，而非"立言"。④阮芝生在《〈史记〉的特质》⑤一文中援引清人包世臣的说法，称《史记》是"百王大法"。《春秋》不只是单纯的史书，是孔子

---

① 参邢益海，《从康有为看今文经学与庄学》，收入《经典与解释33：荷马笔下的伦理》，刘小枫陈少明主编，北京：华夏出版社，2010。
② 《庄子·齐物论》："春秋经世先王之志，圣人议而不辩。"
③ 《庄子·天道》："以此处上，帝王天子之德也；以此处下，玄圣素王之道也。"
④ 参刘小枫，《司马迁属什么家?》，见氏著《重启古典诗学》，北京：华夏出版社，2011。
⑤ 该文收入施丁、廉敏主编《史记研究》，北京：中国大百科全书出版社，2009，页81-95。

政治思想寄托之所在。他还撰文探究"司马迁之心",认为总括一句来说,就是"自乞宫刑,隐忍苟活,完成《史记》,以雪耻扬亲,并对自己、对父亲、对历史文化作出交代"。①

正因为司马迁受今文经学的影响,所以他秉持了《春秋》经世的传统,而对"春秋笔法"与"庄子笔法"之相通处自然也心领神会,他传《庄子》曰:"著书十余万言,大抵率寓言也。""然善属书离辞,指事类情,用剽剥儒墨。"司马迁虽然认为《庄子》"诋訾孔子之徒,以明老子之术",但《庄子》书中关于孔子乃"真儒"的形象正是今文经学家所要弘扬的。孔子本人的思想即便在《论语》中也有"吾与点也"的道家成分。②后儒执着,各取所需,皆一曲之士。《庄子》书对儒家有许多批评,但很少针对孔子,有些地方还对孔子甚为尊敬。《庄子·田子方篇》有个故事:鲁哀公认为鲁国多儒士,庄子却说"鲁少儒",真儒者需有儒道,他要鲁哀公下令"无此道而为此服者,其罪死",结果鲁国只剩下一人敢儒服,问以国事,果然"千转万变而不穷",是个真儒。这一人当然就是指孔子。《庄子·天下篇》中对古之人的赞美也被今文经学家认为指的就是孔子:

> 古之人其备乎!配神明,醇天地,育万物,和天下,泽及百姓,明于本数,系于末度,六通四辟,小大精粗,其运无乎不在。

王叔岷曾提出:

---

① 阮芝生,《司马迁之心:〈报任少卿书〉析论》。
② 冯达文,《"曾点气象"异说》,《中国哲学史》2005(4)。文中提出:"不难理解,'吾与点'一说何以能够溶摄道家的价值追求而以回归自然作为回归家园、体认天乐所提供的真正意义。"

庄子假托孔子很多故事，往往透过一层来论述。有时表面上是抑孔，是排孔，其实他在暗示了解孔子不要执着。要去掉形迹，要存真。庄子可说是最了解孔子，最尊敬孔子的。①

方以智及其师傅觉浪道盛认为庄子乃"儒门别传"，也是同一理路，都强调庄子出奇兵救世的热心肠，和《春秋》经世思想毫无矛盾。《药地炮庄·总论上》引刘须谿评庄：

> 当世厌儒。儒者取厌，故庄生别路罄欬引之，苦其心以为筌蹄。又自疑筌蹄之误来者也，自毁之，然犹证于经，质于理，玩其文字而自谓得意者。……一废一兴，必有痛坏千古者，而后识吾言之悲也。（《药地炮庄》，前揭，页27）

其眉批又引倪瓒语曰：

> 后百世而不及见古人，则求古迹，观以自解。子长过大梁，嗣宗登广武，昌黎吊望诸，所见略同耶？无病而呻吟耶？（《药地炮庄》，前揭，页28）

子长20岁时壮游天下，过大梁，乃为凭吊战国时期魏国兴建的著名都城，写下《魏公子列传》即《信陵君传》，称：

> 吾过大梁之墟，求问其所谓夷门。夷门者，城之东门也。天下诸公子亦有喜士者矣，然信陵君之结岩穴隐者，不耻下交，有以也。名冠诸侯，不虚耳。

又《晋书·阮籍传》载：尝登广武，观楚、汉战处，叹曰：

---

① 见氏著《慕庐论学集（一）》，北京：中华书局，2007，页587。

"时无英雄,使竖子成名!"韩愈《送董邵南序》被后人评为"昌黎第一序",有"为我吊望诸(乐毅)君之墓,而观于其市,复有昔时屠狗者(高渐离)乎?"这些就是《史记》"察古今之变"的例证吧。

《药地炮庄·总论上》"李衷一曰"段,方以智"眉批"道:

> 老、庄、申、韩同传,《史记》果藏揭书之意耶?虚无者,道之至体。名法者,道之事用。若以互救,名法、虚无犹茶饭也。若体其固然,名法即虚无也。圣人中和正用,岂沦荒唐而流惨礉哉?庄子正卷卷于中和,特其词锋矫异耳。若是巧贩虚无,横驰险诈,正赖的縠、徒木。一核名实,始以大戒发挥人间。甘蔗曰:围人尚有三当死,锻客休夸七不堪。(《药地炮庄》,前揭,页32)

揭书乃有比照、参看之强烈效果。司马迁难道有意将庄子与黄老(老、申、韩)学派人物相比较?至少方以智看出:庄子正卷卷于中和。他在《药地炮庄》之《齐物论》总炮中,妙解《中庸》为二层,中即环中,庸即寓庸,是将儒家经典《中庸》会通于庄学主题"环中""寓庸"。又妙解《春秋》书名:不名冬夏而言春秋,避寒暑而取和平,是春秋之环中、天之"中庸"也。同时,方以智"眉批"曰:

> 儒、墨、杨、秉,周末縠然。《史记》六家,谁分主仆?(《药地炮庄》,前揭,页90)

周末指周朝末年,即春秋战国时期。秉为公孙龙字。可见方以智的学术主张是:六家不可废,相反对而皆成大道之用。

我们看《史记·孔子世家》,司马迁赞曰:

> 天下君王至于贤人众矣，当时则荣，没则已焉。孔子布衣，传十余世，学者宗之。自天子王侯，中国言《六艺》者折中于夫子，可谓至圣矣！

司马迁用"高山仰止，景行行止"来表达自己对孔子极大的尊敬，同时又为申公、辕固生、董仲舒等汉初一批儒生作《儒林列传》。司马迁本人"十岁习古文"，又拜师董仲舒，确实淡化了乃父明显的黄老道家立场，但是却进一步与庄学相通了，这在其"天人之学"上明显地表现出来，下文再详述。

了解了司马迁之心后，我们再看所谓"周南泣命"，司马谈临终前执迁手曰：

> 周衰，孔子修旧起废，至今五百岁。有能绍明之，正《易传》，继《春秋》，本《诗》《书》《礼》《乐》之际，意在斯乎？①

如此说来，迁撰《史记》、尊孔子，"序《春秋》而表《礼》立极"（《药地炮庄》，前揭，页17），也是父亲的遗命。父子学术立场也就谈不上有分歧。

《药地炮庄·总论上》引司马谈《论六家要指》文后，夹有评论，称"谈以老、庄、杨为道家，此段已尽庄子之旨"（《药地炮庄》，前揭，页17）。因《总论上》为"墨历山樵"（方以智）所集，表明方以智的态度，明确纳庄子入司马谈的道家。但他接着说，

> 夫道德、阴阳、名、法、俭，皆圣人之用也。……诸子

---

① 《药地炮庄·总论上》引文，见张永义、邢益海校点，《药地炮庄》，前揭，页17，系节自《史记·太史公自序》。

或偏言内、偏言外，大抵缓于表明正理，而急于自受用、利时势耳。(《药地炮庄》，前揭，页17)

这是将司马谈那里道家的崇高位置让位给儒家圣人，看起来是贬低诸子包括道（德）家地位之举，也是方以智尊孔（圣人）的表现。《总论上》眉批又引邓潜谷语：

> 汉人质学，各有从入，即父子异同不讳。观谈受道论于黄子，故《六家要指》宗道，而迁宗《春秋》。论者以先黄老后《六经》訾迁，非其质矣。(《药地炮庄》，前揭，页17–18)

可见，邓潜谷以为司马迁宗《春秋》异于其父崇道的立场。引施下之语，

> 周南病泣之命，绍明《六经》。人之将死，其言也善。(《药地炮庄》，前揭，页18)

在施下之看来，司马谈的道家立场在临终前有转变。引虚舟（方以智业师）语，

> 古人无执见，所谓儒，指汉初之儒；所谓道，正指神明之圣。(《药地炮庄》，前揭，页18)

此处的"神明之圣"如果指孔子，虚舟竟以孔子归道家，以区别于汉初之儒。考虑到虚舟对方以智的巨大影响，则此前方以智对圣人的推崇其实是崇道而非崇儒可明矣，其所言"道德家"应该指老子，而不包括庄子。又引三一（方以智外公吴应宾）语："迁若得父旨，可免蚕室"(《药地炮庄》，前揭，页18)。在吴应宾看来，司马迁为人处世未得其父道家精髓，才惹来身辱。

方以智（愚曰）自己最后的申说是：

> 迁既尊孔子《世家》，而以许由入《伯夷列传》，非信庄子乎？中以颜夭跖寿问天，正是庄子遣放。而末收颜渊附孔子，知迁之心乎？匹夫统君师之道，六家归于素王，明矣。然各容专门，而统于中正。谈执迁手，何尝不尊孔子哉！（《药地炮庄》，前揭，页18）

这里，方以智折中诸家批语，以《史记·伯夷列传》采信《庄子》说法而见司马迁之心，既言司马迁接受庄子遣放的立场，又言司马谈也尊孔子，而关键是点明司马迁立言的"素王"志业。①方中履于乃父评语后更挑明说，

> 迁以《礼》《春秋》，用勤俭名法，而载阴阳自然之道。非感蚕室钳鎚之恩，讵能舍命根而发挥，以毕其孝思耶？（《药地炮庄》，前揭，页18）

方以智父子最终还是把司马迁归入讲阴阳的"易道"以及讲自然的"老庄之道"，也就是说把谈、迁父子都归入了道家学派。

持司马迁儒家论者还会援引《孟子荀卿列传》，称太史公论荀子时兼及讥刺"庄周等又滑稽乱俗"。首先，作为一个史家，

---

① 《孔子世家》："天下君王至于贤人众矣，当时则荣，没则已焉。孔子布衣，传十余世，学者宗之。自天子王侯，中国言六艺者折中于夫子，可谓至圣矣！"在司马迁看来，孔子有王心，却选择当素王，虽布衣而以言立名传世。《伯夷列传》引孔子赞夷齐："伯夷、叔齐，不念旧恶，怨是用希。""求仁得仁，又何怨乎？"司马迁最后评点说："伯夷、叔齐虽贤，得夫子而名益彰。颜渊虽笃学，附骥尾而行益显。岩穴之士，趣舍有时若此，类名埋灭而不称，悲夫！闾巷之人，欲砥行立名者，非附青云之士，恶能施于后世哉？"这和《报任安书》藉名以慰志、立言以成美名而不朽如出一辙："仆诚已著此书，藏之名山，传之其人，通邑大都，则仆偿前辱之责，虽万被戮，岂有悔哉！"

太史公在那里不过是叙述荀子的观念，并不代表《史记》作者的观点。如果是"太史公曰"，那就不同了。其次，在马迁那里，"滑稽"并无负面评价之意。《史记·太史公自序》称："不流世俗，不争势利，上下无所凝滞，人莫之害，以道之用。作《滑稽列传》第六十六。"大致就是道家的全身处世做派而已。论者公认，《史记》中的"太史公曰"之于司马迁，犹《论语》之于孔子，《史记》因"太史公曰"而成"一家之言"。而读懂《自序》《报任安书》以及《悲士不遇赋》是深入理解太史公人格或心灵世界的关键。从悲愤、耻辱到发愤著书、扬名后世以用其苟活之身，这是司马迁人生价值观的大概。司马迁认为"行莫丑于辱先，诟莫大于宫刑"。司马迁非怕死者，"人固有一死，死有重于泰山，或轻于鸿毛"。但人不可以轻死，为了尽孝可以苟活，因此他选择蒙受宫刑奇辱，"幽而发愤"（《汉书》语），完成"周南泣命"，所谓"《太史公》牛马走"六字（今本《报任安书》略去）可能就是马迁自署的誓辞。因为"扬名于后世，以显父母，此孝之大者"。而古圣先贤们的事迹恰成司马迁心中的楷模：

> 昔西伯拘羑里，演《周易》；孔子厄陈、蔡，作《春秋》；屈原放逐，著《离骚》；左丘失明，厥有《国语》；孙子膑脚，而论兵法；不韦迁蜀，世传《吕览》；韩非囚秦，《说难》《孤愤》；《诗》三百篇，大抵贤圣发愤之所为作也。（《太史公自序》）

司马迁的生平事迹和思想感情，影响方以智至为深远。桂林沦陷后他为清将所执，慷慨赴死，而竟不死，隐忍苟活，"异类中行"，同样是为了个孝字。至情至性的孝字何必为儒家专属？道家人物素有性情中人之别称，方以智在《药地炮庄》中论及《养生主》"养亲"一语，深叹：

令人诵之手舞足蹈，仰天涕洟。……方知《孝经》是金刚础，水火鬼神没奈他何，兵刑地狱岂能比其迅利？（《药地炮庄》，前揭，页152）

汉初（皇帝以"孝"为谥号，称孝惠帝、孝文帝、孝景帝乃至孝武帝，君主带头身体力行）以孝治天下，正是黄老道学被奉行之时。至"独尊儒术"举孝廉后，孝道政治化，"三纲"被突出，"孝"逐渐为"忠"让道，而儒道二家分野立现。

司马迁的道家立场还表现在《史记·平准书》中对汉初七十余年的黄老政治常极尽赞赏口吻，而对"独尊儒术"后穷兵黩武的汉武一朝政治颇多微词，民生日益凋敝，与汉初呈鲜明对比。写《酷吏列传》，武帝一朝十占其九。对汲黯等黄老道家人物则不吝啬美词。将《伯夷列传》作为列传之首，"以志释怨"，"以名慰志"，与《庄》《骚》文风相承。至于"理不可据，智不可恃。无造福先，无触祸始。委之自然，终归一矣"（《悲士不遇赋》）的自我心迹的表白，更彰显其老庄道家人物的思想感情无遗。

《药地炮庄·总论上》开篇引《史记·庄子传》。方以智"眉批"引张天如语：

梗概见于史迁一传。后世善言庄者，无以加也。（《药地炮庄》，前揭，页16）

方以智（愚曰）则评论说：

蚕室畅其父志，正是忍辱菩萨。览此游戏污渎自快，悲何如耶！又曰：子长以实事杀活自适，子休以虚言剽剥自适，都是伤心人，所以一语道破。（《药地炮庄》，前揭，页16）

史迁、子长指的都是司马迁。其实，方以智也同庄子（子休）、司马迁一样，都是"伤心人"，属于忍辱立言以自适的同一灵魂类型。庄子为文剽剥儒墨以自快，司马迁写史放笔"实录"而自适，方密之被称为大医王，不仅医病更且医医，炮《庄》制药随人自尝，三人实有共同的庄学底蕴。

四、"究天人之际"与"极物而止"的庄学旨趣

本文所论司马迁的庄学，是透过方以智《药地炮庄》来看的，毋宁说是方以智眼中的司马迁庄学。司马迁在《报任安书》里自称《史记》"欲以究天人之际，通古今之变，成一家之言"，其中关键是"究天人之际"，与庄学相对应，可纳入"天人之学"讨论范围。

以董仲舒为代表的今文经学家从"天人相与"出发引入天人之学，直探天道与人道的本源。董仲舒说：

> 惟圣人能属物于一而系之元也，终不及本所从来而承之，不能遂其功。是以春秋变一谓之元，元犹原也，其义以随天地终始也。①

这让我们想起《庄子·天下篇》："圣有所生，王有所成，皆原于一。"《庄子》批评百家之学未能本之于一（与"元"或"道"同义），故难达天人之学精义，皆为一曲之士：

> 判天地之美，析万物之理，察古人之全，寡能备于天地之美，称神明之容。是故内圣外王之道，暗而不明，郁而不

---

① 钟肇鹏主编，《春秋繁露校释（校补本）》（上），石家庄：河北人民出版社，2005，页320。

发，天下之人各为其所欲焉以自为方。悲夫！百家往而不反，必不合矣！后世之学者，不幸不见天地之纯，古人之大体。道术将为天下裂。(《庄子·天下篇》)

诚然，天人问题乃中国哲学核心问题。是强调天人分际，突出人的"主体性"，还是打消天人界限，探本求源，进而强调无以人灭天？这或许是原始孔孟儒家与老庄道家分野所在。汉初以董仲舒为代表的今文经学吸收了道家的"宇宙论"思想，在探本求源的天人之学方面，与老庄道学惺惺相惜。在思维方式上，二者都归入"世界化"的一元思维，可称"天学"（康有为又称之为"天游之学"）。对于天和元，康有为后来发挥董仲舒思想加以界说："天者，统摄之谓，非苍苍之谓也。"[1] "元为万物之本，人与天同本于元。"[2] "元统天，天统王，王统天下。"（《康有为全集》第二集，前揭，页308）今文经学家意图构建天地万物归于一元的统一世界，这是其政治上追求"大一统"的理论基础。

司马迁的志业乃历史学家。历史无疑是人类对自然和天命的认识和改造、顺应或反抗的过程，期间虽有规律可循，但也必然充满偶然性，如果人类一味顺应乃至臣服于自然或天命，也就无人类历史可言了。司马迁以实事杀活自适，与庄子以虚言剽剥自适，二者的差异就在于前者以客观记录他人言行为主，"太史公曰"的个人直抒胸臆退居其后，而后者汪洋恣肆、嬉笑怒骂一任个人的性情。荀子非难庄子"蔽于天而不知人"，其实庄子非"不知人"，而是冷静地追溯天人之本元或本源于道。司马迁身受腐刑，是"大伤心人"，他的兴趣既在"究天人之际"，重点便落

---

[1] 《康有为全集》第二集，上海：上海古籍出版社，1990，页296。
[2] 康有为，《春秋董氏学》卷六上，北京：中华书局，1990，页126。

在探究人（人力）的边界。司马迁《史记》的"好奇"，虽出于对世界乃天地人一元的大美或大道的惊叹，更落脚于具体历史的命运而不免伤时感世。后人如《药地炮庄》所集众人的评论中，普遍认为司马迁的境界尚落于怨天尤人，不及庄子、孟子"知天"，这其实可归结为史家与哲人的区别而已。因为要实录历史便要进入历史，"立言"和"奇其文章"势成必然，哪怕与个人性情或信仰的哲学不合也无所辞。

《药地炮庄·逍遥游》"惠子谓庄子曰"段，"闲翁曼衍"引李元仲曰：

> 善游者惟孟子，可惜不逢庄子，以逍遥游、嚻嚻游参证同异，徒向宋句践喋喋耳。子长以游，故奇其文章。此游之二乘、三乘，今人便以为至境，亦拙于用大也。（《药地炮庄》，前揭，页121）

嚻嚻游出自《孟子·尽心上》。孟子谓宋句践曰：

> 子好游乎？吾语子游。人知之，亦嚻嚻，人不知，亦嚻嚻。曰："何如斯可以嚻嚻矣？"曰："尊德乐义，则可以嚻嚻矣。故士穷不失义，达不离道。穷不失义，故士得己焉。达不离道，故民不失望焉。古之人，得志，泽加于民，不得志，修身见于世。穷则独善其身，达则兼善天下。"

是李元仲以"善游者"排次序，孟子"穷则独善其身，达则兼善天下"为第一，庄子"拙于用大"之论庶可匹之，司马迁好游而"奇其文章"，已逊一筹矣。

《药地炮庄·大宗师》"若然者，其心志，其容寂"段，"闲翁曼衍"引徐显曰："羑里、陈蔡，不死者天耳。子长用《骈拇》之激例，岂知天乎？"所评内容源自《太史公自序》：

  太史公遭李陵之祸，幽于缧绁。乃喟然而叹曰："是余之罪也夫！是余之罪也夫！身毁不用矣。"退而深惟曰："夫《诗》《书》隐约者，欲遂其志之思也。昔西伯拘羑里，演《周易》；孔子厄陈、蔡，作《春秋》；……此人皆意有所郁结，不得通其道也，故述往事，思来者。"

对照《庄子·骈拇》有"小人则以身殉利，士则以身殉名，大夫则以身殉家，圣人则以身殉天下。故此数子者，事业不同，名声异号，其于伤性以身为殉，一也。"大约徐显的意思是：自适适人，看破第一；司马迁怨天，非知天道；立言求名，也是殉名、伤性。徐显乃元人，其《稗史集传》①原文论曰：

  太史公谓："天道无亲，常与善人。若伯夷叔齐，积仁洁行而饿死，盗跖暴戾恣睢而寿终。天道之是耶、非耶？"予以为太史焉知天道？夫夷、齐让国而不居，耻粟而不食，求仁得仁，失于人者薄，得于天者厚矣。盗跖横行于一时，得于人者虽若厚，失于天者厚矣，安有一息之存哉！太史焉知天道？……夫易者，变也；通塞者，时也；中正者，道也。羑里之囚，陈蔡之厄，不死者，天耳。圣人岂不知《易》而致身凶危之所哉！《易》曰："艮其背，不获其身；行其庭，不见其人，无咎。"君其知之矣。虽鲁西狩获麟，《春秋》以为终事。盖麟者，圣王之瑞，而为鲁所获，鲁不知其瑞而获之，岂麟之瑞哉？圣人盖伤吾道之穷，而哀麟之不幸也。

《药地炮庄·人间世》"丘请复以所闻"段论溢言，"闲翁曼衍"道：

---

① 见《丛书集成初编》3408，北京：中华书局，1985。

> 大川曰：溢言偏词，文深酷吏，用奇反激，又发杀机，得不为奇巧奇药所尅核乎？危哉！衷一曰：笔之杀人，甚于刀。而政之杀无罪也，甚于挺刃。《史记》传循吏，特予燔机拔葵之相，免尅核矣。石奢、李离，仁不忍于杀人，而忍于自杀何也？曾知子长之微言，犹庄子之溢言乎？《游侠》《货殖》，且觅偏词奇乐，掘坑炼叭，未免怂设无由。藏一曰：比丘离欲，反以险机接人。子长腐刑，越发好奇取乐。若在唐宋，其披缁乎？笑翁曰：子长返掷道家，能为尊翁吐气。固知云门一棒，老早血溅名山。愚者曰：气息苇然。（《药地炮庄》，前揭，页 169–170）

司马迁之微言，犹庄子所批评之溢言，奇语似乎难免妄语。但如果比之于后世禅门机锋，则又何足奇哉？以险机接人而已。《药地炮庄·大宗师》"今大冶铸金"段，"闲翁曼衍"道：

> 茅鹿门曰：贾生《鹏赋》，造化为炉，阴阳为炭，通用《庄子》。太史公读之，爽然自失。只为自己一场跃冶，甘此咄咄书空。然则庄子何咄咄耶？多少人被他跃冶。（《药地炮庄》，前揭，页 217）

参见《史记·屈原贾生列传》：

> 太史公曰：余读《离骚》《天问》《招魂》《哀郢》，悲其志。适长沙，观屈原所自沉渊，未尝不垂涕，想见其为人。及见贾生吊之，又怪屈原以彼之材游诸侯，何国不容，而自令若是。读《鹏鸟赋》，同死生，轻去就，又爽然自失矣。

贾谊《鹏鸟赋》，通用《庄子》，司马迁感叹其"同死生，轻去就"的人生态度，这无疑也是庄学立场。方以智在《药地炮

庄》的《大宗师》总炮中,又有眉批同样评论道:

> 《日袖》曰:晋以庄子为上顿。兰亭丝竹,且说生死,其《頍弁》之遗乎!谢安曰:万殊浑一象,安复觉彭殇?孙绰曰:暧昧中莹拂,岂复觉鹏鷃?逸少则曰:一死生为虚诞,齐彭殇为妄作。百尺竿头,更进一步矣。史迁叹《鹏赋》之一生死。王逸曰:无聊自诳耳。欣而暂快,倦随事迁,亦足以征变异生死矣,知不免而遣放焉。桑户结《大宗师》,此一真乎!大人与万世泯于当务,原不作此计较也。知道易,勿言难。茶饭且塞口,弦歌聊一弹。(《药地炮庄》,前揭,页98)

《药地炮庄·大宗师》"子舆与子桑友"若歌若哭段。方以智"集评"道:

> 史迁传屈原曰:人穷则反本,劳苦倦极,未尝不呼天也,疾痛惨怛,未尝不呼父母也。此固屈子之呼命,抑亦子长之呼命乎?《寓林》曰:子长读《庄》,归之寓言,可与读《骚》矣;《庄》是《易》之变,《骚》是《诗》之变。通于《骚》可以怨,通于《庄》可以群。邓定宇取伯夷、屈原传,事论杂错,究不出桑户一声。是若歌若哭,亦所以养其性命也。(《药地炮庄》,前揭,页226)

又,"闲翁曼衍"道:

> 《易》曰:穷则变。马迁曰:人穷则反本。此呼有以异乎?或曰:变极乃反,奇极乃平。水穷山尽,行兴自消。此呼有以异乎?今日本自如此,变变不变。兴观群怨,各不自知。此呼有以异乎?笑峰曰:三段不同,收归上科。序正流

通,好生着眼。(《药地炮庄》,前揭,页227)

参见《史记·屈原贾生列传》:

> 屈平疾王听之不聪也,谗谄之蔽明也,邪曲之害公也,方正之不容也,故忧愁幽思而作《离骚》。离骚者,犹离忧也。夫天者,人之始也;父母者,人之本也。人穷则反本,故劳苦倦极,未尝不呼天也;疾痛惨怛,未尝不呼父母也。屈平正道直行,竭忠尽智以事其君,谗人闲之,可谓穷矣。信而见疑,忠而被谤,能无怨乎?屈平之作《离骚》,盖自怨生也。国风好色而不淫,小雅怨诽而不乱。若离骚者,可谓兼之矣。

子桑(户)一声:"父邪!母邪!天乎!人乎!"若歌若哭。马迁传屈原,指出:"夫天者,人之始也;父母者,人之本也。人穷则反本。"此似为《庄子》作注脚。所谓本,天人皆本于道,于此亦可见出司马迁追本溯源的庄学立场。

《药地炮庄·让王》"原宪居鲁"段,"闲翁曼衍"道:

> 贫病何妨?可惜自家注脚,宪不忍为也,骂太尅毒矣。固何如曾子曳纵而歌,又不若桑户鼓琴若哭。太史公收子贡入《货殖传》,以为孔子得势益彰,毋乃尅毒乎?愚者曰:知太史公是曳纵、鼓琴也耶?(《药地炮庄》,前揭,页428)

参《史记·货殖列传》:

> 子赣(贡)既学于仲尼,退而仕于卫,废著鬻财于曹、鲁之间,七十子之徒,赐最为饶益。原宪不厌糟糠,匿于穷巷。子贡结驷连骑,束帛之币以聘享诸侯,所至,国君无不分庭与之抗礼。夫使孔子名布扬于天下者,子贡先后之也。

此所谓得势而益彰者乎?

司马迁关于子贡、原宪的描写基本上与《让王》一致，或取材于《庄子》。一般人会认为史公将子贡写入《货殖列传》实在太过分了，更何况说孔子名声远播与子贡的打点有关。可是方以智却认为史公也是若歌若哭：如曾子曳纵而歌，如桑户鼓琴若哭。

《药地炮庄·大宗师》"子贡曰：然则夫子何方之依？"段，"闲翁曼衍"道：

> 云曰：孔子使子贡吊桑户，而子贡归问畸人，是何旨耶？贫富不能相通，而人我之山始立。固穷一辈，乃以生死自遣耳。嗟呼，圣人好礼之教穷矣！天命之说不灵矣！俗不可医，庸不肯学，何妨故合隐怪杨墨告子为畸药，而以生死醒之乎？史迁谓孔子得子贡货殖而后彰，余尝笑之。今乃叹曰：《货殖传》真足以了生死，是真天命也。子贡亿则屡中，是真畸人也。请问其方，曰：佛入天龙人鬼，而穷人皆饱矣。不然者，谁能裹饭，一到霖雨之门？（《药地炮庄》，前揭，页221）

《庄子》书中借孔子之口，赞叹桑户等"游乎天地之一气"，指出其人生哲学乃"鱼相忘乎江湖，人相忘乎道术"。畸人之超俗脱群无非是畸于人而侔（齐等）于天，这也是返本归道之论。又有《药地炮庄·盗跖》"无足问于知和曰"段，"闲翁曼衍"道：

> 子云谓太史公爱奇，而传《货殖》尤奇，曰富者必用奇胜。庄子好奇，而《盗跖》篇尤奇。末段曰财其甚者也，与太史之不遗余力，同一绝倒。愚笑曰：蜀富人以千金托《法言》而传，而庄子欲以其书，托盗跖、满苟得而传，岂不奇哉？岂不痛哉？好奇如好古器，好其欵识规制耳。今人不能

奇，竟欲以其富当太史、庄子，是鬻铜于好古之门者也。犹且缭意绝体而争，不亦惑乎！（《药地炮庄》，前揭，页443－444）

太史公常出人意表，为游侠、商贾等不登大雅之堂的人物"不遗余力"地树碑立传，故有"史公好奇"之称。方以智认为庄生也是好奇一类人物，《盗跖》篇就是典型。二人正可堪比。《货殖列传》曰："农、工、商、贾蓄长，固求富益货也。此有知尽能索耳，终不余力而让财矣。"与《盗跖》篇："平为福，有余为害者，物莫不然，而财其甚者也。"一个不遗余力捞钱；另一个数落有钱的六大弊端，所以方以智称："同一绝倒。"

《药地炮庄·达生》"田开之见周威公"段论"善养生者，若牧羊然，视其后者而鞭之"。"闲翁曼衍"道：

> 子长曰：千金之子，不死于市。白白曰：能不死于饮食衽席乎？徐太室曰：水火冻暍，多横被于孤贫。虚痨惑溺，必先缠乎贵介。天网恢恢，何尝不鞭人之后耶！（《药地炮庄》，前揭，页338）

司马迁语出自《越王勾践世家》。朱公（范蠡）中男杀人，欲派少子怀千金救之，而长子求去，终不得救，盖长子经历苦难，惜金，而少子生于富贵，勇于弃金。司马迁《报任安书》叙及自己因李陵而下狱，"家贫，财赂不足以自赎，交游莫救，左右亲近不为一言"。只得自请宫刑以免死罪。"千金之子，不死于市"乃司马迁血泪之语也！又作《货殖列传》，班固《汉书》讥曰："述货殖则崇势利而羞贱贫，此其所蔽也。"非亲历生死患难，班固站着说话不腰疼也。

《药地炮庄·徐无鬼》"知士无思虑之变则不乐"段,"闲翁曼衍"引方南陔语曰:

> 以子长之才传儒林,寥落无色。及读《游侠》诸传,无不拍掌而乐。正性人诵伊川诗,闷闷而已。读《出师表》《丁零洋》,则感愤而乐。人情好痛快,亦是囿于天耶?庄子亦是知而故犯,遭时无所用于世,而故以此种欹欹颃洞,痛快其漆园之毛锥已耳。谁其怜之? (《药地炮庄》,前揭,页 387–388)

《史记》为人瞩目者,《游侠》《货殖》《伯夷》诸传,写出司马迁之性情也。"传儒林,寥落无色",盖司马迁本非腐儒,灵魂类型在庄、屈?

《药地炮庄·让王》"昔周之兴,有士二人处于孤竹,曰伯夷、叔齐"段,"闲翁曼衍"道:

> 王介甫、魏了翁,皆辨夷、齐无扣马谏事,无饿死首阳事。据孔子二语,皆表其让国也。饿于首阳,字法也。说家浚而状之。子长拾之。愚者曰:何必以后世之爱惜其死,以爱惜古人之死耶?留作凉药,有何不可?(《药地炮庄》,前揭,页 432)

是则方以智认可马迁信庄子《让王》说而作《伯夷》传,连以暴易暴的说辞都一致。对饿死首阳的"安排",方以智也为庄子和马迁辩护:"留作凉药,有何不可?"

《药地炮庄·人间世》"颜阖将傅卫灵公太子,而问于蘧伯玉曰"段,"集评"引叶秉敬语,叹司马迁未能学得谆术,以致引祸于身:

就者,从俗而不拂,孔子猎较是也。和者,义之和,和之以天倪是也。子曰赐能敏而不能诎,师能庄而不能同。子长纪子贡作说客,殆战国托之欤!能诎能同,则就不入、和不出矣。(《药地炮庄》,前揭,页172)

方以智在《青原愚者智禅师语录》卷三有《示侍子中履》:"《炮庄》是遣放之书,消心最妙者。不执也,不计也,妙于藏锋,无所不具,可细心看之。"方中履乃方以智三子。但《炮庄》其实绝非方以智自云"消心"那么简单,实也有疗救世人之深意在,这在《炮庄》全书的结尾,方以智恰是通过引证《史记》自我揭秘的。《药地炮庄·天下》"惠施多方"段,"闲翁曼衍"道:

《封禅书》结云:自此以后,言神祠者甚众,然其效可睹矣。《平准书》结曰:事势之流,相激使然,曷足怪焉?鹿湖老夫曰:由惠施一段观之,自此以后,天下之以倒换为方,而以扫空为道者,其术已可睹矣。以反人为实,而以胜人为名。事势之流,相激使然,曷足怪焉?看破则已矣。覆载官肢,神理周遍。……

《史记·孟子传》中言骀衍怪迂不经,先验小物,推至无垠,始也滥耳,要归仁义。或曰:伊尹负鼎而勉汤以王,百里奚饭牛而缪公用霸。作先合,然后引之大道。骀衍其言,虽不轨傥,亦有牛鼎之意乎?浮山曰:庄子列墨翟至惠施七段,倘亦有牛鼎之意乎?洛诵之孙,新机作合。万世旦暮,终不出此。孔北海曰:函牛之鼎以烹鸡。后之以庄子为牛鼎者,须去物忌,道将一句来。(《药地炮庄》,前揭,页470-471)

浮山即方以智，在方以智看来，庄子虽如《史记·孟子传》言骀衍怪迂不经，然亦有牛鼎之意矣。方以智又借其父亲（鹿湖老夫）口说出：一部庄子以"惠施之才，骀荡而不得，逐万物而不反，是穷响以声，形与影竞走也，悲夫！"作结，堪比太史公《封禅书》《平准书》之结尾的总结和预测，所谓物极必反，自此以后，以扫空为道，以反人为实，事势之流，相激使然，曷足怪焉？论者常以惠庄为辩友，庄书以论敌作结，正有聚焦靶心之意？惠施"逐万物而不反"，非真能历物穷理；庄子看似"洸洋自恣以适己"，实是"极物而止"。"极物而止"也就是把世界万物看作是统一的，天地人皆一物，而物皆归本溯源于道，此庄所以齐物，犹《大学》格物、《楞严》转物。方以智哲学的核心信念即象数（乃道的表征）征几，不也大有牛鼎之意在吗？方以智的师傅觉浪道盛评曰：

> 又何妨于实有？又何妨于实无？此中悟得亦神化也。然惠子恰未尝悟此，而庄子乃能尽述其奇而捉败之。此正庄子之全机大用，得惠子这一段，以神其一生之妙密也。谁谓《天下》此篇，不藏天下于天下哉？（《药地炮庄》，前揭，页468）

"极物而止"，藏天下于天下，消解天人之紧张而返归于一元或大道，这是哲人庄子和方以智的选择；史家司马迁虽与庄子、方以智有共同的庄学底蕴，然究天人之际，终落力于人（人力）的边界，《史记》诚无韵之《离骚》，也为《庄子》之注脚。子休以虚言剽剥自适，子长以实事杀活自适，密之炮《庄》制药随人自尝，风格不同，论其庄学旨趣则一矣！

五、结论

《药地炮庄》在《史记》里挖掘出如此多的庄学思想，大大地拓展了传统庄学的视野，诚可谓一部开创性的庄学巨著。其风格迥异于一般诂庄、解庄者，乃诂庄、解庄之外的第三种庄学乎？方以智在书中紧扣庄学主题，大集古今评庄语，其中于庄子有赞有弹，称"真爱庄者乃能真骂庄"，其庄学（可归入道家大类）立场虽无可疑，但非迫不得已，也并不急于为庄子辩护，只管诊知病症、慎辨药性，任人自我疗救而已，是所谓"炮庄"。而司马迁及《史记》的庄学（道家）立场，至少是经过方以智《药地炮庄》一番炮制后，也犁然矣。如果撇开《药地炮庄》，则王叔岷先生所论《司马迁与庄子》庶可参考，其结论曰：

> 《史记》中涉及之《庄子》合于今本者，仅大宗师、胠箧、在宥、天运、刻意、秋水、庚桑楚、盗跖、渔夫、列御寇十篇而已，……史公可能见及者，亦不过十六条，欲明史公所了解之庄子，须综合史公涉及庄子之评语，①细加剖析，庶可论定。史公谓庄子之言"自恣以适己"，不知庄子更能由适己而忘己。史公于老庄申韩四人，独谓"老子"深远，不知庄子之空灵超脱，实较老子深远。史公谓庄子"滑稽乱俗"，②不知滑稽多智慧，乃庄子所鄙弃。凡此可证史公于庄子之了解尚隔一层。然而史公谓"庄子散道德放论，要亦归

---

① 先生不知《药地炮庄》不特网罗史公涉及庄子之评语，更广搜千古评史公及《史记》与庄子关系者几十条之多！

② 似乎不必算在史公头上，乃史公述荀子也。本文前已讨论。

之自然",则是深切了解庄子之言。庄子思想言说之指归,皆合乎自然。古今论庄子之放者多矣,罕有知其归于自然者。史公《悲士不遇赋》,更归结于"委之自然"。是史公之评庄子及其自处皆归于自然矣。①

---

① 参《庄学管窥》,北京:中华书局,2007,页102–103。

旧文新刊

三國蜀經學

程元敏

敘 言

蜀，大略古益州地。班固《漢書·地理志》：漢中、巴郡、廣漢、蜀郡、犍爲、牂柯、越巂、益州八郡。司馬彪《續漢書·郡國志》，益州轄《班志》八郡，增一永昌郡、三屬國——廣漢屬國、蜀郡屬國、犍爲屬國。至三國蜀，"先主取巴蜀，定漢中。後主得陰平、武都。其時巴分爲四，犍爲、廣漢分爲二，南中分爲雲南、興古；有州一、郡二十、屬國一、縣一百四十有六"（清謝鍾英《三國疆域表》下）。至晉，建制多所變革。要之，大抵括地今四川全部，甘肅、陝西、雲南、貴州一部分。

以言政統，三國蜀應自昭烈帝劉備章武元年（221年）至後主劉禪炎興元年（263年），凡四十三年；第言學術年代，則蜀得上溯漢獻帝建安十三年（208年），或更遠，下至晉武帝太康元年

(280年），或尤後，共約七八十年。觀本編論張陵、張衡、張魯、王商、王化、劉寵、許靖、劉先主備、周舒、周群、何宗、杜瓊、杜微、高玩、秦宓、譙岍、譙周、譙同、杜軫、羅憲（獻？）、文立、李虔、陳壽、五（伍？）梁、張裔、龐統、諸葛亮、向朗、尹默、李仁、尹宗、李譔、劉後主禪、蔣琬、來敏、來忠、孟光、許慈、許勛、胡潛、常勗、司馬勝之、姜維、王長文、何隨、任熙、壽良、張徵（微？）、常騫、常寬、黃容、杜襲、蜀才（即范長生）等共五十三家，其主要學術活動，大抵固當章武、炎興間，唯衡酌其學問淵源，影響及師承薪傳，上克及東漢（如張陵、張衡等），下已入晉世至懷愍時（如羅憲、文立、陳壽、王長文、何隨、王化、任熙、壽良、張徵、常騫、常寬、黃容、杜昨襲、蜀才等）。

　　蜀地僻狹，人才寡少，七八十年間，治經學者蜀產才三十六人；上錄五十三人中，張陵、張衡、張魯、許靖、劉先主備、羅憲、龐統、向朗、諸葛亮、劉後主禪、蔣琬、來敏、來忠、孟光、許慈、許勛、胡潛十七士，莫非流寓——或自中州，或自南交，或自荊襄來居。共成一代一域之經學。茲先依其師承（師承不明者獨列），略按時次，簡表如下：

三國蜀經學者授受簡表

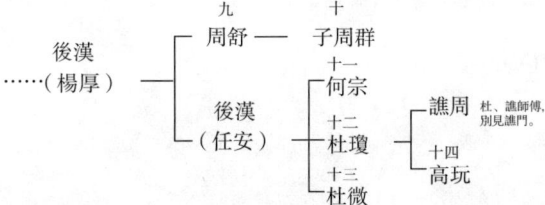

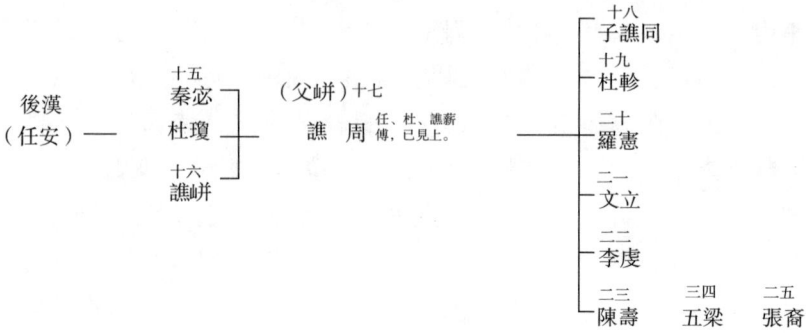
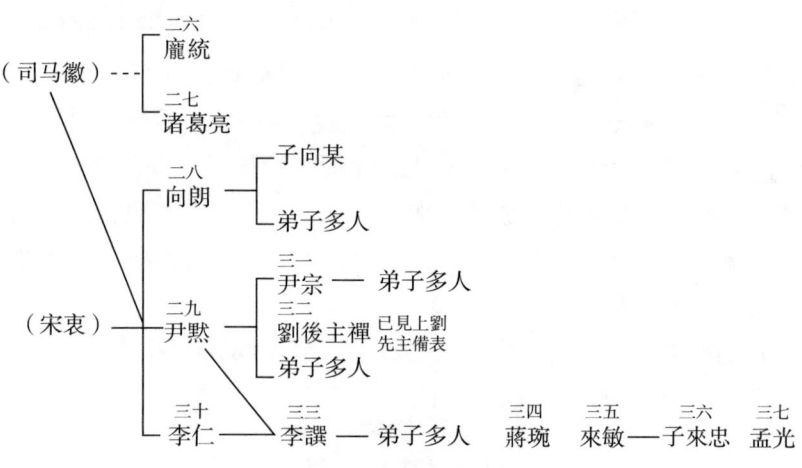

分　論

張陵、張衡、張魯

　　初，鉅鹿張角，倡太平道，至後漢靈帝中平元年（184年），自稱"黃天"，其部皆著黃巾，同日反叛（《後漢書》卷八紀）。《後漢書（卷一〇一）·皇甫嵩傳》："角自稱大賢良師，奉事黃老道，畜養弟子，跪拜首過，符水呪說以療病，病者頗愈，百姓信向之。角因遣弟子八人使於四方，以善道教化天下，轉相誑惑。十餘年間，眾徒數十萬，連結郡國，自青徐幽冀荆揚兗豫八州之人，莫不畢應，遂……訛言'蒼天已死，黃天當立，歲在甲子（即中平元年），天下大吉'。"是角始倡太平道，約當桓帝延熹（158—166年，前乎中平元年十餘年）間。

　　太平道託始於老子。約在同時，張陵創五斗米道（即道教），亦奉老子，其法又與太平略似，

　　　　《後漢書（卷一〇五）·劉焉傳》："（張）陵順帝時（126—144年）客於蜀，學道鶴鳴山中。造作符書，以惑百姓。受其道者，輒出米五斗，故謂之'米賊'。陵傳子衡，衡傳於魯，魯遂自號'師君'。其來學者，初名爲'鬼卒'，後號'祭酒'。祭酒各領部眾，眾多者名曰'理頭'。皆校以誠信，不聽欺妄，有病但令首過而已。"《典略》（《三國志·魏書·張魯傳》裴注引）："東方有張角，漢中有張脩（裴松之曰：'張脩應是張衡，非《典略》之失，則傳寫之誤。'是即陵子魯父，下同）……脩爲五斗米道。……法略與角同，加施靜室，使病者處其中思過。又使人爲姦令祭酒，祭酒主以老子五千文，使都習，號爲

'姦令'。爲鬼吏，主爲病者請禱。……使病者家出五斗以爲常，故號曰五斗米師。及魯在漢中，因其民信行脩業，遂增飾之。"

《三國志（卷八）·魏書·張魯傳》："張魯字公祺，沛國豐人也。祖父陵，客蜀，……造作道書，以惑百姓。……陵死，子衡行其道；衡死，魯復行之。……魯遂據漢中，以鬼道教民，自號'師君'。其來學道者，初皆名'鬼卒'，受本道已信，號'祭酒'。各領部眾，多者爲治頭大祭酒。皆教以誠信不欺詐，有病自首其過。大都與黃巾相似。諸祭酒皆作義舍，如今之亭傳。又置義米肉，懸於義舍，行路者量腹取足，若過多，鬼神輒病之。犯法三原，然後乃行刑。不置長吏，皆以祭酒爲治，民夷便樂之。雄據巴漢，垂三十年。……太祖入南鄭，……以魯本有善意，遣人慰喻，魯盡將家出。太祖逆拜魯鎮南將軍，待以客禮，封閬中侯。"

案：據上紀傳，太平道（通稱黃巾賊）與道教，同以類似之法術惑人（《魯傳》"大都與黃巾相似"，章太炎《菿漢微言》頁三十："張魯《想余》之注作，黃巾依以爲名。"）。師弟子竝有組織，而道教愈嚴。角尊上黃老，其符說中必假老學。陵，葛洪《神仙傳》卷五謂其"學長生之道，得黃帝九鼎丹經"，"將弟子入蜀於鶴鳴山隱居，既遇老君——即所謂老子，遂於隱居之所，備藥物依法修煉"，是其所造作之"符書"，亦必根老義，故《魏志·魯傳》作"道書"。① 及子衡，教人都習《老子》五千文，而

---

① 《華陽國志》卷二《漢中志》："漢末沛國張陵學道於蜀鶴鳴山，造作道書。"饒宗頤先生《老子想爾注校箋》頁一〇三："《太平廣記》引神仙傳：'張道陵……著書二十四卷。'《法苑珠林》六十九'妄傳邪教'條：'後漢時張陵造《靈寶經》及章蘸〈醮?〉等道書二十四卷。'"

衡子魯仍而大之，設都講祭酒，令學者都習《道德經》。①

三張既皆託老學傳教，應皆有著作，俾作傳道之經典。衡著作失考。魯著《陰符經元義》一卷，《宋史·藝文志》著錄，今佚。饒宗頤先生《張道陵著述考》，考陵著作多種。② 其中有"《老子想爾注》二卷"者，此書，《經典釋文·序錄》曰：

> 《想余（老子）注》二卷：（想余），不詳何人，一云張魯，或云劉表；魯字公旗，沛國豐人，漢鎮南將軍關內侯。

"想余"當爲"想爾"之字訛（說見下），近人吳承仕疑斯書爲陵、衡、魯父子、祖孫積撰，

> 《經典釋文序錄疏證》（頁一二二）曰："《隋志》不著錄，《唐玄宗注疏外傳》作'想爾'，與杜光庭《序目》並以爲三天師張道陵所注。案：《弘明集》引張陵《老子注》云：'道可道，朝食美；非常道，莫成屎：二者同出而異名。人根出溺，溺出精。'語殊誣誕。張陵者，五斗米道之先師，魯承其緒業，或祖父作而子孫述之也。觀其立名，頗不可解，知非三張莫能爲。"

饒先生考證此書之著作，詳極原委，云：

> 敦煌莫高窟所出古本典籍，……有《老子道經想爾注》殘卷。……卷末題"老子道經上"，下注"想爾"二字分行。……《老子想爾注》，……《唐玄宗御製道德真經疏外

---

① 《三國志·馬超傳》注引《典略》："張魯以馬超爲都講祭酒。"《通鑑》建安十八年胡注："都講祭酒者，魯使學者都習《老子》五千文，置都講祭酒。"

② 見其《老子想爾注校箋》〈頁一〇三～一〇九〉附，曰《想爾老子注》《道書》《靈寶》《天官章本》《黃書》五種；另存疑十種、附錄二種，目詳饒著，此不具。

傳》……云："三天法師張道陵所注。"……杜光庭《道德真經廣義》，敘歷代詮疏箋注，……於《想爾》下云："三天法師張道陵所注。"《傳授經戒儀注訣》，……論經法序次之由云："……係師得道，化道西蜀；蜀風淺末，未曉深言，託遘想爾，以訓初廻。"……係師即張魯也。（陶弘景）《真誥》四記張鎮南夜解事，注云："張係師爲鎮南將軍，建安二十一年亡。"……劉大彬《茅山志》［卷］九《道山册》言；"登真隱訣，陶隱居（敏案：即陶弘景）云：老子《道德經》，有玄師楊真人（饒氏原注：即楊羲）手書張鎮南古本，其所謂五千文者，有五千字也。數系師内經有四千九百九十九字，由來闕一，是'三十輻'應作'卅輻'，蓋從省易文耳。……宗門真蹟不存，今傳五千文爲正本，上下二篇不分章。"……今敦煌《想爾》殘卷"三十輻"作"卅輻"，不分章，删減助字，與此正合。又卷終題"道經上"，亦分上下二篇，並同於注訣所記。而卷上終"道常無爲"章，都三十七章，復與敦煌天寶十載寫本卷末記"道經卅七章""五千文上下二""係師定"諸語相符。綜是以言，此《想爾注》本，即所謂係師張魯之五千文本，斷然無疑。……《釋文序錄》："老子有《想余注》，……以敦煌寫本證之，……疑'爾'字或書作'尓'，遂誤爲'余'也。至於撰人，陸氏謂一云'張魯'，與注訣稱'係師'同；而玄宗、杜光庭則云張道陵，當是陵之説而魯述之；或魯所作而託始於陵，要爲天師道一家之學。"《廣弘明集》中唐釋法琳《辨正論》云："漢安元年（142年）道士張陵分別《黃書》，故注五千文。"則道陵注老，彰彰明甚，故兹從玄宗説，題爲張陵注云。（《老子想爾注校箋》，頁一～四）

案："想余"當作"想爾"，嚴靈峰先生《周秦漢魏諸子知見書目》（頁九）亦著錄此書，按云："'爾'一作'余'，蓋古寫'爾'作'尒'，形近致誤。"略同饒說。均是。法琳謂陵順帝漢安元年始作此注，正彼開立天師道之年（據近人傅勤家《中國道教史》頁十），合《後漢書·劉焉傳》陵"順帝時，客於蜀，造作符書"言。今本全書定解於孫魯，故注訣記"《想爾訓》，《老子道德經》"乃係師"託遘想爾，以訓初廻"，天寶寫本《道德經記》係師定，可爲彼以五千言教人當時有標準本之旁證。係師即張鎮南，故陶弘景一則曰"系師，張鎮南"，二則曰"張係師爲鎮南將軍"。張鎮南即係師張魯，①建安二十一年（216年）降曹（《三國志·魏書武帝紀》），操拜之爲鎮南將軍，封閬中侯。閬中縣，兩漢均隸益州巴郡（參看清周明泰《後漢縣邑省併表》），建安六年置巴西郡，而閬中縣（亦爲郡治）屬之（參看《華陽國志》卷一頁十《巴志》《三國疆域表》下），北界張魯所據之漢中郡，曹操因地近封魯爲閬中侯。若彼"關內"，謂函谷關之內，大抵今陝西省地，關內侯，《漢書·百官公卿表》上："爵：十九關內侯。"師古注："言有'侯'號而居京畿，無國邑。"魯封非關內確甚。《釋文·序錄》作"關內侯"者，關，閬之形誤；內，中之聯想之誤。魯以據地近荆州，後又拜鎮南將軍與荆州牧劉鎮南表同，故人或誤"想爾老子注"爲表撰也。②吳氏、饒氏並謂祖陵作，孫魯述成，甚是。慈今書既定卷於孫，而梁陶隱居已題爲張鎮南係師作，唐初陸氏述"一云"亦定爲魯作，似不必曲從後

---

① 張陵稱天師（已見上引玄宗及杜光庭語），至魯，始自號"師君"（上引後漢書劉焉傳及三國志魯本傳）。係（系同），繼也；係師，繼師也。陵爲開祖，不得稱係。《中國道教史》頁八二："〈甄鸞〉笑道論云：'張陵爲天師，子衡爲係師，衡子魯爲嗣師，號曰三師。'按：雲笈七籤以衡爲嗣師，魯爲係師。"是陵不得稱嗣、係。陵、衡立未嘗爲鎮南將軍，是係師斷非彼二人。

② 劉表無老學專著，說詳拙著《季漢荆州經學》。

之法琳、玄宗、杜光庭說，題爲祖陵注也。

敦煌所出《老子》張陵、魯祖孫注，乃三天師"一家之學"，饒氏考定爲北朝寫本，作校箋。嚴先生《無求備齋老子集成初編》亦收，題無名氏撰。茲據校箋本所錄注文，考三張經學：

《老子》十八章："智慧出，有大僞。"《想爾注》（以下簡稱"本注"）："邪文，……皆爲大僞不可用。何謂邪文？其五經半入邪，其五經以外——眾書傳說、尸人所作，悉邪耳。"

二十一章："孔德之容，唯道是從。"本注："道甚大，教孔丘爲知。後世不信道文，但上孔書，以爲无上，道故明之，告後賢。"

案：《神仙傳》謂陵"本太學書生，博採五經，晚乃歎曰：此無益於年命。遂學長生之道"。是陵初習儒經，後治黃老書。入主出奴，遂誹毀五經半爲邪僞；而謂其傳註、尸人（與道人義相反；得仙壽者，謂之道人：見七章本注）作盡邪。蓋西漢今文章句之學，繁蕪瑣碎，徒弊精神，有害於壽，無益於事，東漢以下，學者多加非難，天師特其一也。①夫老莊後學，欲揚老抑孔，造作孔子問道於老聃情節，數見於莊子書（如《天運篇》孔子見老聃歸，三日不談之類），此"道教孔丘"，以儒家大宗師受學於"道"，即用莊意，而昌言道尊儒卑，視魏王弼之陽尊儒聖，陰崇道術尤爲誕妄。②惟其受經太學，故注書有時亦依傍經傳，如

十二章："五音令人耳聾。"本注："非雅音也。鄭衛之聲，抗諍傷人，聽過神去故聾。"

---

① 參看拙著《儒術獨尊後之兩漢經今古文學消長與說經玄理化》。
② 王弼學，參看《季漢荊州經學》。

案：鄭衛之聲云云，據《禮記·樂記》："鄭衛之音，亂世之音也。"鄭聲、雅音云云，據《論語·衛靈公》："放鄭聲，遠佞人；鄭聲淫，佞人殆。"《陽貨》："惡鄭聲之亂雅樂也。"雅樂即雅音。《論語》"聲淫"之淫，此則謂"抗諍"，漢古文《左傳》說："煩手淫聲謂之鄭聲者，言煩手躑躅之聲，使淫過矣。"（《樂記疏》引許慎《五經異義》載）淫過斯抗諍傷人，是天師採儒經，又以"眾書傳記"解老矣。用《論語》者，尚有

三章："常使民无知无欲。"本注："……當禁之：勿知邪文，勿貪寶貨，國則易治。上之化下，猶風之靡草。"

案：此據《論語·顏淵》："子欲善而民善矣。君子之德風，小人之德草，草上之風必偃。"風行草偃，言上之化下之功，而《論語》同篇"子師以正，孰敢不正"，大義同。

《中庸》本《小戴禮》之一篇，七十子後學所撰，發揮儒家性命之學，《漢書·藝文志》（據劉歆《七略》作）著錄《中庸說》二篇，見已別出戴記單行，是西漢人已特加注意。天師注老，數用其（中和）義，

四章："道沖而用之或不盈。"本注："道貴中和，當中和行之。"（則一）

五章："多言數窮，不如守中。"本注："不如學生，守中和之道。"（則二）

四章："和其光，同其塵。"本注："性情不動，喜怒不發，五藏皆和同相生，與道同光塵也。"（則三）

又："挫其銳，解其忿。"本注："怒欲發，寬解之，勿使五藏忿怒也。……忿爭激，急弦聲，所以者過。積死遲怒，傷死以疾，五藏以傷。……五藏所以傷者，皆金木水火土氣

不和也。和則相生，戰則相尅。"（則四）

三十三章："不失其所者久。"本注："又一説曰：喜怒五行戰傷者，人病死，不復待罪滿也。今當和五行，令各安其位勿相犯，亦久也。"（則五）

案：則一、則二：老子四十二章"萬物負陰而抱陽，沖氣以爲和"，天師以爲下"和"明上"沖"，沖有和意，遂移以釋"道沖"之沖爲和。和，天師謂之中，故其於四章兩以"中和"說"沖"。五章"守中"，天師曰"守中和"，則其目和、中果一義。中、和同義連用，天師取資《中庸篇》（"致中和"）也。

又案：則三、則四：《中庸篇》："喜怒哀樂之未發，謂之中；發而皆中節，謂之和。"即天師"性情不動，喜怒不發，五藏皆和同相生"所本，此因中庸發而中節之"和"，亦具"中"義。① 故《中庸》"未發謂中"作"不發謂和"。天師注下文言"忿爭激，急弦聲，所以者過"，忿怒可以傷五臟，又云五臟之所以傷，因五氣不和，"不和"即"不中"，亦即"所以者過"之過。是天師以"和"、"中"一義，彰然明矣。饒箋（頁六七）曰："此注上言'道貴中和'，至是乃云'急弦聲，所以者過'，過者，太過，因其非中道也。此蓋與釋氏之'中道'及儒家之中庸義可旁通。"洵是也。

又案：則四、則五：《尚書·洪範》五行"水火木金土"，五氣也，②天師云"金木水火土氣"，據《書經》。而曰"和五行"

---

① 鄭玄注"未發"："未發之時，澹然虛靜，心無所慮，而當於理，故謂之中。"注"和達"道："言情慾雖發，而能和合道理，可通達流行，故曰天下之達道也。"當理謂中，合理乃和，是中、和一義，皆謂適中，故馮友蘭曰："發而皆中節，謂之和，喜怒哀樂皆是天然的，當聽其'發'，但須以'教'修之，使其'發'無過及而已。"說"和"爲"無過不及"，正是'中'也。

② 《白虎通·五行篇》："五行者何謂也？謂金木水火土也。言'行'者，欲言爲天行氣之義也。"鄭玄《尚書注》："行者，言順天行氣也。"（《永樂大典·鑒字部》載，見陳立《白虎通疏證》卷四頁二四引）《釋名·釋天》："五行者，五氣也。"

即和"金木水火土氣",明以五臟配五行,而《禮記·月令》爲之先導:

> 孟春、仲春、季春之月,皆祭先脾。孟春,盛德在木。
> 孟夏、仲夏、季夏之月,皆祭先肺。孟夏,盛德在火。
> 孟秋、仲秋、季秋之月,皆祭先肝。孟秋,盛德在金。
> 孟冬、仲冬、季冬之月,皆祭先腎。孟冬,盛德在水。
> 季夏之末,祭先心。天子居大廟大室(中央室),中央土。
> (《呂氏春秋·十二紀》同)

此方以"牲"之五臟配五行也。及漢今古文《尚書》家,又以"人"之五臟配五行,便說《洪範》五事,

> 《五經異義》(《禮記·月令》疏引):"《今文尚書歐陽說》:'肝,木也;心,火也;脾,土也;肺,金也;腎,水也。'《古(文)尚書說》:'脾,木也;肺,火也;心,土也;肝,金也;腎,水也。'許慎按:月令:春祭脾,夏祭肺,季夏祭心,秋祭肝,冬祭腎。與古(文)《尚書》同。"(其後醫家推此爲術,《內經·素問》之所以作也)

此天師以五臟配五行,來自《尚書》經傳;五者和則相生,戰則相尅而人病傷,則又取義《中庸》"中和"也矣。

又案:後三則,天師以性情(喜怒等)配五臟及五行,饒箋(頁七十)曰:"翼奉齊詩說,亦以五性配五行及五藏,知此爲西漢人之恆言,亦……《想爾》之所從出也。"請徵翼說證成之:

> 五行在人爲性,……性者仁義禮智信也。情者喜怒哀樂好惡也。五性處內御陽,喻收五藏;六情處外御陰,喻收六體。故情勝性則亂,性勝情則治。……情性之交,間不容系。

（見清陳喬樅《齊詩翼氏學疏證》一）

老莊本自然，反對符命讖緯之學。天師注《道德》，多悖老意，以瑞應圖讖解者，其尤顯者也，

  二十九章："將欲取天下而爲之，吾見其不得已。"本注："國不可一日無君，五帝精生，河雒著名，七宿精見，五緯合同，明受天任而令爲之，其不得已耳。非天下所任，不可妄庶幾也。"

  三十五章："執大象，天下往。"本注："上聖之君，師道至行，以教化天下，如治太平符瑞，皆感人功所積。"

案：鄭玄注《周禮·春官·大宗伯》，謂五帝者五天帝——蒼精帝靈威仰、赤精帝赤熛怒、黃精帝含樞紐、白精帝白招拒、黑精帝汁光紀，五天帝分別爲五人帝——太昊、炎帝、黃帝、少昊、顓頊之先祖。天師注"國君爲五帝精生"，本此鄭注。河雒，河圖、雒書也，《周易·繫辭上》："河出圖，雒出書，聖人則之。"故《隋志》著錄讖緯類書云："有河圖九篇，洛書六篇。"新莽、劉秀臨天下，皆託符瑞，云出圖書示命，如光武帝受命之赤伏符曰："劉秀發兵捕不道，四夷雲集龍鬭野，四七之際火爲主。"赤伏符乃河圖之屬。又甄曜度曰："赤三德，昌九世，會修符，合帝際，勉刻封。"甄曜度乃雒書之倫（見《後漢書·志七祭祀上》）。天師"河雒著名"本此，謂河圖雒書類讖緯示命某人將君天下也。七宿，謂四方各七星，共廿八宿也（《史記·天官書》）；星之精現，謂受任主將出世也。五緯，鄭注《周禮·大宗伯》："星謂五緯。"賈疏："五緯即五星，東方歲星、南方熒惑、西方大白、北方星辰、中央鎮星。……元命包云：'文王之時，五星以聚房也。'"天師注"五緯合同"，類《春秋》緯元《命包》

"五星聚房",示聖君乃出:① 凡此,皆其所謂"治太平符瑞"也。
係師魯信讖,不唯著於竹帛,亦見諸行事,漢獻帝將禪位,

> 左中郎將李伏表魏王曰:"……武都(甘肅武都)李庶、姜合羈旅漢中,謂臣曰:'……定天下者,魏公子桓,神之所命,當合符讖,以應天人之位。'臣以合辭語鎮南將軍張魯,魯亦問合知書所出?合曰:'孔子玉版也。天子曆數,雖百世可知。'是後月餘,有亡人來,寫得册文,卒如合辭。合長於內學,關右知名。魯雖有懷國之心,沈溺異道,變化不果。寤合之言,後密與臣議策質,國人不協,或欲西通,魯即怒曰:'寧爲魏公奴,不爲劉備上客也。'言發惻痛,誠有由然。"(《三國志·文帝紀》裴注引《獻帝傳》載)

玉版,即河圖玉版(見明孫瑴輯《古微書》卷三四著錄),讖緯之書也。

讖緯源起甚早,及西漢末,其學始顯,而東漢特盛。數東漢讖緯家,蜀地最多(以幅員濶狹、人才多寡推算),可考有若翟酺、楊厚、周舒、周群、何宗、杜瓊、杜微、譙岍、譙周、譙同等多人,或出天師之前,或與天師同時,或在天師之後,又有流寓漢中精內學左右天師如李庶、姜合輩,相互鼓盪;矧讖緯之道,體同數術,神秘怪異,與宗教臭氣相投,張角及三天師者,託之以宣教宜矣(角"蒼天已死,黃天當立"云云,正以符讖惑眾)。

考察上所討論,總得結論如下:三天師倡教西蜀,據漢中,②

---

① 五緯合同,言瑞應,亦猶"五星聚東井",《史記·張耳陳餘傳》:"甘公曰:漢王之入關,五星聚東井,東井者,秦分也;先至必霸。"謂高帝將一天下,而其徵爲五星聚合。
② 《續漢書·郡國志》:"益州漢中郡九城:南鄭、城固、西城、襃中、沔陽、安陽、錫、上庸、房陵。"

歷七十四年（陵創教，142年—魯降曹，216年），使徒衆習五千言。其明《道德經》真義，乃著《想爾老子注》，令教徒必讀，作爲道教重要經典。①時蜀方文風淺末，化俗尤易，故蜀士之治儒兼及老莊者，有若王商、許靖、秦宓、陳壽、龐統、諸葛亮、蜀才（皆分詳七家卷），受天師教影響，自無可免。《想爾老子注》中，偶爾抑儒崇道，詆訾五經，病深傳注，然援儒家經典傳注以釋老子，則隨處可見：有《易》《尚書》及古今文《尚書說》，今文《齊詩說》，古文《周禮》及鄭注，《禮記》（《樂記》《中庸》），古文《左傳》說，及讖緯之學。蓋無論博雅、今古文，兼容而多取古文學及重視鄭注，特以融合儒道，頗多沿東漢以來學脈，而開魏晉新經學之風氣。

王商（？—201？）

《益州耆舊傳》（《三國志（卷三八）·許靖傳》注引）："王商字文表，廣漢人。以才學稱，聲問著於州里。劉璋辟爲治中從事。……璋懦弱多疑，不能黨信大臣。商奏記諫璋，璋頗感悟。……（馬超）有連蜀之意，商謂璋曰：'超勇而不仁，見得不思義，不可以爲唇齒，老子曰："國之利器，不可以示人。"今之益部，士（土？）美民豐，寶物所出，斯乃狡夫所欲傾覆，超等所以西望也。若引而近之，則由（猶）養虎，將自遺患矣。'……荊州牧劉表及儒者宋忠聞其名，遺書與商敘致殷勤。許靖號爲臧否，至蜀，見商而稱之曰：'設使商生於華夏，雖王景興無以加也。'璋以商爲

---

① 饒氏校箋（頁二~三）據正統道藏《傳授經戒儀注訣》言道教授經序次，論"《想爾訓》與《河上章句》，同爲道教必讀之經典"，而天師道研讀道德經次序，初誦"大字本"，次讀《河上章句》，復次讀《想爾注》。

蜀郡太守。成都禽堅有至孝之行，商表其墓，追贈孝廉。又與嚴君平、李弘立祠作銘，以旌先賢。修學廣農，百姓便之。在郡十載，卒於官。"

案：劉璋代父爲益州牧，當興平元年（194年，《三國志·劉二牧傳》），其以商守蜀郡，必在此後；許靖守蜀郡，當建安十六年（211年，《三國志》靖本傳），疑商卒而靖代，則上推十年爲商始守蜀郡之年，約當建安六年（201年）頃也。與嚴遵君平、李弘仲元立祠祀之，亦見《華陽國志》（卷十中《廣漢士女》）"又爲嚴、李立祠，正諸祠典"。遵、弘，並蜀成都人。遵治《周易》、《老子》；弘治《春秋左氏》，不爲章句之學（詳拙著《說經玄理化》）。商景崇二子爲祠，則其學問旨趣，從可推知。商說引《老子》（三十六章文），果用老學，以教儒璋。

又案：汝南許靖文休入蜀，"南陽宋仲子（忠）於荆州與蜀郡太守王商書曰：'文休倜儻瑰瑋，有當世之具，足下當以爲指南。'"（見《三國志·許靖傳》）《耆舊傳》謂劉表、宋忠致書與商談敘（《華陽國志》謂劉表及大儒宋忠遠慕其名，皆與交好：誇甚之辭），荆蜀簡書往復，必嘗涉及學術，惜遺文絕多散佚，無從確考矣。

又案：《華陽國志》亦謂許靖將商比擬中原王朗景興云："許文休稱商中夏王景興輩也。"略同此《耆舊傳》。朗，東海郡人，肅父，"高才博雅"[《三國志（卷十三）·魏書》朗傳注引《魏書》]，商"以才學稱，聲問著于鄉里"（《華陽國志》"商博學多聞"），此其似者一；朗"性嚴整，慷慨多威儀"（注引《魏書》），善識人倫，商倜儻奇偉，長於鑒裁人物（夫許靖史稱倜儻瑰瑋，號爲臧否，許、王惺惺相惜，才具氣象應相若），嘗薦名士趙韙、陳實、盛先、龔楊、趙敏、黎景、王澹、孟彪（《華陽國志》），此其似者二；朗事魏，諫帝游獵、諫營修宮室、疏育民省刑、諫東征、議興師與吳取蜀、議改元，皆關乎軍國大計，朝廷多加察納，商仕劉氏，"有治聲"［見《後漢書（卷六一）·王堂傳》］，旌表先賢，修學廣農，"甚善匡捄"（《華陽國志》），此其似者三也。唯朗治群經有著述，意者：商方資老子進退人物，亦必融儒家經傳文以出，史闕有間，惜哉！

王化

《華陽國志（卷十一）·後賢志》："王化字伯遠，廣漢郪人也。漢將作大匠王堂後也。祖父商、……父彭。……化兄弟四人，少有令望。化治《毛詩》、三《禮》、《春秋公羊傳》，……除閬中令。……大同後，……年七十二卒官。"

案：《毛詩》、三《禮》，皆鄭氏學（參見常騫、司馬勝之節），古文；公羊，今文也：是王化今古兼治，東漢以來習尚。其祖父商（詳彼節）經說，未詳。

劉寵

《華陽國志（卷十中）·廣漢士女》："劉寵字世信，縣竹人也。出自孤微，以明《公羊春秋》上計闕下，見除成都令，政教明肅。時諸縣多難治，乃換寵為郪令，又換鄪、安漢，皆垂績，還在成都，遷牂柯太守。……王商、陳實當世貴士，皆與為友。"

案：《公羊》有貶而無褒，嚴刻似法吏，寵通經致用，以臨郡縣，故政教明肅，皆垂治績也。

許靖（152？—222）

《三國志（卷三八）·蜀書·許靖傳》："許靖字文休，汝南平輿人。……孫策東渡江，皆走交州，以避其難。靖……既至交趾，太守士燮厚加敬待。……後劉璋遂使使招靖，靖來入蜀，璋以靖爲巴郡廣漢太守。南陽宋仲子於荆州與蜀郡太守王商書曰：'文休倜儻瑰瑋，有當世之具，足下當以爲指南。'建安十六年轉在蜀郡。十九年，先主克蜀，以靖爲左將軍長史。先主爲漢中王，靖爲太傅。……靖雖年逾七十，愛樂人物，誘納後進，清談不倦，丞相諸葛亮皆爲之拜。章武二年卒。"

靖與曹公書云"袁術方命圮族"（本傳注引），據《尚書·堯典》，是靖治《書經》。山陽公載記曰："建安十七年，漢立皇子熙爲濟陰王，懿爲山陽王，敦爲東海王。靖聞之，曰：'將欲歙之，必固張之；將欲取之，必固與之。其孟德之謂乎？'"（亦本傳注引）歙張取與句，《老子》三十六章文。靖儒而兼治老學，東漢學士率多如此。靖向以人物爲意，雅善清談，談言資老莊，故於所居交益二州，必有影響；於時王弼未生，洛下談風未起，宋衷稱之"倜儻瑰瑋"。第許宋交游，學問切磋，不可詳考矣。

劉先主備（161—223）

《三國志（卷三二）·蜀書·先主傳》："先主，姓劉諱備字玄德，涿郡涿縣人。……年十五，母使行學，與同宗劉德然、遼西公孫瓚俱事故九江太守同郡盧植。……（建安二十六年即皇帝位,改元章武)章武三年四月癸巳,先主殂於永安宮,時年六十三。"

先主亦從陳紀、鄭玄問道,

《華陽國志(卷七)·劉後主志》:"初,丞相亮時,有言公惜赦者,亮答曰:'……先帝亦言:"吾周旋陳元方、鄭康成間,每見啓告治亂之道,備矣。"曾不語赦也。'"①

案:陳元方名紀(129—199),寔子,漢潁川許人,東漢末名士,著書數萬言,號曰"陳子"(《後漢書》本傳、《世說新語》多篇及其注)。其經學未詳。盧、鄭皆東漢古文大家,而兼采今文,同出於馬融;先主從受者,古文經學也。

《三國志(卷三七)·蜀書·龐統傳》載先主曰:"武王伐紂,前歌後舞。"出《尚書大傳·周傳》(見輯校二),自是淵源於伏生今文,鄭玄有《尚書大傳注》。《華陽國志(卷六)·劉先主志》載先主曰:"聖人言迅雷風烈必變,良有以也。"出《論語·鄉黨篇》。先主遺詔勅後主曰:"勿以惡小而爲之,勿以善小而不爲。"(《先主傳》注引《諸葛亮集》載)出《周易·繫辭下》傳,先主經學遺文存者僅此而已。

其勅後主詔又曰:"可讀《漢書》、《禮記》,閑暇歷觀諸子及《六韜》、《商君書》,益人意智。聞丞相爲寫申韓管子六韜一通已畢。"夫盧植撰《禮記解詁》(《經典釋文序錄》)、鄭玄撰《禮記注》(今存),先主重視禮記,當得自盧、鄭之啓告。諸子學,斯時士林好尚者日多,而法家申韓管子、兵家六韜,可濟儒生之迂濶,

---

① 先主與鄭玄交游,當在領徐州牧時,《三國志·蜀書·孫乾傳》:"孫乾,……北海人也。先主領徐州,辟爲從事。"注引《鄭玄傳》曰:"玄薦乾於州:乾被辟命,玄所舉也。"

故詔命研讀。

周舒、周群

《三國志（卷四二）·蜀書·周群傳》："周群字仲直，巴西閬中人也。父舒字叔布，少學術於廣漢楊厚，名亞董扶、任安。數被徵，終不詣。時人有問春秋讖曰：'代漢者當塗高，此何謂也？'舒曰：'當塗高者，魏也。'（敏案：亦見《杜瓊傳》）鄉黨學者私傳其語。群少受學於舒，專心候業。於庭中作小樓，家富多奴，常令奴更直於樓上視天災，纔見一氣即白群，群自上樓觀之。不避晨夜，故凡言氣候，無不見之者，是以所言多中。州牧劉璋辟以爲師友從事。"

案：楊厚授陰陽災異與圖讖之學，傳董扶、任安、周舒，欲廣師學，皆治天文推步之術，用驗圖讖，以預測世代興亡，群承舒學而益專精之，前秦王嘉《拾遺記》（卷八）曰：

周群妙閑算術讖說，游岷山採藥，見一白猿從絕峯而下，對群而立。群抽所佩書刀抗猿，猿化爲一老翁，握中有玉版長八寸，以授群。……群服其言，更精勤算術，及考校年歷之運，驗於圖緯，知蜀應滅。及明年，歸命奔吳。皆云周群詳陰陽之精妙也。蜀人謂之"後聖"。

小說家言迂誕，然記群精勤算術，此天文學所必需，直可採信。

何宗（223—237間卒）

《三國志（卷四五）·蜀書》楊戲《季漢輔臣贊》陳壽

注曰：“何彥英名宗，蜀郡郫人也。事廣漢任安學，精究安術，與杜瓊同師而名問過之。劉璋時，爲犍爲太守。先主定益州，辟爲從事祭酒。後引圖讖，勸先主即尊號。踐阼之後，遷爲大鴻臚。建興中卒。失其行事，故不爲傳。”

《華陽國志（卷十上）·蜀都士女》：“何宗，……郫縣人也。通經緯天官推步圖讖，知劉備應漢九世之運，贊立先主。爲大鴻臚，方授公輔，會卒。”

案：彥英讖緯天文推步之術，受自任安，上傳楊厚學（另參看《後漢》楊厚、任安、董扶及杜瓊節）。建安二十五年，與劉豹、杜瓊等人共具銜勸進，文由彥英執筆：

> 臣聞河圖洛書，五經讖緯，孔子所甄，驗應自遠。謹案《洛書甄曜度》曰：“赤三日德昌，九世會備，合爲帝際。”《洛書寶號命》曰：“天度帝道備稱皇，以統握契，百成不敗。”《洛書錄運期》曰：“九侯七傑爭，民炊骸，道路籍籍履人頭，誰使主者玄且來。”《孝經鉤命決》錄曰：“帝三建九會備。”……又二十二年中，數有氣如旗，從西竟東，中天而行，圖書曰：“必有天子出其方。”加是年太白、熒惑、填星常從歲星相追。近漢初興，五星從歲星謀；歲星主義，漢位在西，義上之方，故漢法常以歲星候人主。當有聖主起於此州，以致中興。……頃者熒惑復追歲星，見在胃昴畢；昴畢爲天綱，經曰：“帝星處之，從邪消亡。”聖諱豫覩，推揆期驗，符合數至，若此非一。臣聞聖王先天而天不違，後天而奉天時，故應際而生，與神合契。”

案：引《甄曜度》《鉤命決》錄等，見宗之讖緯學。又述星象以明王氣在西,引"經曰"當本《星經》之類書。《華陽國志》謂其"通經",此引"先天而天不違"二句,出《乾卦文言傳》,當從任安習致,孟氏易學也。

杜瓊(171—250)、高玩

《三國志(卷四二)·蜀書·杜瓊傳》:"杜瓊字伯瑜,蜀郡成都人也,少受學於任安,精究安術。劉璋時,辟爲從事。先主定益州領牧,以瓊爲議曹從事。後主踐阼,拜諫議大夫,遷左中郎將、大鴻臚、太常。爲人靜默少言,闔門自守,不與世事。蔣琬、費禕皆器重之。雖學業入深,初不視天文有所論說,後進通儒譙周常問其意,瓊答曰:'欲明此術甚難,須當身視,識其形色,不可信人也。晨夜苦劇,然後知之;復憂漏泄,不如不知,是以不復視也。'周因問曰:'昔周徵君以爲當塗高者魏也,其義何也?'瓊答曰:'魏,闕名也,當塗而高,聖人取類而言耳。'……又曰:'古者名官職而不言曹,始自漢以來,名官盡言曹,吏言屬曹,卒言侍曹,此殆天意也。'瓊年八十餘,延熙十三年卒。著《韓詩章句》十餘萬言。不教諸子,內學無傳業者。(譙)周緣(杜)瓊言,乃觸類而長之。……"

楊厚精圖讖學,多得自家庭授受;厚傳任安,杜瓊事安而得其術焉。所謂內學,讖諱之學也(《華陽國志(卷十上)·蜀都士女》:"杜瓊通經緯術藝。"通經藝緯術也)。《三國志·先主傳》載瓊與劉豹等共十二人上言先主請稱帝引讖緯,其中瓊、何宗與譙周皆通內學,《季漢輔臣贊》注謂是何宗撰。傳謂瓊內學無傳業者,唯《華陽國志(卷十一)·後賢志》曰:

"蜀郡高玩字伯珍，少受學於太常杜瓊，術藝微妙，博聞強識。"術謂讖緯，則瓊內學並未及身而絕。瓊治《韓詩》，蓋亦端緒自任安。考安"少遊太學，受《孟氏易》，兼通數經"（《後漢書·儒林傳》），其中或通《韓詩》，以授杜氏也。顧櫰三《補後漢書藝文志》、侯康補《三國藝文志》及姚振宗《三國藝文志》皆據以著錄其韓詩章句，今佚，殆亦傳與高玩。

杜微

《三國志（卷四二）·蜀書·杜微傳》："杜微字國輔，梓潼涪人也。少受學於廣漢任安。劉璋辟爲從事，以疾去官。及先主定蜀，微常稱聾閉門不出。建興二年，丞相亮領益州牧，選迎皆妙簡舊德，以……微爲主簿，微固辭。……拜諫議大夫，以從其志。"

案：任安習《孟氏易》，兼通數經，精圖讖，還家以儒學教授，則微所從受經學也。

秦宓（？—226）

《三國志（卷三八）·蜀書·秦宓傳》："秦宓字子勅，廣漢縣竹人也。……州郡辟命，輒稱疾不往。……先主既定益州，廣漢太守夏侯纂請宓爲師友祭酒，領五官掾，稱曰'仲父'。宓稱疾，臥在茅（第）舍，纂將功曹古朴、主簿王普，廚膳即宓第宴談。……益州辟宓爲從事祭酒。先主既稱尊號，將東征吳，宓陳天時必無其利，坐下獄幽閉，然後貸出。建興二年，丞相亮領益州牧，選宓迎爲別駕，尋拜左中郎將、長水校尉。……遷大司農，四年卒。初宓見帝系之文，五帝皆同一族，宓辨其不然之本。又論皇帝王霸養龍之說，甚有通理。譙允南少時，數往諮訪，記錄其言於《春秋然否論》。"

宓經學，靡有專著，但自生平言論可覘其梗概：本傳載其薦任安曰："故《書》（敏案：《據秦誓》）美黃髮，而《易》稱顏淵（據《繫辭下傳》）。"本傳載答王商書曰："《易》曰：'確乎其不可拔。'夫何銜之有？"（據《乾文言傳》）報李權曰："《洪範》記災，發言於貌。"此其《易》《書》學也。本傳應張溫問曰："（天之頭）在西方，詩曰：'乃眷西顧。'以此推之，頭在西方。"（出《大雅·皇矣》）"天處高而聽卑，詩云：'鶴鳴九皋，聲聞于天。'若其無耳，何以聽之？"（出《小雅·鶴鳴》）此其詩學也。又答或人曰："昔孔子三見哀公，言成七卷，事蓋有不可嘿嘿也。"（見《大戴禮·孔子三朝記篇》）"五帝同族"，《大戴禮·帝繫篇》文，宓辨其不然。此其禮學也。答王商又曰："公羊賢叔術之讓。"（見《昭公三十一年》）報李權又曰："孔子發憤作《春秋》，大乎居正；復制《孝經》，廣陳德行。"此其《春秋》《孝經》學也。答或人又曰："以僕之愚，猶恥革子成之誤，況賢於己者乎？"（出《論語·顏淵》）此其《論語》學也。本傳云譙周《春秋然否論》錄其言，今譙書殘簡，不見宓語。陳壽評曰："宓專對有餘，文藻壯美，可謂一時之才士矣。"而略其經學根柢不言，惜乎！

季漢多士，治《老》《莊》為常經，勸宓仕進者王商其一也。宓報李權書曰："……道非虛無自然，嚴平不演。……杜漸防萌，預有所抑，是以老氏絕禍於未萌，豈不信邪！成湯大聖，覩野魚而有獵逐之失；定公賢者，見女樂而棄朝事。若此輩類，焉可勝陳？道家法曰：'不見所欲，使心不亂。'（二句出《道德經》三章）"（亦載本傳）是亦治《老子》；談言用《老》義，盛於魏正始，其實漢末儒生已開端，宓特其一也。

譙𧛑、譙周（201—270）、譙同

《三國志（卷四二）·蜀書·譙周傳》："譙周字允南，巴西西充國人。父𧛑，字榮始，治《尚書》，兼通諸經及圖緯。州郡辟請，皆不應；州就假師友從事。周幼孤，與母兄同居。既長，耽古篤學，家貧，未嘗問產業。誦讀典籍，欣然獨笑，以忘寢食。研精六經，尤善書札，頗曉天文，而不以留意。諸子文章，非心所存，不悉徧視也。……性推誠不飾，無造次辯論之才，然潛識內敏。建興中，丞相亮領益州牧，命周爲勸學從事。……蔣琬領刺史，徙爲典學從事，總州之學者。後主立太子，以周爲僕，轉家令。……徙爲中散大夫，猶侍太子。於時軍旅數出，百姓彫瘁，周與尚書令陳祗論其利害，退而書之，謂之《仇國論》。……後遷光祿大夫，位亞九列。周雖不與政事，以儒行見禮，時訪大議，輒據經以對，而後生好事者亦咨問所疑焉。……晉室踐阼，累下詔所在發遣周。周遂輿疾詣洛，泰始三年至。以疾不起，就拜騎都尉。……五年，予嘗爲本郡中正，清定事訖，求休還家，往與周別。周語予曰：'昔孔子七十二，劉向、揚雄七十一而沒，今吾年過七十，庶慕孔子遺風，可與劉、揚同軌，恐不出後歲，必便長逝，不復相見矣。'疑周以術知之，假此而言也。六年……，至冬卒。凡所著述，撰定《法訓》《五經論》《古史考》，書之屬百餘篇。……少子同，頗好周業，亦以忠篤質素爲行。"

譙𧛑主習《尚書》，群經與讖緯爲兼研，其學術淵源未詳。周考古史，必精研《尚書》，撰《五經論》，及其言論散見於史傳

者，則徧涉群經；又深識緯，竝時蜀人無出其右者（三事皆詳下），是作風酷似厥父。雖然，州人秦宓影響周者大。宓通《易》《書》《詩》《禮》《春秋》《孝經》《論語》，先亦甄覈古史（均詳秦宓節）。"譙允南少時，數往諮訪，記錄其言於《春秋然否論》"（《三國志·秦宓傳》），是弟子錄其師說於竹帛，猶游夏之徒之於仲尼，故《華陽國志（卷十中）》曰："宓甚有通理，弟子譙周，具傳其業。"杜瓊亦州之碩彥，周從問圖讖，因"緣瓊言，乃觸類而長之"（《三國志·杜瓊傳》），又預言蜀亡，及驗，周語人曰："此雖己所推尋，然有所因，由杜君之辭而廣之耳，殊無神思獨至之異也。"（皆見《三國志·杜瓊傳》）

周經、緯、子及考古史之著作，茲據本傳及舊志著錄之重要者，類列八種，並依以論其學焉：

《喪服圖》《太平御覽》五四〇引譙周《喪服圖》一條（云："男子幼娶必冠，女子幼嫁必笄，禮之則，從成人不爲殤。"），《通典》卷八一引蜀譙周《縗服圖》一條（云："童子不降成人，小功親以上皆服本親之縗，童子不杖不廬不免不麻，當室著免麻，十四以下不堪麻，則不"），侯康《補三國藝文志》著錄，謂"喪服者其大名，縗服則喪服中之一也"，姚振宗《三國藝文志》、丁國鈞《補晉書藝文志》說竝同侯志。敏案：譙君此作，圖儀禮喪服及說，《縗服圖》則眾圖之一，今圖佚而解圖之文字殘存，即《御覽》《通典》所引。侯氏據總名著錄，是也。《通典》卷九四引譙周"集圖"（原文後錄），它卷又多引譙周說，而不著書名，侯志曰："《通典·凶禮》門中，屢引譙周，又九四卷引譙周集圖，必皆出此書（《喪服圖》）矣。"姚志、丁志略同。①敏案：侯

---

① 唯姚志引侯氏說既從之，末復自注曰："案：亦似在周作《五經然否論》中。"敏案：凡明題"喪服圖""縗服圖"或"集圖"者，應屬專書（本體不及載），而《五經然否論》中有《禮記》無《禮儀》，說見下。

說是，顧櫰三《補後漢書藝文志》合《喪服圖》《集圖》爲一，著錄譙周《喪服集圖》一卷，非譙書本名。至其禮學，併於下五經學述之。

《五經然否論》《隋志》著錄五卷，兩《唐志》並同，周本傳無"然否"二字；夫既爲論，非然即否，可以省則省也。《通典》卷五六、六七及八八各引譙周《禮記說》一條，並明標《五經然否論》（或省"論"字；《續漢書·禮儀志》劉昭注同引其中一條，字未省），《三國志·秦宓傳》言周錄宓言載入其《春秋然否論》，是周以《禮記》《春秋》；併《易》《書》《詩》爲五經而論之，而不及《儀禮》；抑記（《禮記》）之作在發明經（《儀禮》）義，則周論五經、禮仍爲《儀禮》，疑不能明矣。

譙之禮學：

天子諸侯，十五而冠，十五而娶。……成王十五而冠，著在金縢。《周禮·媒氏》曰："令男三十而娶，女二十而嫁。"《內則》云："女子十五而笄。"說曰："許嫁也。"是故男自二十以及三十、女自十五以及二十皆得以嫁娶，先是則速，後是則晚。……《周禮》云："女子年二十，未有嫁者，仲春之月，奔者不禁。"奔者不待禮聘、因媒請嫁而已矣。（《穀梁傳》文十二年傳集解引）

敏案：謂成王十五而冠，同書金縢鄭注（鄭注見《穀梁傳·文公十二年傳》疏引），又兩引周禮以爲嫁娶年齡之準依，用古文說甚明。

喪服齊縗三年條，曰慈母如母，父在爲慈母則條不見，今文載所說，慈於貴妾，父在齊縗周；慈於賤妾，父在大功九月。古文鄭氏說此，主大夫士之妾子，父命爲母子者也；大夫之妾子，以父在爲母大功；士之妾子，爲母周矣。其大夫降爵一等，士無爵降例也，父卒皆伸。按經：大夫之妾子，父在爲其母大功，不別貴賤，自非祖嫡，大夫以爵降一等，故妾之子從父例降母一等。爲大夫妾，雖有貴者不得體君，何得不爲爵降？凡此之類，今文說不如古也。（《通典》卷九四引）

敏案：今不如古，從古文鄭氏說，譙氏已明言。

後漢群臣議養三老禮儀，董鈞謂斯所以教事父之道，故三老不可答天子拜，用今文慶氏學也，譙周以古文禮學論難之，曰："禮，尸服上服，猶以非親之故答子拜；士見異國君亦答士拜：是皆不得視猶子也。"（《通典》卷六七引）

《通典》兩引譙周《祭集志》（見卷四八、四九）、一轉引譙周《祭志》（見下）、《宋書·禮志》四引譙周《祭志》；《祭志》即祭集志之省文。斯皆譙氏禮說，莫非祭義。姚志雖著錄之於史部，終案云："疑在《五經然否論》中。"馬國翰輯佚正納《通典》所引於《五經然否論》中。茲錄一條，用觀其梗概，《通典》卷五二："景龍二年，是時每日奠祭，太常博士彭景直上疏曰：謹按三禮正文，無諸陵日祭之事。又按禮論，譙周《祭志》云：'天子之廟，始祖及高祖祖考，皆每月朔加薦新以象平生朔食也，謂之月祭。二祧之廟時祭，無日祭。'此譙周所著，與古禮義合。"

敏案：周治五經，而長於禮，其說多爲後世議禮家所采。

譙之尚書學：

《五經然否論》："故舜三十無室，《書》稱曰：'鰥。'"

(《穀梁傳·文公十二年傳》集解引)

《五經然否論》:"古文《尚書》説:武王崩,成王年十三。"(《通典》卷五六引)

《法訓》:"《書·堯典》云'四海遏密八音',何樂喪之有?"(《世說新語·任誕》注引)

《諫後主疏》(本傳載):"先帝之志,堂構未成,誠非盡樂之時。"堂構,《書·大誥》曰:"若考作室,既厎法;厥子乃弗肯堂,矧肯構。"

敏案:據第二則,其治尚書亦遵古文。

譙之易學:

《五經然否論》佚文未見,見於其《諫後主南行疏》(本傳載):"《易》(《乾文言傳》)曰:'亢之爲言,知得而不知喪,知存而不知亡,知得失存亡而不失其正者,其唯聖人乎?'言聖人知命而不苟必也。"

敏案:僅得一條,不足據知其《易》學要本。

譙之《春秋》學,出於《古史考》及雜議論:

周《古史考》,今尚存其據《左傳》糾繆史、漢之佚文,茲錄二條,《史記·燕世家》集解:"譙周曰:按《春秋傳》,燕與子穨逐周惠王者,乃南燕姞姓也,世家以爲北燕,失之。"譙據《左傳》莊公十九、二十、三十年。《史記·陳世家》索隱:"《莊二十二年傳》云:'陳厲公,蔡出也,故蔡人殺五父而立之。'則他與五父俱爲蔡人所殺,其事不異,是一人明矣。《史記》……誤以他爲厲公,五父爲別人,是太史公錯耳。班固又以厲公躍爲桓公弟,又誤。"

周答群臣難曰:"若陛下降魏,魏不裂土以封陛下者,周請身詣京都，以古義爭之。"古義云者，其《諫後主南行疏》顯言之："故微子以殷王之昆，面縛銜璧而歸武王。"（均見本傳載）事據《左傳六年傳》。

敏案：不及公、穀義，是周之學《春秋》，古文《左傳》也。

譙之詩學，其古史考存一條，由知譙氏治毛公古文：

古有塤箎，尚矣！周幽王時，暴辛公善塤，蘇成公善箎；記者因以爲作，謬矣！（《詩·小雅·何人斯》疏引）

敏案：毛詩序："何人斯，蘇公刺暴公也。暴公爲卿士，而譖蘇公焉，故蘇公作是詩絕之。"譙氏據毛序，以爲詩本文"伯仲塤箎"爲暴、蘇二公。①

《論語注》《經典釋文序錄》："譙周《論語注》十卷。"《隋志》："譙周《注論語》十卷，亡。"佚文祇存三條十四字："悅深而樂淺。"（《學而》，《經典釋文》引譙周云）"儺，却之也。""以葦矢射之。"（均《鄉黨》，俱《續漢書·禮儀志》中劉昭注引）

《讖記》《天文志》《災異志》陰陽五行災異，多依傍推步星占，而二者又往往託圖讖以出，故今會合三書用明譙氏方術之學。②《天文志》，《續漢書·天文志上》劉昭注引謝承書曰："蔡邕撰建武已後星驗著明，以續前志，譙周接續其下者。"《晉書·天文志》序："班固敘漢史，馬續述天文，而蔡邕、譙周各有撰錄。"侯志、丁志皆據以著錄譙作是書。《災異志》，侯、丁二志亦著錄，據《續漢書·五行志》序："應劭、

---

① 《淮南子·精神訓》："延陵季子不受吳國而訟間田者，慙矣！"高注："訟間田者，虞芮及暴桓公蘇信公是也。"陳喬樅《三家詩遺說考》以爲是《魯詩說》。則《毛詩說》皆以此詩爲暴蘇相訟之詩。

② 譙氏與弟子陳壽言，某歲卒，即期果驗，壽曰："疑周以術知之。"（《三國志》周本傳）夫立言於前，有徵於後，讖學也，而壽謂之術。

……董巴、散騎常侍譙周竝撰建武以來災異。"《讖記》,姚志著錄,《華陽國志》(卷九):"長老傳譙周讖曰:'……。'終如其記。"三書佚,周他著及史傳尚存其殘文,或與相關者,併輯列於下:

廣漢城北有大賊,曰流曰特攻難得,歲在玄宮自相賊。(《華陽國志》卷九引譙周讖曰)

已沒三十年後,當有異人入蜀;蜀由之亡。蜀亡之歲,去周三十三年。(《華陽國志》卷八武平府君云譙周言)

典午忽兮,月酉沒兮。(《三國志》本傳載譙周書板示文立)①

《春秋傳》著晉穆侯名太子曰仇、弟曰成師。師服曰:"異哉!君之名子也,嘉耦曰妃,怨耦曰仇;今君名太子曰仇,弟曰成師,始兆亂矣。兄其替乎!"其後果如服言。及漢靈帝名二子曰史侯、董侯,既立為帝,後皆免為諸侯,與師服言相似也。先主諱備,其訓具也;後主諱禪,其訓受也:如言劉已具矣,當授與人也。意者甚於穆侯、靈帝之名子。[載《三國志(卷四二)·杜瓊傳》]

眾而大,期之會,具而授,若何復?(同上,書柱文)②

敏案:杜瓊信讖,以為漢祚當盡,而天意眷屬曹魏,譙從問斯學,以讖決劉氏運絕於禪無可復之理,竟力勸後主降魏,豈二君於讖真有所見,然則前此列名與張裔等勸先主踐尊號亦援讖,以為應

---

① 譙氏本傳曰:"典午者,謂司馬也;月酉者,謂八月也。至八月,而文王果崩。"

② 杜氏本傳曰:"後宮人黃皓弄權於内,景耀五年,宫中大樹無故自折,周……乃書柱曰……。言曹者眾也,魏者大也;眾而大,天下其當會也;具而授,如何復有立者乎?"

天順民契合神意。內學之誣妄亂國，蜀之多士何多惑之者耶！

> 炎帝有火應，故置官師皆以火爲名。(《初學記》卷九載)
> 窮桑氏，嬴姓也，以金德王，故號金天氏。(《太平御覽》卷七九載)
> 高陽氏妘姓，以水德王。(《太平御覽》卷七九載)
> 高辛氏，或曰房姓，以木德王。(《太平御覽》卷八十載)

案：此鄒衍以來五德終始之說，兩漢此學甚盛。

《譙子法訓》《隋志》、兩《唐志》子部儒家竝著錄八卷，《玉函山房輯佚書》輯本敘曰："此書稱'法訓'，擬於古之格言，亦如揚子雲書稱《法言》之類。"案：蜀人著書，有倣揚雄擬經者（王長文著《無名子》十三篇，依則《論語》，似揚之《法言》；又著《通玄經》四篇，擬揚之《太玄》），此其比也。不然譙氏云何以子雲自況乎？《御覽》（卷四〇六）載"譙子《齊交》"，《齊交》者，此書篇目之一，其文曰：

> 夫交之道，譬之於物，猶素之白也，染之以朱則赤，染之以藍則青；遊居交友，亦人之所染也。韓起與田蘇處，而成好仁之名；甘茂事史舉，用顯齊秦之功；曹參師蓋公，致清靜之治；竇長君兄弟出於賤隸，謹恭師友，皆爲退讓。君子語曰："蓬生麻中，不扶自直。"此言雖小，可以喻大。……（敏案："夫交之道，染之以朱則赤"十字，用《藝文類聚》卷二十一補）

案：交友之道，綱常之一，孔子與門人共論，多見於二十篇中。譙書是篇緣此而作，以爲從來朋友義多不一，欲齊其不齊，故名（如《莊子·齊物》《淮南子·齊俗》），染赤染藍云云，語倣《墨子》（所染篇），亦即《論語》孔子"性相近習相遠也"

之義。蓬生麻中二句，見《大戴禮·曾子制言上篇》。舉韓蘇蓋曹事，多據史傳。又無篇目可考者多條（宋刻全本《意林》存五條，當據補入），如《世說新語》注引論"樂喪"，援《書·堯典》"四海遏密八音"及《禮記·曲禮上》"鄰有喪，舂不相"。本傳謂周"諸子文章，非心所存，不悉徧視"，是所專者仍在經書，次史籍，百家但涉獵而已。

《五教志》《隋志》儒家著錄云："梁有譙子《五教志》五卷，亡。"兩《唐志》著錄同，唯書名皆無"志"字；《意林》（宋刻全本）引書目列譙周《五教》五卷，亦無"志"字（《意林》目一據梁庾仲容《子鈔》）。《五教》"五"云者，《書·堯典》："帝曰：契，百姓不親，五品不遜，汝作司徒，敬敷五教。"則譙此書所論，父母兄弟子五常之教也，而今隻字無存，①宋高似《孫子略目》（卷一）載庾仲容《子鈔》目云："譙周《五教》五卷，並是《禮記》語。"是其書雖入子類，見其思想，所據立爲經籍，充其義爲經學思想典籍，非尋常子書可比也。

綜上所述，譙之經學，徧及《易》《書》《詩》《儀禮》《禮記》《春秋（左傳）》《論語》，力主古文，尤長於禮服；通識緯五行災異，間亦閱覽諸子，而歸本於六藝。《三國志》一以通儒許之（《杜瓊傳》："通儒譙周。"），再以碩儒稱之，謂具董、揚規橅（本傳評曰："譙周詞理淵通，爲世碩儒，有董、揚之規。"），非阿唯之詞也。

譙岍、周父子，皆居學職，父嘗爲州之師友從事，子則自勸學從事，而典學從事、"典學校及部諸郡文學掾"（《通鑑》胡

---

① 文廷式《補晉書·藝文志》卷四著錄譙子《五教志》曰："宋釋法雲翻譯《名義集》卷五引譙子曰：'夫交人之道，猶素之白也，染之以朱則赤，染之以藍則青。'"敏案：此殆譙周法訓文〈已見上〉，法雲"譙子"謂"譙子法訓"，固非其《五教志》文。

注），凡約十五年之久，① 乃轉太子家令，侍太子學，後徙職，而仍侍太子。方國有大政，輒引經以對，而後生亦從咨問。子譙同、門人杜軫、羅憲、文立、李虔、陳壽，參看杜、羅、文、李、陳五子節。

杜軫

《華陽國志（卷十一）・後賢志》："杜軫字超宗，蜀郡成都人也。父雄字伯休，安漢雒令。軫少師譙周，發明高經於譙氏之門。郡命爲功曹。鄧艾既破蜀，被徵。……軫既才學兼該，而氣量侗儻。（晉）武帝雅識之，方用內侍，會卒，時年五十八。"

案：高經，疑謂經書，經書皆高文典册，故云。譙門所授，及乎《易》《書》《詩》《儀禮》《禮記》《左傳》《論語》，軫所發明，莫非此類也。

羅憲（獻？）（？—270）

《晉書（卷五七）・羅憲傳》："羅憲（一作獻）字令則，襄陽人也。父蒙，蜀廣漢太守。憲年十三，能屬文，早知名。師事譙周；周門人稱爲'子貢'（亦見《儒林・文立傳》）。……仕蜀爲太子舍人、宣信校尉。再使於吳，吳人稱焉。……泰始六年卒。"（傳亦略見《襄陽記》，《三國志・霍峻傳》注引）

---

① 本傳記建興中（考之《諸葛傳》，在元年）諸葛亮領益州牧，以周爲勸學從事，以至延熙初。《華陽國志》（卷七）："延熙元年，……立子璿爲太子，……以典學從事巴西譙周爲太子家令。"歷十有六年。

案：子貢在孔門言語科；善辭辯，學《詩》而後克，"不學《詩》，無以言"（《論語·季氏》），子貢固長於《詩》，《論語·學而》："子貢曰：'貧而無諂，富而無驕，何如？'子曰：'可也。未若貧而樂，富而好禮者也。'子貢曰：'《詩》云："如切如磋，如琢如磨。"其斯之謂與？'子曰：'賜也，始可與言《詩》已矣！告諸往而知來者。'"《荀子·大略篇》記子貢倦學，問孔子，子引《詩那》《既醉》《思齊》《七月》誨之，子貢因悟學無止竟，死而後已。子貢善辭令：魯哀公七年，對吳太宰嚭；十一年，對吳王；十二年，又對太宰嚭；同年，說太宰嚭；十五年，對陳恆（參看蔡仁厚氏《孔門弟子志行考述》頁七六）。譙治群經及讖緯，同門以憲方孔門之端木子貢者，蓋以其傳師之《詩經》學，兩使於吳，"能專對"（《論語·子路》），故吳人稱焉。

文立（？—276）

《華陽國志（卷十一）·後賢志》："文立字廣休，巴郡臨江人也。少遊蜀太學，治《毛詩》、三禮，兼通羣書。州刺史費禕命爲從事，入爲尚書郎，復辟禪大將軍東曹掾，稍遷尚書。……凡立章奏，集爲十篇，詩賦論頌亦數十篇。"

《晉書（卷九一）·儒林·文立傳》："文立……，蜀時游太學，專《毛詩》、三禮。師事譙周，門人以立爲顏回，陳壽、李虔爲'游夏'，羅憲爲'子貢'。……蜀平，舉秀才，除郎中。泰始初，拜濟陰太守，入爲太子中庶子。……咸寧末卒。所著章奏詩賦數十篇，行於世。"

案：蜀設太學，兩主凡設經學博士六人——胡潛、周巨、許慈、子許勛、尹默、子尹宗。胡、周經學不詳，二許及兩尹尚古文學，許慈善鄭氏學，治三禮、《毛詩》，文氏蓋從慈學。其《上疏辭太子中庶子》(《華陽國志》本傳引) 有曰"緝熙天光""覿禮容棣棣之則",緝熙、棣棣,均出《詩》(《大雅·文王》《邶風·柏舟》),此其毛詩學。《上疏》又云"宜簡俊乂",俊乂出《尚書》(《皋陶謨》),蓋後從譙周習致,譙學古文。

又案:孔門四科:德行顏淵,言語子貢,文學子游、子夏。貢長於《詩》,游精於禮,夏博及群經,而淵特尊德行,"克己復禮"(《論語·顏淵》)、安貧樂道(簞食、瓢飲,居陋巷,不改其樂:《雍也》)、謙虛好學(顏子曰:"願無伐善,無施勞。"見《公冶長》),"以能問於不能,以多問於寡,有若無,實若虛"(《泰伯》),故孔子曰:"有顏回者好學。"(《雍也》《先進》) 又曰:"惜乎!吾見其(顏淵)進也,未見其止也。"(《子罕》) 而穎情悟出衆,子貢輩所弗如,《論語·公冶長》:"子貢對曰:賜也,何敢望回? 回也,聞一以知十;賜也,聞一以知二。"譙門以文氏德行、敏悟、學業均秀出,猶顏子居十哲之首,故以立上仿顏回也。

李虔

李虔,事迹不詳,其在譙門,衆以爲若孔門"游夏"。言偃深於禮,同窗以爲弗及;卜商說經傳經幾徧,篤實博大,二子於四科列文學。游夏如此,虔學大槩可知矣。(參看陳壽節)

陳壽(233—297)

《晉書(卷八二)·陳壽傳》:"陳壽字承祚,巴西安漢人也。少好學,師事同郡譙周,仕蜀爲觀閣令史。……張華愛其才,……舉爲孝廉,除著作佐郎,出補陽平令。……領本郡中正,撰《魏吳蜀三國志》。……時人稱其善敘事,有良史之才。……杜預將之鎮,復薦之於帝,……授御史治書。……初譙周嘗謂壽曰：'卿必才學成名，當被損折，亦非不幸也，宜深慎之。'……元康七年卒，時年六十五。"《華陽國志（卷十一）·後賢志》："陳壽，……少受學於散騎常侍譙周，治《尚書》、三傳，銳精史漢。……屬文富豔。"

子游長於禮，子夏治《易》《書》《詩》《禮》《春秋》，在洙泗二人列竝文學科，而壽師事譙周，亦翫習五經，文章富豔，故同門以爲若孔門之卜商（《晉書·儒林·文立傳》）。《尚書》、三傳蓋其較深者，故《志》特言之。又以盡瘁於著史（有《三國志》《益部耆舊傳》等），不遑傳經，故正史略其經學不言。今考之《三國志·后妃傳·敘》《上諸葛亮集表》及列傳"評曰"，得其四經說多節，錄論如下。

承祚《易》說，

①《易》（敏案：《家人·象傳》）稱"男正位乎外，女正位乎內；男女正，天地之大義也"。古先哲王，莫不明后妃之制，順天地之德。……《春秋說》（敏案：上句《春秋緯·保乾圖》文，見《公羊》成公九年傳何休注引，徐彥疏）云："天子十二女，諸侯九女。"考之情理，不易之典也。而末世奢縱，肆其侈欲，至使男女怨曠，……故風教陵遲而大綱毀泯。……有國有家者，其可以永鑒矣！（卷五《后妃傳·敘》）

②《易》（《序卦傳》）稱："有夫婦然後有父子"，夫人倫之始，恩紀之隆，莫尚於此矣。（卷三四《二主妃子傳》評曰）

承祚《書》說，

①《大雅》（《烝民》）貴"既明且哲"，《虞書》（《堯

典》《皋陶謨》）貴"直而能溫"，自非兼才，疇克備諸？（卷十二《崔、毛、徐、何、邢、鮑、司馬傳》評曰）

②考之《尚書》（《皋陶謨》），咎繇之謨略而雅，周公之誥（《周誥》多篇）煩而悉。何則？咎繇與舜禹共談，周公與群下矢誓故也。（卷三五《上諸葛亮集表》）

③昔舜禹躬稼，至聖之德，猶或矢誓眾臣，予違女弼；或拜昌言，常若不及（見《皋陶謨》）。況（孫）晧凶頑，肆行殘暴，……宜腰首分離，以謝百姓。（卷四八三《嗣主傳》評曰）

④（陸）抗貞亮籌幹，咸有父風，奕世載美，具體而微，可謂克構（出大誥）者哉！（卷五八《陸遜傳》評曰）

承祚《詩》說，

①引《大雅》，已見《書》說①。

②魏氏王公，既徒有國土之名，而無社稷之實，又禁防壅隔，同於囹圄；位號靡定，大小歲易；骨肉之恩乖，《常棣》（《小雅》篇名）之義廢。爲法之弊，一至于此乎！（卷二十《武文世王公傳》評曰）

③至今梁益之民，咨述亮者，言猶在耳，雖《甘棠》之詠召公（《召南》篇名），鄭人之歌子產（《左襄三十年傳》），無以遠譬也。（卷三五《上諸葛亮集表》）

④夫親親恩義，古今之常；"宗子維城"（《大雅·板》），詩人所稱。況此諸孫，或贊興初基，或鎮據邊陲，克堪厥任，不悉其榮者乎？（卷五一《宗室傳》評曰）

敏案：《毛詩序》："常棣，燕兄弟也。閔管蔡之失道，故作常棣焉。"陳評（第二則）骨肉恩乖，常棣義廢，本《毛說》也，而《毛序》又曰"常棣廢則兄弟缺矣"，則承祚據之尤昭著也。陳評（第三則），《毛詩序》："甘棠，美召伯也。召伯之教明於南國。"陳氏"甘棠之詠召公"，是毛義（三家義大體同毛）。

承祚《春秋》說，

①用《緯書》，已見易①。
②用《左傳》，已見詩③。
③趙姬請逆叔隗而己下之（事據《左傳·僖公二十四年》），見下禮學引。

承祚出於禮學專士——譙周之門，度亦嘗從先生學禮。晉太康元年，議王昌前母服，《通典》卷八九：

> 著作郎陳壽等（敏案：等謂侍郎山雄）議："《春秋》之義，不以得寵而忘舊，是以趙姬請逆叔隗而己下之。若昌父及二母於今並存，則前母不廢有明徵矣。設使昌父昔持前婦所生之子來入國中，而尚在者恐不謂母已黜遣，從出母之服。苟昌父無棄前妻之命，昌兄有服母之理，則昌無疑於不服。"

六經皆史，承祚既號良史，必通群經；六經本朝廷官學，而諸子源出於斯，故欲精史學，百家之書又非涉獵不可。又以西漢末而下蜀人頗有治經染濡《老》《莊》者（嚴遵、揚雄最其顯，詳看拙著《儒術獨尊後之兩漢經今古文學消長與說經玄理化》）。故承祚嘗讀道家書而用其義品鑒人事，

> 蔣琬方整有咸重，費禕寬濟而博愛，……然猶未盡治小之宜、居靜之理也。姜維粗有文武，志立功名，而翫眾黷旅，

明斷不周，終致隕斃，《老子》有云"治大國若烹小鮮"，況於區區蕞爾，而可屢擾乎哉！（卷四四《蔣琬費禕姜維傳》評曰）

夏侯、曹氏，世爲婚姻，故惇、淵、仁、洪、休、尚、真等並以親舊肺腑，貴重于時，左右勳業，咸有效勞。爽德薄位尊，沈溺盈溢，此固大易所著，道家所忌也。玄以規格局度，世稱其名，然與曹爽中外繾綣，榮位如斯，曾未聞匡弼其非，援致良才。舉茲以論，焉能免之乎？（卷九《諸夏侯曹傳》評曰）

案：第一則，原老子清靜無爲之政治思想（《老子》五十七章："我無爲而民自化，我好靜而民自正。"），雖以蔣、費，謹遵諸葛成規，未嘗動師作外，令邦國寧緝，猶譏其未盡治小之宜、達居靜之理，矧姜維不恤此區區蕞爾，屢興戎事擾民者乎？（注：）① 治國烹鮮，老子六十章文，王弼注："不擾也。躁則多害，靜則全真，故其國彌大，而其主彌靜。"陳評正此意也。第二則，責曹爽、夏侯玄德薄凡庸，不自戒高危，而知物極必反，亦《易》《老》所諄諄告人者：《易·乾》上九"亢龍有悔"，《象》曰："盈不可久也。"《豐·彖》曰："日中則昃，月盈則食，天地盈虛，與時消息。"《老子》二十三章："故飄風不終朝，驟雨不終日。……天地尚不能久，而況於人乎？"陳評融合儒道言之，漢末學者混同《易》《老》，承祚沿流仰風而已。

五（伍？）梁

《三國志（卷四二）·蜀書·杜微傳》："建興二年，丞

---

① 承祚斯意，與其譙師《仇國論》同調，見譙氏本傳（《三國志》卷四二）。

相亮領益州牧，選迎皆妙簡舊德，以……五梁爲功曹。……五梁者，字德山，犍爲南安人也。以儒學節操稱。從議郎遷諫議大夫、五官中郎將。"

案：五梁，《華陽國志（卷十中）·犍爲士女》作伍梁，謂其人治儒學，雅尚。其所事儒經，史未舉目。

張裔（？—230）

《三國志（卷四一）·蜀書·張裔傳》："張裔字君嗣，蜀郡成都人也。治《公羊春秋》，博涉史、漢。汝南許文休入蜀，謂裔幹理敏捷，是中夏鍾元長之倫也。劉璋時，舉孝廉，爲魚復長，還州，署從事，領帳下司馬。……先主以裔爲巴郡太守。……丞相亮以爲參軍，署府事，又領益州治中從事。亮出駐漢中，裔以射聲校尉領留府長史。……建興八年卒。"

案：裔常稱曰："公（敏案：似謂諸葛亮）賞不遺遠，罰不阿近，爵不可以無功取，刑不可以貴勢免：此賢愚之所以僉忘其身者也。"爵賞刑戮，一斷以事實，儼然一法吏，"幹理敏捷"，正法家氣象。鍾繇兩爲大理，議參獄政，許靖以裔比之，洵是。《公羊》褒貶深刻，有時近法家，裔治《公羊》而任法，宜也。

龐統（179—214）

《三國志（卷三七）·蜀書·龐統傳》："龐統字士元，襄陽人也。少時樸鈍，未有識者。……潁川司馬徽清雅有知人鑒。統弱冠往見徽，徽採桑於樹上坐，統在樹下，共語自晝至夜。徽甚異之，稱統當爲南州士之冠冕，由是漸顯。……後郡南郡命為功曹，性好人倫。勤於長養，每所稱述，多過其才。……吳將周瑜助先主取荊州，因領南郡太守。瑜卒，統從喪至吳。吳人多聞其名，及當西還，並會昌門，陸績、顧劭、全琮皆往。統曰：'陸子可謂駑馬，有逸足之力。顧子可謂駑牛，能負重致遠也。'謂全琮曰：'卿好施慕名，有似汝南樊子昭；雖智力不多，亦一時之佳也。'績、劭謂統曰：'使天下太平，當與卿共料四海之士。'深與統相結而還。先主領荊州，統以從事守耒陽，在縣不治免官。吳將魯肅遺先主書曰：'龐士元非百里才也，使處治中別駕之任，始當展其驥足耳。'諸葛亮亦言之於先主，先主見與善譚，大器之，以為治中從事，親侍亞於諸葛亮。……進圍雒縣，統率眾攻城，為流矢所中卒，時年三十六。"（《襄陽耆舊記》卷一："龐德公從子統，……少未有識者，惟德公重之。年十八，使詣司馬德操。德操與語，自晝達夜，乃歎息曰：'德公誠知人，此實盛德也，必南州士之冠冕。'由是顯名。"）

案：士元以龐德公為諸父，學問早受家庭熏陶。德公對劉表"保全一身，孰若保全天下"之難，曰："鴻鵠巢於高林之上，暮而得所棲；龜黿穴於深泉之下，夕而得所宿。夫趨舍行止，亦人之巢穴也，但各得棲宿而已，天下非所保也。"（見《襄陽耆舊記》卷一，《後漢書（卷一一九）·逸民龐公傳略》同）處高林深泉，用適其分，且以全軀自保，正學道家，士元蓋嘗從之習老莊矣。德公固司馬之所敬重（《襄陽耆舊記》卷一："德操少德公十歲，以兄事之。"）；亦以二人學旨大同，氣臭相投，故公使士元詣徽問津。徽亦治《老》《莊》，因取伯成、巢、許故事開之；是士元之從司馬游也，亦涉習道家書。宜其答顧劭曰："……論帝王之祕策，攬倚伏之要最，吾似有一日之長。"（龐統本傳注引張勃吳錄載）夫倚伏云者，出《老子》五十八章"禍兮福之所倚，福兮禍之所伏"。士元根本道家學理，爲帝王大業之理論，稽其所討治之秘策，殆所謂"黃石一編"之流；果有著作傳世，合"倚伏之要最"，疑亦不外兵謀權變之書。觀其從先主入蜀，數上奇計，卒定益州，視張良、陳平之獻於高皇帝者，何以異邪？士元爲周瑜功曹（龐統本傳注引《江表傳》），又爲吳士陸績、顧劭、全琮所重，吳人又多聞統名，其老莊兵謀之學影響及於江東，自屬難免。士元經學，不可詳徵，本傳陳壽評之曰："龐統雅好人流，經學思謀，于時荆楚謂之高俊。"

諸葛亮（181—234）

《三國志（卷三五）·蜀書·諸葛亮傳》（下簡稱亮本傳）："諸葛亮字孔明，琅玡陽都人也，漢司隸校尉諸葛豐後也。父珪，字君貢，漢末爲太山郡丞。亮早孤，從父玄爲袁術所署豫章太守。玄將亮及亮弟均之官，會漢朝更選朱晧代玄，玄素與荆州牧劉表有舊，往依之。玄卒，亮躬畊隴畝，好爲《梁父吟》，每自比於管仲、樂毅，時人莫之許也。惟博陵崔州平、潁川徐庶元直與亮友善，謂爲信然。……徐庶……謂先主曰：'諸葛孔明者，臥龍也，將軍豈願見之乎？'……先主遂詣亮，凡三往，乃見。……先主於是即帝位，策亮爲丞相。章武三年春，先主……召亮於成都，屬以後事。……建興元年，（後主）封亮武鄉侯。……十二年……八月，亮疾病卒於軍，時年五十四。……亮弟均，官至長水校尉；亮子瞻，嗣爵。"

孔明祖先豐"以明經爲郡文學"，上書據《詩經》《左傳》，事在前漢；①父珪、從父玄之學，未詳，且一則早已見背，一則建安二年見殺（時亮年十七），故家庭影響亮學極微。其兄瑾，"少游京師，治《毛詩》《尚書》《左傳春秋》"，然長孔明七歲，在山東時，兄弟俱少，而弟尤幼少，故彼時兄弟學問不相及；其後兄弟同時南走避亂，瑾在吳、而亮自荆州歸蜀，各事其主，學術影響，亦無大可能。②

陳壽撰《奏諸葛亮集》，謂亮"遭漢末擾亂，隨叔父玄避難荆州，躬耕于野"（亦見亮本傳），與此"玄將亮"云云略同，且記亮從玄來荆事尤明確。考朱皓代玄守豫章，玄乃往荆依劉表，《獻帝春秋》（《三國志（卷四九）·劉繇傳》裴注引）曰：

> 是歲，（劉）繇屯彭澤，又使（笮）融助皓討……太守諸葛玄，許子將（劭）謂繇曰："笮融出軍，不顧命名義者也，朱文明（皓）善推誠以信人，宜使密防之。"融到，果詐殺皓，代領郡事。（亮本傳裴注引《獻帝春秋》曰："初，豫章太守周術病卒，……諸葛玄爲豫章太守，治南昌。漢朝聞周術死，遣朱皓代玄，皓從揚州太守劉繇求兵擊玄。"略同。）

"是歲"，《資治通鑑》（卷六一《漢紀》五三）繫興平二年（195年），則玄挈猶子亮去南昌至荆，當在此年，③時亮年十五。

----

① 皆見《漢書》卷七七本傳，載豐"上書謝恩"有曰："長獲素餐之名"，素餐，出《詩·魏風·伐檀》。豐"復上書"曰："隱公慈而殺於弟，叔武弟而殺於兄。"並出《左傳》，一見隱公十年、一見僖公廿八年。
② 諸葛瑾仕歷，見《三國志》卷五二本傳及裴注引《吳書》。
③ 明楊時偉《諸葛忠武書》卷一《諸葛亮年譜》，亦繫興平二年，云："侯寓襄、鄧，當在此年以後。"（清張鵬翮《三國蜀諸葛武侯年表》依同）是。日宮川尚志《諸葛孔明年表》（載所著《諸葛孔明》頁二四四），繫前一年，殆誤。

建安五至十三年，劉表於荆州設官講學（參看拙著《季漢荆州經學》），時亮居在州之南陽，第未聞詣校受業，是亮與季漢荆州學無大關涉。唯孔明在荆十三年間，嘗從龐德公游，晉習鑿齒《襄陽耆舊記》（卷一頁二~四）曰：

> 龐德公，襄陽人，居峴山之南，未嘗入城府。……諸葛孔明每至公家，獨拜公於床下，公殊不令止。……《先賢傳》云：" 鄉里舊語：目諸葛孔明爲臥龍、龐士元爲鳳雛、司馬德操爲水鏡，皆德公之題也。" 其子僞民……娶諸葛孔明小姊。

亮又從司馬徽德操游，徽稱其識時務，爲俊傑，《襄陽耆舊記》（亮本傳裴注引）曰：

> 劉備訪世事於司馬德操，德操曰："儒生俗士豈識時務？識時務者在乎俊傑。此間自有伏龍、鳳雛。" 備問爲誰，曰："諸葛孔明、龐士元也。"

案：德公、德操皆治《老》《莊》，孔明後論老學得失（見某氏編《諸葛亮集》卷二頁四七，詳下），二公或嘗教之。德操自表爲儒生的通古文經學（參看《季漢荆州經學》司馬徽及上文龐統節），孔明之曉禮樂、明《詩書》《左傳》等，有啓牖之功，應歸司馬水鏡。①至謂 "時務"，蓋指刑名法術兵略，則二公無與。

朋友切磋，則孔明以石、孟、徐爲三益友，晉魚豢《魏略》（亮本傳裴注引）曰：

---

① 宋張栻《漢丞相諸葛忠武侯傳》（頁三一）："（武）侯之所不足者學也。予固謂 ' 使侯得游於洙泗之門，講學以終之，則所于又非予所知 '。" 案：孔明雖嘗接聞於洙泗後學（司馬徽及下述徐庶等），然講學之功未足，故不得爲純儒：南軒意蓋謂此。

亮在荆州，以建安初與潁川石廣元（韜）、徐元直、汝南孟公威（建）等俱游學，三人務於精熟，而亮獨觀其大略。

四友所講論，必涉及經學，由庶精熟經義可知也，《魏略》（亮本傳裴注引）曰：

庶先名福，本單家子。……折節學問。始詣精舍，諸生聞其前作賊，不肯與共止。福乃卑躬早起，常獨埽除，動靜先意，聽習經業，義理精熟。遂與同郡石韜相親愛。初中平，中州兵起，乃與韜南客荆州，到，又與諸葛亮特相善。

《仙鑑》（載《諸葛亮集》"故事"卷二頁一六五～一六六）記孔明受業酆公玖、北極教主，云：

司馬徽謂亮曰："以君才，當訪明師，益加學問。汝南靈山酆公玖熟諳韜略，余嘗過而請教，如蠡測海，盍往求之！"引亮至山，拜玖爲師。居期年，不教，奉事惟謹。玖知其虔，始出《三才祕籙》《兵法陳圖》《孤虛相旺》諸書，令揣摩研究。百日，玖略審所學皆能致其奧妙，謂曰："方今天運五龍，非有神力者不能濟弱於斯時也。"亮問五龍之說，酆公曰："秦、漢之時，五龍變現，如嬴秦爲白，呂秦爲黑，項王爲蒼，漢高爲赤，漢文夢黃龍之瑞，光武膺赤伏之符，故兩漢互尚黃赤。及今漢祚欲終，火土垂絕，雖餘焰末息，復當流之於西，稟金而王。孫堅修漢諸陵，乘土之德，故獅兒創業於江左。與火土爲仇難者，水也。今曹氏已定北方，木繼水而生，其子有青龍之祥，水襲木而王，其後有二火之讖也。"亮曰："操爲國賊，權爲竊命，亮當此亂世，則惟退隱躬耕，養志樂道。"公曰："不然，抱此材器而不拯救斯民，非仁者之心，然出處必以正，劉備漢室之胄，子如一出爲輔，则可成立矣。"亮問關、張輩何如？公曰："羽是解梁老龍，飛是涿州玄豹，雲乃長山巨蟒，竺乃東海壽麋，其後猶有襄陽鳳雛、長沙虎母、西涼駒子、天水小龍，皆子之良佐使也。南郡武當山上有二十七峰、三十二巖、二十四澗，峰最高者曰天柱、紫霄，二峰間有異人曰北極教主，有琅書、金簡、玉冊、靈符，皆六甲祕文、五行道法，吾子僅習兵陳，不喻神通，終爲左道所困。"遂引至武當拜見。惟令擔柴汲水，採黃精度日。居既久，方授以道術，遣下山行世。至靈山，酆公已北回復命，復尋教主亦不在，峰頭風雷聲轟轟，如千萬人語，始悟神人指點，自負不凡。司馬徽見之，改容曰："真第一流也。"

此荒誕無稽之言。殆後人見孔明長於兵謀，故僞託其師承，謂其術出於異人，用神化其事。《三才祕籙》《兵法陳圖》《孤虛相旺》，三書蓋皆空名；琅書、靈符等，亦皆烏有。彼僞者又虛作符讖，逆言將來，是取東漢以來讖緯，雜以魏晉方術神僊家詞捏造。史傳記孔明避耕襄陽隴中，司馬徽隱居荆州，興平至建安間，未嘗出州一步，則亮相從求師於汝南者，亦妄言也。

孔明"每自比於管仲、樂毅"，管仲、法家；樂毅，兵略家也。兵法尚嚴整，必重律法：是亮以法家自詡也矣。蜀先主遺詔勅後主〔《三國志（卷三二）·蜀書·先主傳》裴注引《諸葛亮集》〕曰：

> 聞丞相爲寫《申》《韓》《管子》《六韜》一通已畢，未送，道亡，可自更求聞達。

孔明所爲寫四書，前三皆法家書；《六韜》，"述兵權畝計"，《隋書·經籍志》子部兵類著錄，名《太公六韜》，周文王師姜望撰，是其書亦近法家。朱子因言其學出於申韓：

《朱子語類》（卷一三五頁三）："唐子西（名庚，宋人）云：'……孔明喜申、韓。'也說得好。……孔明手寫《申》《韓》之書，以授後主，而治國以嚴，皆此意也。……唐子西嘗說：子房與孔明皆是好人才，但其所學，一則從黃、老中來，一則從申、韓中來。"

又（卷一三六頁一）曰："孔明出於申、韓，如授後主以《六韜》等書與用法嚴處可見。"

又（同上）曰："忠武侯……規模，並為申子之類。"

其法家氣象，陳壽《進諸葛亮集表》舉其治國用兵，事證尤確，

亮……於是外連東吳，內平南越，立法施度，整理戎旅，工械技巧，物究其極，科教嚴明，賞罰必信，無惡不懲，無善不顯。至於吏不容奸，人懷自厲，道不拾遺，彊不侵弱，風化肅然也。……亮才，於治戎為長，奇謀為短，理民之幹，優於將略。……亮之器能政理，抑亦管、蕭之亞匹也。至今梁、益之民，咨述亮者，言猶在耳，雖甘棠之詠召公、鄭人之歌子產，無以遠譬也。（載亮本傳）

案：平越和吳，整軍經武，嚴明法教，清肅吏治，考究工藝，皆司馬徽所稱"識時務者"，以擬周、漢，則有召公（當作召伯，殆即召穆公虎，《詩·召南·甘棠》小序曰："甘棠，美召伯也。召伯之教，明於南國。"鄭箋"蔽芾甘棠，勿翦勿伐，召伯所茇"曰："召伯聽男女之訟，不重煩勞，百姓止舍小棠之下而聽斷焉。國人被其德，說其化，思其人，敬其樹。"又《行露》小序曰："行露，召伯聽訟也。"）、管仲、子產（子產鑄刑書，事見《左召

六年傳》)、蕭何(《漢書‧刑法志》:"漢興,高祖初入關,約法三章,……其後四夷未附,兵革未息,三章之法不足以禦姦,於是相國蕭何攟摭秦法,取其宜於時者,作律九章。"),則陳壽論孔明爲法家,長於政理。議爲立廟祀者,又以共召伯、范蠡同德,《襄陽耆舊記》(卷二頁五~六)曰:

> ……(向)充時爲中書郎,與步兵校尉習隆共上表曰:"臣聞周人懷召伯之德,《甘棠》爲之不伐;越王思范蠡之功,鑄金以存其像。自漢興以來,小善小德而圖形立廟者多矣,況亮德範遐邇、勳蓋季世,興王室之不壞,實斯人是賴,而烝嘗止於私門,廟像闕而莫立,使百姓巷祭,戎夷野祀,非所以存德念功、述追在昔者也。"

案:范蠡,亦兵家(《史記‧越王句踐世家》:"蠡對(句踐)曰:'兵甲之事,(文)種不如蠡。'"《漢書‧藝文志》兵權謀家著錄蠡二篇),任法嚴,用興亡振絕,議者故以孔明上方其人。

孔明言諸子短長,所舉周漢九子,絕多長於兵謀刑政:

> 老子長於養性,不可以臨危難。商鞅長於理法,不可以從教化。蘇、張長於馳辭,不可以結盟誓。白起長於攻取,不可以廣眾。子胥長於圖敵,不可以謀身,尾生長於守信,不可以應變。王嘉長於遇明君,不可以事暗主。許子將長於明臧否,不可以養人物。此任長之術者也。(《諸葛亮集》卷二頁四七《論諸子》)

法家(商鞅)歸宗於道家,且多兼擅兵學(如《漢書‧藝文志》法家著錄《商君》二十九篇,兵權謀又著錄《公孫鞅》二十七篇,兩書同爲商鞅撰),兵家(白起、伍員[《漢書‧藝文志》著錄《五子胥》十篇,在兵技巧家類])例兼曉道家陰謀(如

《漢書·藝文志》道家著錄《太公》二百三十七篇——凡謀八十一篇、言七十一篇、兵八十五篇，而張良、陳平竝習黃老學，遂諳兵法），故此先述老子，以明本源。蘇秦、張儀，縱橫家者流，蓋出於行人之官（竝見《漢書·藝文志》），及漢王丞相嘉（見《漢書》卷八六本傳）皆政人。唯許劭爲清流（見《後漢書》卷六八本傳），而尾生仕履不詳。是孔明上所論諸子，經生儒士，竟無一人，亦徵其平日意之所重矣。

陳壽《上諸葛亮集》目錄廿四篇，有但觀題目即知其宗旨者，有質諸殘文可決其宗旨者，茲輔以清姚振宗《三國藝文志》，類陳如下：

屬於政治外交者

《開府作牧》《與孫權書》（由殘文可知，見《諸葛亮集》卷一頁二四）《與諸葛瑾書》（由其第五至七書殘文可知，《亮集》卷一頁二五～二八）《與孟達書》（有殘文，見《亮集》卷一頁二三）《廢李平》（全文見《亮集》卷一頁九）

屬於兵略者

《南征》（《亮集》卷一頁四存《南征表》，當係其殘文）《北出》（《亮集》卷一頁十二存《上事表》《祁山表》，當爲其殘文）《兵要》（《亮集》卷二頁四〇～四三存殘文）《軍令（上中下）》（《亮集》卷二頁三五～三九存殘文）。以上六篇文，姚《志》（卷三子類兵家）據《隋書·經籍志》等著錄《諸葛亮兵法》五卷，自案曰："武侯兵法，陳壽重編故事集盡收載之，《南征》《北出》《兵要》《軍令》上中下等篇，皆其類也。"敏案：《亮集》卷二頁三九存《兵法祕訣》，亮本傳："亮推演兵法，作八陣圖。"兩文宜亦原在五卷之中。《計算》（殘文存《亮集》卷一頁五五，題作"算計"，同一文）《貴和》（《左昭十一年傳》："師克在和不在衆。"孔明本文當取義於此）《傳運》[《亮集》卷一頁二七《與兄瑾言子喬書》曰："喬本當還成都，今諸將子弟皆得傳運思惟，宜同榮辱。今使喬督五六百兵，與諸子弟傳於谷中。"上"傳運"殆謂下"傳於谷中"，似即傳運軍糈，亮本傳云："亮性長於巧思，損益連弩，木牛流馬，皆出其意。"嚴可均云："木牛流馬法，當在《傳運》篇中。"（《全三國文》卷五九頁七）]《與諸葛瑾書》（由其第一至四及第八書殘文知之）

屬於律法者

《權制》《法檢（上下）》《訓厲》（姚《志》卷三子類儒家著錄《諸葛武侯集誡》二卷，轉引《魏氏春秋》曰："亮作八務、七戒、六恐、五懼，皆有條章，以訓厲臣子。又陳壽重定《諸葛故事集》目錄云訓厲第六。敏案：法意濃厚，姚《志》卷三子類儒家著錄《諸葛武侯女誡》及《亮集》卷二頁二七、二八《與諸葛瑾書》、《誡子書》、又《誡子書》《誡外生書》，當亦皆在二卷之內）《與諸葛瑾書》（此謂第九書，見《亮集》，已詳"訓厲"下）《綜覈（上下）》《雜言（上下）》（《亮集》卷二頁五五存殘文）《科令（上下）》。

是上列孔明諸作，大抵可歸類於法家。
孔明法家思想師承不詳，殆直接得自遺書。
朱子師弟子謂孔明之學雜，

《朱子語類》（卷九十頁十二）："（黃）義剛曰：'孔明誘奪劉璋地，也似不義。或者因言渠雜學伯道，所以後來將申商之說教劉禪。'（朱子）曰：'便是適間說，後世聖賢難做,動着便是恁地粘手惹腳。'"

又(卷一三五頁三):"(朱子)曰:'……孔明學術亦甚雜。'(輔)廣云:'他雖嘗學申韓,却覺意思頗正大。'"

朱子意謂孔明雖出申韓,但有儒者氣象,

《朱子語類》(卷一三六頁):"或問孔明,(朱子)曰:'南軒言其體正大,問學未至。此語也好。但孔明本不知學,全是駁雜子,然却有儒者氣象,後世誠無他比。'"

儒者氣象,即正大氣象,唯儒者體乃正大(南軒說孔明體正大,其撰《武侯傳》隨處可見),亦曰宏大氣象,下文可證,

《朱子語類》(卷九六頁十三):"問'諸葛亮有儒者氣象'如何?(朱子)曰:'孔明學不甚止,但資質好,有正大氣象。'"

又(卷一三六頁三):"諸葛孔明天資甚美,氣象宏大,但所學不盡純正,故亦不能盡善。"

行事一秉大公,故氣象正大,學雖申韓,具儒者風範,張、朱兩先生并指出,

《漢丞相諸葛忠武侯傳》(頁三十):"即侯行事而觀之,絕姑息之私意,本常理之大公,如明鏡,洞然四達。"
《朱子語類》(卷一三六頁一~二):"忠武侯天資高,所爲一出於公。若其規模,并爲申子之類,則其學只是伯。"

孔明學雜王霸,不得爲純儒,緣其讀聖人書但"觀其大略"(已見上引),故朱子亦譏其麄疎,

《朱子語類》（卷一三六頁一）："諸葛孔明大綱資質好，但病於麄踈，……若以比王仲淹，則不似其細密。"

麄踈，謂孔明儒學粗略；王通讀經不仔細，而孔明視王通尤踈，《朱子語類》（卷一三七頁五~六）：

> 漢儒惟董仲舒純粹，其學甚正，……極好處也只有正義、明道兩句。……諸葛亮固正，只是太麄！王通也有好處，只是也無本原工夫，却要將秦漢以下文飾做箇三代，他便自要比孔子，……如《續詩》《續書》《元經》之作，盡要學箇孔子，重做一箇三代，如何做得？……緣他都不曾將心仔細去讀聖人之書，只是要依他箇模子。

責孔明經學粗略，朱子所舉衹禮樂一事，《朱子語類》（卷一三六頁一）：

> 問："孔明興禮樂，如何？"曰："也不見得孔明都是禮樂中人，也只是粗底禮樂。"（原注：[陳]淳錄云："孔明也相若，興禮樂也是粗禮樂。"[徐]寓錄云："孔明是禮樂中人，但做時也麄踈。"）

孔明立禮儀，見《先主傳》及《華陽國志》，寥寥數節，[1] 柄

---

[1] 《三國志（卷三二）·蜀先主傳》："章武元年夏四月，……以諸葛亮爲丞相、許靖爲司徒，置百官，立宗廟，祫祭高皇帝以下，……二年冬十月，詔丞相亮營南北郊於成都。"（事亦略見《華陽國志》卷六頁八、九）《華陽國志》卷六頁七~八劉先主志："章武元年，魏黃初二年也。春，……軍師將軍諸葛亮……等乃勸先主紹漢絕統即帝號。……先主乃從之。亮與博士許慈、議郎孟光建立禮儀，擇令辰。"又文中子《中說·王道篇》："使諸葛亮而無死，禮樂其有興乎？"阮逸注："孔明言'普天之下，莫非漢民'，志在天下，非蜀而已。亮未死，必可功成治定。"似謂孔明相二主，未及興禮樂，而欲俟匡一天下後乃興天子之禮樂。

政十餘歲,唯"立法施度,整理戎旅"用力爲多,故朱子謂其所立禮樂是麁底。

孔明遺文,近人所編《諸葛亮集》中,多後人依託者,編者皆分別志疑於厥下。今但據其可信者,用徵武侯經學。武侯經學,昔賢確指其本原,以余所知,僅朱子說一條,

《朱子語類》(卷一三六頁四~五):"如八陣之法,每軍皆有用處,天衡地軸、龍飛虎翼、蛇鳥風雲之類,各爲一陣,有專於戰鬪者,有專於衝突者,又有纏繞之者,然未知如何用之。……若又陣圖,自古有之,《周官》所謂'如戰之陣',蓋是此法。"

《周禮·夏官·大司馬》:"中春,教振旅,司馬以旗致民。平列陣,如戰之陣。"鄭注:"以旗者,立旗期民於其下也。"賈疏:"立旗期民於其下也者,謂大司馬素有田獵之期日,今至期日,立熊虎之旗於期處以集衆。"是朱子以孔明八陣圖法受《禮經》立旗列陣啟示。

建安廿四年,亮與許靖等共一百廿人上表漢獻帝,用《尚書》《詩經》;次年,又與許靖、糜竺、賴恭、黃權(當作黃柱)、王謀等上言請劉備就尊號,援《周易》、河圖洛書(以上竝見《先主傳》):二表撰者,多人署名,無緣獨論爲孔明經學。

先主章武三年,合葬昭烈皇后上言,孔明有云:

皇思夫人,履行修仁,淑慎其身。大行皇帝,昔在上將,嬪妃作合,載育聖躬。大命不融。……今皇思夫人神柩以到,又梓宮在道,園陵將成,安厝有期。臣輒與太常臣賴恭等議:《禮記》曰:"立愛自親始,教民孝也;立敬自長始,教民順也。不忘其親,所由生也。"《春秋》之義,"母以子

貴"。……今皇思夫人宜有尊號，以慰寒泉之思，輒與恭等案諡法，宜曰昭烈皇后。《詩》曰："穀則異室，死則同穴。"故昭烈皇后宜與大行皇帝合葬。(《三國志（卷三四）·蜀書·二主妃子傳》)

案：疑盡是亮言，而賴恭無與。兩"皇思"，竝本詩文王"思皇"：思，辭也(《毛傳》)，字在上下意義如一。上將，大明"維師尚父，……涼彼武王"，鄭箋："尚父……佐武王者，爲之上將。"作合，又"（文王初載），天作之合"：則亮文二語亦有本。載育，出《生民》"載生載育"。是上述數語，咸本《詩·大雅》。末明引"詩曰"，《王風·大車》文，解同《毛傳》。《禮記·檀弓上》："天子之棺四重，……梓棺二。"梓棺即梓宫，《漢書·霍光傳》"梓宫"注師古曰："以梓木爲之，親身之棺也；爲天子制，故亦稱梓宫。"推原本始，亮文"梓宫"據《禮經》。下明引《禮記·祭義》文也（字小異）。云《春秋》義，見《公羊隱元年傳》："桓何以貴？母貴也。母貴則子何以貴？子以母貴，母以子貴。"《春秋經》及《左》《穀》二傳皆不言。是孔明取《公羊》義也。

蜀先主章武三年四月，亮上言於後主，有曰：

伏惟大行皇帝，邁仁樹德，覆燾無疆，昊天不弔，寢疾彌留，今月二十四日奄忽升遐，臣妾號咷，若喪考妣。(《三國志（卷三二）·蜀書·先主傳》)

蜀後主建興元年，亮作《正議》，有曰：

……縱使二三子多逞蘇、張詭靡之説，奉進騅兜滔天之辭，欲以誣毁唐帝，諷解禹、稷，所謂徒喪文藻煩勞翰墨者矣。(《三國志（卷三五）·蜀書》亮本傳裴注引)

六年，街亭之敗戮馬謖上自貶疏，有曰：

> 臣以弱才，叨竊非據，親秉旄鉞，以厲三軍。不能訓章明法，臨事而懼，至有街亭違命之闕，箕谷不戒之失，咎皆在臣授任無方。……《春秋》責帥，臣職是當。……（亮本傳）

案：號咷，《易》同人九五"同人先號咷而後笑"，亮言從《易經》。彌留，本《尚書·顧命》"病日臻，既彌留"；若喪考妣，本《堯典》"百姓如喪考妣"，更一字；驩兜滔天至諷解禹稷，據《堯典》《皋陶謨》爲言；親秉旄鉞，省改《牧誓》"左杖黃鉞，右秉白旄"而成：四引竝合僞孔本。

建興五年，亮撰《出師表》，有云：

> 先帝創業未半，而中道崩殂，……宮中府中，俱爲一體，陟罰臧否，不宜異同。……臣本布衣，躬耕於南陽，……不求聞達於諸侯。……陛下亦宜自謀，以諮諏善道，察納雅言。（亮本傳）

六年，亮謝賀者，有曰：

> 普天之下，莫非漢民，國家威力未舉，使百姓困於豺狼之吻。……（亮本傳裴注引郭沖"四事"曰）

案：臧否，《文選》李善注："《毛詩》曰：'嗚呼小子！未知臧否。'"（見《大雅·抑》）諮（《文選》作咨）諏，李善注："《毛詩》曰：詩'載馳載驅，周爰咨諏。'"普天之下，莫非漢民：則改易《小雅·北山》"溥天之下，莫非王土"（《毛傳》本）而成，唯"溥"作"普"訓徧，是三家詩義（見王先謙《詩三家義集疏》卷十八頁十三）。又上言於後主"昊天不弔"已見前引，顛倒《節南山》"不弔昊天"文，合《毛詩》。

漢建安十三年（？），劉表之子琦謀自安之計於孔明，孔明曰：

> 君不見申生在內而危，重耳居外而安乎？（《後漢書·劉表傳》，《三國志》亮本傳同）

後主建興六年，亮答蔣琬論斬馬謖曰：

> 孫武所以能制勝於天下者，用法明也。是以楊干亂法，魏絳戮其僕。四海分裂，交兵方始，若復廢法，何用討賊耶？（《襄陽耆舊記（卷二頁三）·馬謖傳》引）

七年，孫權稱尊號，亮作"絕盟好議"，有云：

> 權有僭逆之心久矣，國家所以略其釁情者，求掎角之援也。（亮本傳裴注引《漢晉春秋》曰）

九年，亮與參佐議兵曰：

> 吾統武行師，以大信爲本，得原失信，古人所惜。……（亮本傳裴注引郭沖"五事"曰）

案：申生、重耳安、危故事，李賢注："申生，晉獻公之太子，爲驪姬所譖，乃自縊死。重耳，申生之弟，懼驪姬之讒，出奔。……見左氏傳。"是章懷以爲孔明據《左傳》，詳《僖公四年》（文長不錄）。魏絳戮楊干僕，見《左襄三年傳》。掎角，《左襄十四年傳》駒支對范宣子曰："譬如捕鹿，晉人角之，諸戎掎之，與晉踣之。"得原失信，《左僖廿五年傳》："晉侯圍原，命三日之糧。原不降，命去之。諜出，曰：'原將降矣！'軍吏曰：'請待之。'公曰：'信，國之寶也，民之所庇也；得原失信，何以庇之？所亡滋多。'"亮自貶疏"《春秋》責帥"已見上引，義殆亦取《左傳》。

《出師表》"聞達""雅言"（竝已見上引），俱出《論語》：《文選》李善注："《論語·子張》曰：'在邦必聞。'又孔子曰：'在邦必達。'"省取《顏淵篇》。李注又曰："《論語》曰：'子所雅言。'"節取《述而篇》孔子語之上半。

漢建安十二年，亮草廬對先主曰：

……天下有變，則命一上將將荊州之軍以向宛、洛，將軍身率益州之眾出於秦川，百姓孰敢不簞食壺漿以迎將軍者乎？誠如是，則霸業可成，漢室可興矣。（亮本傳）

《孟子·梁惠王上》"簞食壺漿，以迎王師"，亮"以迎將軍"句本此。《出師表》"創業"已見上引，《文選》李善注："孟子曰：'君子創業垂統。'"出《梁惠王下篇》。

統觀上所例，孔明讀經普及《易》《書》《詩》《周禮》《禮記》《春秋公羊》與《左氏》《論語》《孟子》（當時不在經學列）九種。《易》《論語》所主未詳。餘以古文學爲主：書合僞孔（僞孔經傳時尚未作）、《詩》毛鄭、《周禮》《左傳》，皆古學也。今文唯《詩》偶用三家，《春秋》偶用《公羊》，唯《禮記》學後漢大興，孔明頗治斯學。

向朗（？—247）

晉習鑿齒《襄陽耆舊記》（卷一）載事蹟較詳："向朗字巨達，襄陽宜城人。少師事司馬德操，與徐元直、韓德高、龐士元皆親善。劉表以爲臨沮長。表卒，歸先主，爲巴西、牂牁、房陵太守。及後主立，爲步兵校尉、丞相長史。朗少時雖涉獵文學，然不治素檢，以吏能見稱。自去長史,優游無事,垂三十年。乃更潛心典籍,孜孜不倦。年踰八十,猶手自校書,刊定謬誤。積聚篇卷,於時爲多。開門接賓,誘納後進,但講論古義,不干時事。以是見稱。……(後主)延禧(熙)十年卒。遺言戒子曰:'傳稱"師克在和不在眾"。……'"(朗,《三國志》卷四一有傳,文簡略,"師事司馬徽",竟缺記。又《華陽國志》卷七亦記朗聚書授徒一節)

按:朗八十餘尚健在,似卒年推度,建安五年年近四十,故其"少師事司馬德操"應在荊州立學之前。以本地人士因得以早接懿範(龐統亦然)。所謂論古義,不必盡斷爲古文學,然此引觀"師克"句,出《左氏》桓公十一年,正古文經。正史本傳亦謂其"自去長史,優游無事,垂三十年",裴注:"朗坐馬謖免長史,則建興六年(228年)中也;朗至延熙十年卒,整二十年耳。此云三十,字之誤也。"則朗經學影響蜀人,在此二十年間,斯時也,"上自執事,下及童冠,莫不宗敬焉"(《華陽國志》卷七,正史本傳略同)。

尹默、尹宗、劉後主禪(207—271)

《三國志(卷四二)·蜀書·尹默傳》:"尹默字思潛,梓潼涪人也。益部多貴今文而不崇章句,默知其不博,乃遠遊荊州,從司馬德操、宋仲子等受古學。皆通諸經史,又專精於《左氏春秋》,自劉歆條例、鄭眾、賈逵父子、陳元方(敏案:方字衍文,下《華陽國志》同衍)、服虔注說,咸略誦述,不復按本。先主定益州領牧,以爲勸學從事。及立太子,以默爲僕射,以《左氏》傳授後生。後主踐阼,拜諫議大夫。丞相亮住漢中,請爲軍祭酒。亮卒,還成都,拜太中大夫，卒。子宗傳其業，爲博士。"

《華陽國志（卷十下）·先賢士女》總讚略同：

尹默……少與李仁俱受學司馬徽、宋忠等。博通五經，專精《左氏春秋》。自劉歆條例、鄭眾、賈逵父子、陳元方、服虔注說，略皆誦述。（原注：希復案，本以《左傳》授後生；後主立，拜諫議大夫、丞相軍祭酒。子宗亦爲博士）

案：尹氏從學鄰州，因"益部多貴今文而不崇章句"，默病其不博，乃去父母之邦；同學李仁負笈遠游，動機同然（仁傳記詳下）。夫今文即章句經學，乃既曰"貴今文"，又言"不崇章句"者，蓋彼時蜀人仍兩漢官學今文之舊，功令之所頒，祿利所趨，非習今文不可。唯又漸浸東漢以來風氣，厭章句繁瑣無用，故用今文經學但習訓詁而去其煩重之章句不顧。① 官學多祇遵一師一家之學，暖暖姝姝，尹、李知其有拘囿之弊，乃出蜀問學焉。

又案：司馬徽高蹈不仕，逃隱泉林，未嘗屈節事劉表。表設州學，徽似亦未受聘升登皋比。默、仁之從其學，當在私家館舍；②至從宋衷學；則在州之公學。州學用今文本，而減其章句繁猥，群經訓詁亦主古文家說（今古兼采，由來已久，不足爲奇）。默泛受諸經史；專精左氏，多因自研劉鄭賈陳服諸古文《春秋》大家之書；得之司馬、宋幾何，未可定也。矧德操、仲子未必長於左氏，將何以傳默、仁使精之乎？

---

① 《三國志·尹默傳》集解："范《書》《桓譚傳》'譚徧習五經，習詁訓大義，不爲章句。尤好古學'。章懷注：'《說文》曰：……章句雖離章辨句，委曲枝派也。'沈欽韓曰：'賈逵爲古學，而教授仍用今文；蓋利祿之徒非是則莫肯來學。'"略同拙見，惜語未臻詳。

② 前引《三國志》劉廙本傳，記廙十歲戲講堂上，而司馬徽拊其頭，時徽當爲講師，而堂在其私宅（荆州南郡襄陽）。

又案：益部傳經古文學，亦不必俟尹、李而後乃有。唯先主於建安十九年定益州（《三國志·先主傳》），以默爲勸學從事，至遲不後於建安二十五年（220年，以是年默與杜瓊等上尊號，署銜"勸學從事"知之，見《先主傳》）與許慈、胡潛竝爲博士，蜀立官學，亦當在此際（詳後），而尹默主其事。① 次年（昭烈章武元年，221年）五月立劉禪爲皇太子（《先主傳》《後主傳》），默爲太子師授以《左傳》，至三年五月後主登基（《後主傳》）止。是尹默承旨興學，可能以荊州所受及自研劉鄭賈陳（元字長孫）服古文《左傳》學授徒、教太子，前後至多八年，於蜀漢官學有功者亦此八年間耳。子宗傳其學業（主要爲《春秋左氏》學），亦爲博士，早不過建興十二年（234年）八月諸葛亮卒之前。

又案：建安二十五年尹默與譙周等上書勸劉備就帝位，稱河圖、洛書、《孝經鉤命訣》，不知誰撰此表，故未可遽謂思潛亦治讖諱之學。

李仁、李譔（258—262間卒）

《華陽國志（卷十下）·先賢士女》總讚："李仁字德賢，涪人也。益部多貴今文而不崇章句。仁知其不博，乃游學荊州，從司馬德操、宋仲子受古學，以脩文自終也。"《三國志（卷四二）·蜀書·李譔傳》："李譔字欽仲，梓潼涪人也。父仁，字德賢，與同縣尹默俱游荊州，從司馬徽、宋忠等學。譔具傳其業，又從默講論義理，五經、諸子無不該覽加博，好技藝、算術、卜數、醫藥、弓弩、機械之巧，皆致思焉。……延熙元年（238），後主立太子，以譔爲庶子，遷

---

① 瞿蛻園《歷代職官簡釋》（頁二〇三），附黃本驥《歷代職官表後》："蜀漢有勸學從事，或稱典學從事，蓋以宣揚教化、獎勵學術爲其職掌。"

爲僕射，轉中散大夫、右中郎將，猶侍太子。太子愛其多知，甚悅之。然體輕脫，好戲啁，故世不能重也。著古文《易》《尚書》《毛詩》、三禮、《左氏傳》《太玄指歸》：皆依準賈、馬，異於鄭玄；與王氏（肅）殊隔，初不見其所述，而意歸多同。景耀中卒。"（參看尹默節）

《華陽國志（卷十下）·先賢士女》總讚："李譔……，仁子也，少受父業，又講問尹默。自五經、四部、百家、諸子、伎藝、算計、卜數、醫術、弓弩、機械之巧，皆致思焉。爲太子中庶子、右中郎將。著古文《周易》《尚書》《毛詩》、三禮、《左氏》注，解《太玄》指：依則賈、馬，異於鄭玄；與王肅初不相見，而意歸多同。"

案：李仁（正史無傳）"似脩文自終"，似無經學著述；其從司馬、宋受古學，歸蜀以傳子譔（譔未嘗游荊）。譔又與尹默講論五經（所講論爲古學），因發明二家之所講，知依賈、馬解經，皆古文學也。至太玄經，本"吾蜀人"所撰，侯芭、張衡、崔瑗、宋衷踵爲解說，尹默、李仁受斯學於宋；而譔"具傳其父業"，"又從默講論義理，五經諸子無不該覽""百家諸子皆致思焉"，是其《太玄》學當受父、師啟發，間接得之仲子，又因欲宏鄉先正之說，而"指歸"遂著焉。考譔所著書，《經典釋文序錄》著錄其《左氏指歸》；其餘《易》《書》《詩》《禮》及《太玄》，姚《志》亦皆著錄，且引《冊府元龜·學校部·注釋類》著錄曰："李譔爲中散大夫、右中郎將，著古文《易》《尚書》。"豈王欽若輩猶及見譔之遺著乎？譔爲蜀之名儒，[1] 於蜀經學影響，當在後主延熙（238年）、景耀（262年）之間。

---

[1] 《華陽國志（卷七）·劉後主志》："延熙元年春正月，以典學從事譙周爲太子（劉璿）家令，梓潼李譔爲僕射，皆名儒也。"

又案：近人賀昌群氏謂李譔亦兼注《周易》《老子》（見所作《魏晉清談思想初論》頁五八），不知何所據而云然；譔但注《易》而不及《老》。

蔣琬（？—246）

《三國志（卷四四）·蜀書·蔣琬傳》："蔣琬字公琰，零陵湘鄉人也。……以州書佐隨先主入蜀。……亮卒，以琬爲尚書令，俄而加行都護，假節領益州刺史，遷大將軍，錄尚書事，封安陽亭侯。……（後主）又命琬開府，明年延熙二年，就加爲大司馬。……九年卒，謚曰恭。"

本傳及《華陽國志》竝不記琬經學專著；《隋志》經部禮類著錄蜀丞相蔣琬撰《喪服要記》一卷，顧櫰三《補後漢書藝文志》、侯康《補三國藝文志》、姚振宗《三國藝文志》皆據以著錄，引《册府元龜》著錄作《喪服要義》。其書之作也，蓋當琬任職（疑居丞相長史、尚書郎、尚書令）時，丞制議喪服而適有。文盡佚。第據本傳載琬語"面從後言，古人所誡也"（據《尚書·皋陶謨》爲言）、"人心不同，各如其面"（據《左傳》襄公三十年），知彼治《尚書》《左傳》，因以明治亂之道也。

來敏（258—262 間卒）、來忠

《三國志（卷四二）·蜀書·來敏傳》："來敏字敬達，義陽新野人，來歙之後也，父豔爲司空。漢末大亂，敏隨姊夫（《集解》李慈銘曰："夫字涉下句而衍。"）奔荆州。姊夫黃琬是劉璋祖母之姪，故璋遣迎琬妻，敏遂俱與姊入蜀，常爲璋賓客。

涉獵書籍，善《左氏春秋》，尤精於倉雅訓詁，好是正文字。先主定益州，署敏典學校尉。及立太子，以爲家令。後主踐阼，爲虎賁中郎將。丞相亮住漢中，請爲軍祭酒、輔軍將軍，坐事去職。……前後數貶削，皆以語言不節，舉動違常也。時孟光亦以樞機不慎，議論干時，然猶愈于敏。俱以其耆宿學士，見禮于世。而敏荆楚名族，東宮舊臣，特加優待，是故廢而復起。……年九十七，景耀中卒。子忠，亦博覽經學，有敏風。"

來歙治《左氏春秋》（《東觀漢記》卷十一），敏善《左氏》，淵源於家庭，① 故每與孟光爭公左二義短長（見孟光節）。敏父艷，"好學下士，開館養徒衆，少歷顯位"（敏本傳注引華嶠《後漢書》）。敏初爲先主典學校尉，後爲太子家令，皆居學職，可謂善於繼志述事者矣。

孟光

《三國志（卷四二）·蜀書·孟光傳》："孟光字孝裕，河南洛陽人，漢太尉孟郁之族。靈帝末，爲講部吏。獻帝遷都長安，遂逃入蜀，劉焉父子待以客禮。博物識古，無書不覽。尤銳意三史，長於漢家舊典。好《公羊春秋》，而譏呵《左氏》，每與來敏爭此二義，光常譊譊讙咋。先主定益州，拜爲議郎，與許慈等並掌制度。後主踐阼，爲符節令、屯騎校尉、長樂少府，遷大司農。……年九十餘卒。"

---

① 歙之曾孫歷，與太常桓焉、廷尉張皓議曰："經說：年未滿十五，過惡不在其身。"（《後漢書》卷四五歷本傳）《春秋經》昭二十三年"尹氏立王子朝"，"經說"即說此經，乃《公羊義》（參看何休）。歷承家學，當治《左氏》，唯此與桓、張合議，非出於歷說；而皓與友蜀郡張霸，共師樊儵習嚴氏《公羊春秋》，則議出皓手何疑？

案：《春秋》今文《公羊》古文《左氏》学，哀帝时刘歆爭立左氏，与太常博士书啓其爭端，兹後李育《難左氏義》四十一事，馬融答北地太守劉瓌之難左氏，何休著《公羊墨守》《左氏膏肓》，鄭玄《答休難》，更撰《發墨守》《鍼膏肓》。來敏宗《左氏》，家學也；孟光《公羊》學師承不明，二人各執己見，猶劉、馬、何、鄭等爭公左短長。唯何休以漢制解經，作《春秋漢議》，而鄭、服（虔）皆撰文駁何氏《漢議》，光治經史，既長於漢制，則與來氏爭衡，至於"譊譊讙咋"者，豈非持漢朝舊典以破敵乎？則來、孟之爭，後漢之鄭、何之爭之餘波也。

許慈、許勛、胡潛

《三國志（卷四二）·蜀書·許慈傳》："許慈字仁篤，南陽人也。師事劉熙。善鄭氏學，治《易》《尚書》、三禮、《毛詩》《論語》。建安中，與許靖等俱自交州入蜀。時又有魏郡胡潛公興，不知其所以在益土。潛雖學不沾洽，然卓犖彊識，祖宗制度之儀、喪紀五服之數，皆指掌畫地，舉手可采。先主定蜀，承喪亂歷紀，學業衰廢，乃鳩合典籍，沙汰眾學，慈、潛並爲博士。與孟光、來敏等典掌舊文。……潛先沒，慈後主世稍遷至大長秋卒。子勛傳其業，復爲博士。"

案：《集解》何焯曰："大長秋掌奉宣中宮命，西京或用士人，中興常用宦者，今皆用通經之士爲之。"慈治經及七，固通經之士。其師劉熙釋名，人譽爲"經學之歸墟"，又治《尚書》《毛詩》《左傳》《大戴禮》，注《孟子》，北海人，與鄭玄同邑，洵鄭玄之徒，慈善鄭學，受之熙也何疑？

常勗

《華陽國志（卷十一）·後賢志》："常勗字脩業，蜀郡江原人也。祖父原，牂柯、永昌太守，父高，廟令；從父閎，漢中、廣漢太守。勗少與閎子忌齊名，……安貧樂道。志篤墳典，治《毛詩》《尚書》，涉洽群籍，多所通覽。……除郫令，……鄧艾伐蜀，破諸葛瞻於綿竹。……勗獨率吏民固城拒守。……"

案：治經不限一書一家，厭章句繁多而義寡，故博涉群籍，蓋慕尹默、李仁之風。

司馬勝之

《華陽國志（卷十一）·後賢志》："司馬勝之字興先，廣漢緜竹人也。學通《毛詩》，治三禮。清尚虛素，性澹不榮利。初爲郡功曹，甚善紀綱之體。州辟從事，進尚書左選郎，徙祕書郎。……雖位經朝要，還爲秀孝，亦爲郡端右。景耀末，郡請察孝廉。……年六十五卒於家。"

案：鄭箋《毛詩》，徧注三禮，勝之蓋鄭學之徒，如常季慎是也。

姜維（202—264）

《三國志（卷四四）·蜀書·姜維傳》："姜維字伯約，天水冀人也。少孤，與母居，好鄭氏學。……維等乃俱詣諸葛亮。會馬謖敗於街亭，亮拔將西縣千餘家及維等還。……初，先主留魏延鎮漢中，皆實兵諸圍以禦外敵，敵若來攻，使不得入。及興勢之役，王平捍拒曹爽，皆承此制。維建議，以爲錯守諸圍，雖合《周易》'重門'之義，然適可禦敵，不獲大利，……尋被後主敕令，乃投戈放甲，詣會於涪軍前。……會與維出則同轝，坐則同席，謂長史杜預曰：'以伯約比中土名士，公休、太初不能勝也。'會……欲授維兵五萬人，使爲前驅。魏將士憤發，殺會及維。……郤正著論曰：'如姜維之樂學不倦，清素節約，自一時之儀表也。'"

案：諸葛誕公休，歷官御史中丞尚書、鎮東將軍、征東大將軍，厚養死士（《三國志》本傳）。夏侯玄太初，曹氏之婚姻，歷散騎常侍、中護軍、征西將軍（《三國志》本傳）。誕、玄相善，共相題表（誕本傳及注引世語），竝當世俊士，名聞一時，又皆握持重兵，著有戰功。而維"好立功名，陰養死士"（本傳注引傅子曰），拜大將軍，戰功尤彪炳。鍾氏以比中原之諸葛、夏侯以此；固無關學術。

又案：郤正論維"樂學不倦"，所樂何學？當即鄭玄學也。孫盛評維"好書"，好鄭君注也。維"錯守諸圍禦敵合易重門之義"，正是康成易學，

　　豫䷏，《繫辭上傳》："重門擊柝，以待暴客，蓋取諸豫。"鄭玄注："豫，坤下震上，九四體震，又互體有艮，艮爲門。震日所出，亦爲門，重門象。艮又爲手，巽爻也，應在四，皆木也，手持二木也。手持二木以相敲，是爲擊柝，擊柝爲守備警戒也。四又互體爲坎，坎爲盜。五離爻，爲甲冑戈兵，盜謂（惠棟改'謂'字爲'甲冑'二字）持戈兵，是暴客也。又以其卦爲豫，有守備則不可自逸。"（《周禮·天官·宮正》賈疏引）

鄭注"互體有艮"，謂豫二至四爻互艮，"艮爲門"（《說卦》）。"九四體震"，謂豫四至上爻震，《說卦》："帝出乎震，……震東方也。"謂日出自東也。故鄭注"震日所出"。所出，門也，故鄭注"亦爲門"，艮，"爲門闕"（《說卦》）。是艮、震爲重門。艮"爲手"、艮"於木也，爲堅多節"（竝《說卦》）。艮之初爻爲陰，巽初亦陰爻，而"巽爲木"，故鄭注"手持二木也"。豫三至五互坎，"坎爲盜"（《說卦》）；又其五爻爲陰，而離五亦陰，"離爲甲冑，爲戈兵"（《說卦》），故鄭注"盜甲冑持戈兵"也。鄭君以軍衞釋《豫卦》繫辭，前所未有，洵姜說之所據也。姜經說承鄭，不止一易，惜陳壽撰《傳》，詳其戰陳，略其學業，但著"好鄭氏學""樂學不倦"二語。表而出之於此，情不容已！

王長文

《晉書（卷八二）·王長文傳》："王長文……後於成都市中蹲踞齧胡餅，刺史知其不屈，禮遣之。閉門自守，不交人事。著書四卷，擬《易》名曰《通玄經》，有《文言》《卦象》可用，時人比之楊雄《太玄》。同郡馬秀曰：'楊雄作《太玄》，惟桓譚以爲必傳後世。晚遭陸績，玄通遂明。長文《通玄經》，未遭陸績、君出（注引周家祿校勘記以爲出，乃山之誤）耳。'"

《華陽國志（卷十一）·後賢志》："王長文字德雋，廣漢郪人也。父顒字伯元，犍爲太守。長文天姿聰警，高暢敏識。治五經，博綜群籍。弱冠，州三辟書佐，丁時興衰，託疾歸家。大同後，郡功曹察孝廉，不就，遂陽愚，……還家養母，獨講學。著《無名子》十三篇，依則《論語》。又著《通經》四篇，亦有卦名，擬《易》《玄》。以爲《春秋》三傳傳經不同，每生訟議，乃據經摭傳，著《春秋三傳》十二篇。又撰《約禮》，已除煩舉要，凡十篇，皆行於時。長文才鑒清妙，汎愛廣納，放蕩閬達，不以細宜廉介爲意。……咸寧中，領蜀郡太守。……聞益州亂，以《通經》筮得老蠶緣枯桑之卦，歎曰：'桑無葉，蠶也卒也；吾蜀人殄於是矣。'拜蜀郡太守，暴疾卒，時年六十四。"

長文師承不明，觀其踵《太玄經》作《通玄經》，步《法言》著《無名子》，又因《法言》（《寡見篇》）譏今文章句學繁縟，謂可加裁約，撰《約禮》，則豈非私以鄉先賢揚雄爲師乎？

長文《通玄經》四卷（或以篇爲卷），王隱《晉書》（《御覽》卷五〇三引）曰："王長文著《通玄經》四卷，文言、卦象可用以爲卜筮。"《輿地紀勝》（卷一五四）亦云長文"著書四卷，擬《易》，曰《通玄經》"，則是書全名《通玄經》，《華陽國志》作《通經》《七錄》著錄同，皆奪"玄"字。近世目錄家著錄者甚多，竝入子部儒家，良是。《通玄經》者，階之以通《太玄經》也，是其書依附《太玄》而解之，猶陸績注《太玄》而玄道遂明。雖然，揚子《太玄經》無文言、卦象，而《通玄經》有之，"用爲卜筮"，則後書又以補前書，非徒擬之通之而已矣。長文嘗以其書筮占，得"老蠶緣枯桑卦"，①其功用與易卦無異，此揚書之所不及也。

長文依則《論語》，《無名子》十三篇作焉。其書之撰作，因《法言》啟發，《法言》十三卷，《無名子》倣作十三篇。黃逢元、秦榮光《補晉書藝文志》咸著錄儒家（竝誤篇卷爲十二），是也。

長文撰《約禮》十篇，②"除煩舉要"。夫經今文章句學，好

---

① 《周易》大過九五："枯楊生華，老婦得其士夫，无咎无譽。"《象》曰："枯楊生華，何可久也；老婦士夫，亦可醜也。"長文老蠶緣枯桑，蓋擬此卦。

② 秦榮光《補晉書藝文志》、吳士鑑《補晉書經籍志》著錄，竝作《約禮記》十篇，云據《華陽國志·長文傳》。考《華陽國志》"約禮"下爲"已除煩舉要"之"已"下，原注："當作以，讀下屬。"從注。

爲繁辭，劉歆移書讓博士指斥。西京末造以來，經師思加刪減，迭有論著，其在蜀士，張伯饒、杜叔和皆不讓揚子雲專美於上。①德雋此作，亦其儔，故當爲尠就今文儀禮章句加以約減舉要者，惜盡佚。《華陽國志》載："愍懷太子死於許下，博士中書論虞祔之禮，長文議虞祭宜遠東宮，以繼太子者爲王，配食於潁川府君。皆施行。"此其禮喪祭之學，類附於此。

治《春秋》爭三傳高下，自西漢江公、董仲舒以來，史不絕書，長文《春秋三傳》十二篇，以《春秋經》十二篇爲本，曰"據經"；裁取《公》《穀》《左傳》文按諸事類分列於下，曰"摭傳"，用平訟議。一則調停三家，折以己意；一則以刪削繁復，簡明切要。晉世劉兆《春秋調人》等書，咸類似之作。

何隨

　　《華陽國志（卷十一）·後賢志》："何隨字季業，蜀郡郫人也。漢司空武後，世有名德，徵聘入官，隨治《韓詩》、歐陽《尚書》，精研文緯，通星曆。郡命功曹，州辟從事、光祿郎中、主事，除安漢令，蜀亡去官。……大同後，……晝躬耕耨，夕脩講諷，……著《譚言》十篇，論道德仁讓。……太康中，即家拜江陽太守。……年七十一卒官。"

案：何武，西漢晚葉人。《漢書》（卷八六）本傳："……武詣博士，受業治《易》，以射策甲科爲郎。"是隨祖先所業——《易》也，則其經學非傳自家庭。唯漢《易》博士爲今文，隨治《詩》韓、《書》歐陽，尚謹守家風。文緯、星曆，當是讖緯學，

---

① 霸刪樊儵《嚴氏春秋章句》，參看拙著《儒術獨尊後之兩漢經今古文學消長與說經玄理化》張霸節：撫減定薛漢韓詩章句，詳杜君節。

蜀人多善此學。詩書多記道德仁讓，而孔子所雅言，則其《譚言》，豈非《論語》《法言》之疇，蜀他士王長文《無名子》、常寬《典言》，亦類似之作也。

任熙

《華陽國志（卷十一）·後賢志》："任熙字伯遠，蜀郡成都人也。漢大司農任方後也。父元，……犍爲太守執金吾。熙治《毛詩》《京易》，博通五經。……察孝廉，除南鄭令，以病去官；復授南鄭，不就。轉梓潼令。……辭疾告歸。……開門待賓，傾懷下士。……清談遊講，不妄失言。……好述作，詩誅論難皆粲豔，年六十九卒於家。"

案：漢安帝侍御史任方，殆即熙之先人，時議《冠禮》（《續漢書·輿服志下》："安帝立皇太子，太子謁高祖廟、世祖廟，門大夫從，冠兩梁進賢；洗馬冠高山。罷廟，侍御史任方奏請非乘從時，皆冠一梁，不宜爲常服。"）。熙五經兼理，乃東漢以下習尚，獨深於《詩》《易》者，"不學《詩》，無以言"，而《易》辭富理趣善變，斯"清談遊講"之所不可或缺者，彼時（晉太康中）談風甚盛，伯遠豈能超出流俗？唯不致誕妄，是可貴耳？

壽良、張微（微？）

《華陽國志（卷十一）·後賢志》："壽良字文淑，蜀郡成都人也。父、祖二世，犍爲太守。良少與犍爲張徵、費緝並知名。治《春秋》三傳，貫通五經。……（晉）武帝徵爲黃門侍郎，兼二州都給事中、梁州刺史，遷散騎常侍、大長秋卒。……徵字建興，張翼子也，篤志好學，官至廣漢太守。

緝字文平，清檢有治幹，舉秀才，歷城令、涪陵太守，遷譙內史。"

案：壽氏治經通五，而特深三傳，是好博而又不囿於今古文，東京以後漸有此風，蜀人治經，頗多類此者。張、費二子好學，所好者經學也，其目史不及詳。

又案：《三國志（卷四五）·蜀書》："張翼字伯恭，犍爲武陽人也。高祖父司空浩（《華陽國志》作皓，是）、曾祖父廣陵太守綱，皆有名迹。"裴注引《華陽國志》曰："翼子微，篤志好學，官至廣漢太守。""微"蓋"徵"之誤，《晉書（卷一二〇）·李特載記》"犍爲太守李苾、張徵等夜斬關走"，字正作"徵"。徵先祖皓治律《春秋》，游學京師，與蜀人鐔粲、李郃、張霸結友（亦《張翼傳》注引《益部耆舊傳》），霸治嚴氏《公羊春秋》、郃亦治今文，且皆游太學，則皓所治春秋公羊學也；綱"少以經明行脩舉孝廉"（翼傳注引《續漢書》），是徵所好者經學也，如淵源自父祖，當爲今文之學。費緝學術，俟續考。

常騫

《華陽國志（卷十一）·後賢志》："常騫字季慎，蜀郡江原人也。祖父竺字代文，南廣太守、侍中；父偉字公然，閬中令。騫治《毛詩》、三禮。以清尚知名。……以選爲國王侍郎，出爲縣竹令。國王歸之，復入爲閬中令。從王起義有功，封關內侯，遷魏郡太守，加材官將軍。以晉政衰，覬中原不靜，固辭去官，拜新都內史。時蜀亂，民皆流在荊湘。徙湘東太守。疾病未拜，卒年六十八。"

案：《詩》毛，古文；三禮，古今半。四籍皆鄭箋注，騫豈非康成後學乎？

常寬

《華陽國志（卷十一）·後賢志》："常寬字泰恭，騫族弟郪令嚣弟子也。父廓字敬業，以明經著稱，早亡。闔門廣學，治《毛詩》、三禮、《春秋》《尚書》，尤耽意大《易》。博涉史漢，彊識多聞。……湘州叛亂，乃南入交州。……雖流離交城，……獨鳩合經籍，研精著述：依孟陽宗、盧師矩，著典言五篇，撰蜀後志及後賢傳，續陳壽《耆舊》作《梁益》篇。元帝踐阼，……拜武平太守。……卒於交州。凡所著述詩賦論議二十餘篇。"

案：寬七經學當受自父廓，則廓所明者此也。由治《毛詩》、治禮不屏《周禮》，推知其《春秋》學《左氏》、說《書》宗古文；又治《易》殆亦古文。統合經義，乃著典言，則其書類揚子雲《法言》之作，子雲《法言》有以啓之，亦王長文《無名子》之流亞。孟、盧，亦州學者，惜其學術不明。

黃容

《華陽國志（卷十一）·常寬傳》："時（敏案：大約在西晉末）蜀郡太守巴西黃容亦好述作，著《家訓》《梁州巴紀姓族》《左傳抄》，凡數十篇。"

案：丁國鈞、文廷式、秦榮光、黃逢元《補晉書藝文志》及吳士鑑《補晉書經籍志》皆據以著錄《左傳抄》（唯丁、秦、黃三志書名作《族姓左傳抄》）。《舊唐志》著錄《春秋左氏抄》十卷、《新唐志》同（省春秋二字），竝不題撰人，疑即其作；

不然，則承黃氏之學者，續有類似之作，殆皆嫌《左氏》文繁，刪撮成編以便學者也。

杜襲

《華陽國志（卷十一）·常寬傳》："漢嘉太守蜀郡杜襲敬脩亦著《蜀後志》，及志趙廞、李特叛亂之事，及《喪紀禮式》，後生有取焉。"

案：《喪紀禮式》，丁、吳（兩家皆誤題撰者為潁川杜襲）、秦、文、黃五家《補晉書藝文志》或《經籍志》皆據以著錄。

蜀才（即范長生）（？—318）

蜀才（非其人本姓名，說詳下）者，蜀人也，注《老子》，

《經典釋文序錄》："（老子），蜀才注二卷。"

《隋書·經籍志》："梁有……《老子道德經》二卷，蜀才注，亡。"

《舊唐書·經籍志》《新唐書·藝文志著》錄同。

丁國鈞、文廷式、黃逢元《補晉書藝文志》、吳士鑑《補晉書經籍志》及姚振宗《隋書經籍志考證》，皆據《舊志》著錄同。

嚴靈峰先生《周秦漢魏諸子知見書目》（卷一總頁二四）："《老子道德經》二卷，范長生注。蜀涪陵丹興人，字蜀才，一名延久，又名重九（敏案：疑當作九重），一字元壽。隱青城山，晉元帝太興元年卒（？—318）。佚，見《隋志》注並《釋文敘錄》著錄。按：原題'蜀才'，今改本名。"

蜀才姓名字號履歷，嚴先生據史傳定（說詳下）。其《老子

注》，阮孝緒《七錄》尚著錄，惜今隻字無存。夫《老》《易》二玄兼治，東漢以來習尚，影響《易》學至大，而諸家言蜀才易學，論皆不及其注《老》。肝膽楚越視之，非也。

《蜀才注周易》十卷，

> 《顏氏家訓·書證篇》：＂《易》有《蜀才注》，江南學士遂不知是何人。王儉《四部目錄》，不言姓名，題云：＇王弼後人。＇謝炅、夏侯該，並讀數千卷書，皆疑是譙周；而《李蜀書》——一名《漢之書》——云：＇姓范名長生，自稱蜀才。＇南方以晉家渡江後，北間傳記，皆名爲僞書，不貴省讀，故不見也。＂
>
> 《經典釋文序錄》：＂《蜀才（易）注》十卷。＂陸氏自注：＂《七錄》云：＇不詳何人。＇《七志》云：＇是王弼後人。＇＂
>
> 清朱亦棟《群書札記》（卷十）曰：＂按：揚子《法言·問明篇》：＇蜀莊沈冥，蜀莊之才之珍也。＇則蜀才乃嚴君平也。豈范長生自比君平，故稱＇蜀才＇與？＂

案：遂，因也。因＂蜀才＂非其人姓名，江南學士因而不知彼是何人也。清馬國翰曰：＂觀其以蜀才自命，宜不甘嚴穴以終老也。＂（《玉函山房輯佚書》《周易蜀才注》敘）是度范氏自謂蜀士抱才而隱，故有斯號。近人徐芹庭氏《漢魏七家易學之研究》（頁四六～九五）貳、《蜀才易注之研究》（下簡稱徐者）云＂（范）長生……以其爲蜀人，故自號曰蜀才＂，恐竝出於望文生義。《法言》＂蜀莊＂者，謂蜀人莊遵字君平，《漢書》避明帝諱改＂莊＂爲＂嚴＂（嚴遵《道德指歸論》卷一自稱莊子，《漢書》卷七十二《王貢兩龔鮑傳》：＂蜀有嚴君平，……依《老子》《嚴周》之指著書十餘萬言。＂師古曰：＂嚴周即莊周。＂可證），朱氏據此疑其人因自比於嚴君平故號＂蜀才＂，甚洽（參看後文）。第若謂嚴遵即蜀才，則非，知者：（一）有關文獻記嚴遵皆不言其號蜀才;雖記其"專精大《易》",但不及其注《易》。(二) 嚴遵以《老子道德經》說《易》,蜀才雖亦注《老》,但《易》注佚文無有參雜老學;蜀才《易》注用象數,而嚴遵依老莊,反象數。(三)《蜀才易注》,頗用鄭玄、荀爽義,多用虞翻義,而嚴遵,西漢晚葉、揚雄從之遊,鄭、荀、虞尚遠在遵後,則蜀才斷非嚴君平矣。(蜀才易學詳下,嚴遵易說別詳拙著《儒術獨尊後之兩漢經今古文學消長與說經玄理化》)

又案:在後之梁阮孝緒《七錄》云"不詳蜀才為何姓名",是不以《七志》及《四部書目》定為"王弼後人"為可據。①清張惠言《易義別錄》"周易蜀才氏"(《皇清經解》卷一二三七,下同)曰:

无妄彖曰:"无妄,剛自外來,而為主于內,動而健,剛中而應,大亨以正,天之命也。"(蜀才)注云:"此本遯卦。案:剛自上降,為主於初,故動而健,剛中而應也。於是乎邪妄之道消,大通以正矣。无妄大亨,乃天道恒命也。《集解》"……妄為邪妄,漢儒無此訓,王儉云"是王弼後人",豈不信哉!

考漢儒釋"无妄"妄,據今存遺說,為

《史記‧春申君傳》:"世有毋望之福,又有毋望之禍。"正義曰:"毋望,謂不望而忽至也。"索隱曰:"《周易》有无妄卦。"司馬遷釋"妄"曰"望",其學受自父談,談學《易》於楊何。

《漢書‧谷永傳》永對言曰:"遭无妄之卦運。"顏注引應劭曰:"无望者,無所望也。"

《經典釋文》卷二《周易音義》:"无妄,馬鄭王肅皆云

---

① 《南齊書(卷二三)‧王儉傳》:"儉……依《七略》撰《七志》四十卷。……又撰定《元徽四部書目》。"(《南史》卷二三儉傳同)《四部目錄》即《元徽四部書目》。是儉所作兩書目皆著錄此書,立題王弼後人撰。

妄猶望，謂无所希望也。"（《後漢書·李通傳》論"無妄之禍"，李注引鄭玄易注云："妄之言望，人所望宜正正行，必有所望；行而无所望，是失其正，何可往也！"）

蔡邕和熹鄧后諡議："消無妄之運者也。"（《全後漢文》卷七二）

是漢今古文易家皆訓"妄"爲"希望"，① 而蜀才此解爲"邪妄"非漢學，惠言說是也。

顧王弼《易注》此"妄"，略同蜀才，

> 无妄彖，王注曰："剛自外來，而爲主於內，動而愈健，剛中而應，威剛方正，私欲不行，何可以妄？使有妄之道滅，无妄之道成，非大亨利貞而何？剛自外來，而爲主於內，則柔邪之道消矣。"

案：相對於"方正"，彼曰"私欲"，謂邪念也；邪道——有妄之道滅，而正道——无妄之道成矣：輔嗣果解"妄"为"邪"。彼終則謂剛正自外來入主於內以消柔邪，明以"邪"釋'妄'。故張氏亦謂蜀才爲王弼之後代，而此解淵源自家學（或曰：惠言謂"王弼後人"爲"王弼以後［即魏以後］人士"，亦未可知。愚案：蜀才未見王弼《易》注，兩家《易》學殊異，故蜀才時代雖晚，《易》學非自

---

① 近人簡博賢《蜀才及其易學要義》（載《幼獅月刊》四十卷四期）："《京房易傳》曰：'无妄，乾剛震動，二氣運轉，天下見雷。行正之道，剛正陽長，物无妄矣。'案乾剛震動與剛正陽長，同指无妄之象。一則以推行正之道，一則用指万物无妄。行正與无妄對舉，是正與妄反義；則无妄者，无邪妄之謂也：此漢儒訓妄爲邪妄之證。"敏案：今傳京房易傳，疑爲後人依託之書，徐君芹庭兩漢十六家易注闡微頁二一八曰："今存京氏易傳，……漢隋唐諸志皆不載其書，其文體又異於漢書五行志所引之京房易傳，故沈延國即據此辨其爲偽書。……然細究其書，……雖或非出於京氏，然亦與京氏有關也。"此京房易傳，至少釋"无妄"一節非真出於京氏。京氏亦釋"妄"爲"望"，虞翻且特舉其說，李鼎祚周易集解卷四："……而京氏及俗儒以爲大旱之卦，萬物皆死，無所復望。失之遠矣。"

弼來：說詳後），第考"案：剛自上降至无妄大亨，乃天道恆命也"，原本非蜀才注，乃李鼎祚補義，徐著（頁五十~五一、七九）論《集解》體例，謂凡自"案"以下皆非蜀才注文，有云：

……至於諸家之輯本，皆以李鼎祚《周易集解》之案語輯爲蜀才之《易》注，……非也。……（鼎祚）謂"先儒有所未詳，然後輒加添削，每至章句僉例發揮"，……是明言於先儒《易》注，有所未詳者，鼎祚輒加添削。……於其添者，則鼎祚加案語以表示自己見解，且示有別於先儒之《易》注。……（无妄象曰蜀才注）自"案剛自上降爲主于初"以下皆李鼎祚之解説。

茲據之。則釋妄爲邪妄者，唐李氏《集解》之文，惠言援以證蜀才乃輔嗣之後人，失之。

又下兩說，亦不以《七志》所題爲然，

柯劭忞曰："按：《三國志》弼無子，《七志》之言不爲典要。"（《續修四庫全書提要》頁二三~二四經部《周易蜀才注》下，下同）

徐芹庭氏曰："據《三國誌》（志），知王弼無子，則非王氏後人也。……且其《易》注與弼注不同，斷然可知。"（徐著）

《三國志》不爲王弼立傳，僅於鍾會傳附述卅五字，甚略，且不及其後裔；唯裴注引晉何劭撰《王弼傳》稍詳，謂王弼"正始十年……秋，遇癘疾亡，時年二十四，無子絕嗣。"①是柯氏謂

---

① 《列子》張湛序："湛聞之先父曰：吾先君，……王氏之甥也，……少游外家。舅始周、始周從兄正宗、輔嗣皆好集文籍。……及長，遭永嘉之亂。……比亂正，尋從輔嗣女壻趙季子家得六卷。"是弼已婚有女，錄以備考。

據《三國志》，失所據矣。夫家庭之學影響誠爲深遠，但子孫說經亦不必非依祖先不可，故徐君據蜀才注異乎弼注，斷非王氏後人，尚不得謂之篤論。余謂王暢之孫粲、粲之孫弼，山陽高平人，粲於漢初平、建安間避地南寓荆州，建安十三年荆州降曹，隨操返北，其後（魏黄初七年）弼乃生，史不載王氏家族入蜀落籍，則謂蜀才爲王弼後人，諒非事實。

又案：梁謝炅、夏侯詠（當作詠，參看王利器氏《顏氏家訓集解》注四）竝疑爲譙周。考之譙氏著作，無有《易注》，僅其《五經然否論》中有《易經然否論》，又非注釋體（參看譙周卷），則謝、夏二家說非也。

又案：晉常璩《蜀李書》（《經典釋文序錄》自注引）云："（蜀才）姓范名長生，一名賢，隱居青城山，自號蜀才，李雄以爲丞相。"（《家訓》作《李蜀書》，當是同一書；又漢之書，《晉書·李流傳》吳士鑑等注謂是李昊撰）與常氏別著——《華陽國志》（卷九《李特雄期壽勢志》）尚合：

> 永興元年（304年）冬十月，……（李）雄遂稱成都王，……建元大武（原校曰："建元大武當作改元建興，國號大成。"），迎范賢爲丞相。……賢既生，尊爲天地太師，封西山侯，復其部曲，軍征不預，租稅皆入賢家。賢名長生，一名延久，又名九重，一曰支字元，涪陵丹興人也。

唯缺記長生自號蜀才。後魏崔鴻《十六國春秋·蜀錄》（載《太平御覽》卷一二三）曰：

> （李）流薨，（李）雄稱大將軍、益州牧，治郫城。以西山范長生巖居穴處，求遵養之志，雄欲迎爲君，長生固辭曰：

"推步太元，五行大會甲子，祚鍾於李，非吾節也。"建興元年十月，雄即成都王位於南郊。……晏平元年（306年）三月，范長生乘素輿詣城，雄迎于大門，執版延坐，長生請雄對坐，即拜丞相，尊曰"范賢"。長生勸雄稱尊號，夏六月，僭即帝位，……國號大成。……十月，加丞相范長生天地太師之號，封西山侯。玉衡……八年（當東晉太興元年，318年）四月，范長生卒，以其子侍中賁爲丞相。長生善天文，有術數，民奉之如神。（遵養之志，典出詩《周頌·酌》"遵養時晦"，《十六國春秋》［四部備要本、叢書集成初編本］作"求道養志之士"，《晉書·李雄載記》作"求道養志"，乃後人妄改；素輿，素輿之誤，同上板本之《十六國春秋》及《晉書》皆作輿）

亦缺記長生號蜀才，《晉書（卷一二一）·李雄載記》據《華陽國志》及《十六國春秋》亦記范長生故事，則甚簡略。常璩一曰："姓范名長生"，再曰："賢名長生"，是長生者蜀才之本名，而名"賢"晚起——晏平元年三月李雄尊之爲"范賢"後乃有。① 延久、九重、支（字元），② 莫非異名異號。長生隱居青城

---

① 清盧文弨《經典釋文序錄攷證》（頁九）："《蜀才注》十卷，……案：李雄尊之爲'范賢'，非名也。"清孫堂《漢魏二十一家易注》（未獲原書，此據徐著引）："《釋文序錄》引《蜀李書》云：'……。'然案崔鴻《十六國春秋》，李雄……拜長生爲丞相，尊曰'范賢'，則賢非蜀才名也。又《華陽國志》：西山侯賢名長生。……《顏氏家訓·書證篇》所引《李蜀書》，……與陸所引，當是一書，然亦不云名賢，陸所據誤也。"敏案：《家訓》節引《李蜀書》，故不及"一名賢"，《華陽國志》曰："迎范賢""賢既至"，又卷八曰："青城山處士范賢。"是賢亦其名，陸氏引書並無誤。孫、盧竝失察。

② 清彭洵《續刊青城山記》卷下頁一："晉范長生，《舊志》云：'范友字子元，涪陵人，隱居西山，蜀人敬之，號曰"長生"。'友，殆支之誤，子字誤增，云蜀人號之曰長生，不詳所據，疑誤。

山，即西山，① 故受封爲西山侯，正史記其率衆保鄉事，

《晉書（卷一二〇）·李流載記》："（李）雄渡江，害汶山太守陳圖，遂入郫城，流移營據之。三蜀百姓並保險結塢，城邑皆空。流野無所略，士衆飢困。涪陵人范長生率千餘家依青城山，（羅）尚參軍涪陵徐轝求爲汶山太守，欲要結長生等與尚掎角討流，尚不許，轝怨之，求使江西，遂降於流。說長生等使資給流軍糧，長生從之，故流軍復振。"

《華陽國志》（卷八）繫晉惠帝泰安二年（303年）七月（《通鑑》同），謂"涪陵民千餘家在江西，依青城山處士范賢自守"，則先是長生助李氏軍糧，故後乃拜相封侯也。

長生始隱巖穴，上述文獻不記其年世，宋祝穆《方輿勝覽》（卷五五頁八、十永康軍下）記劉先主時有范寂者隱青城山：

青城山，在本縣（敏案：謂青城縣）北三十二里，……一名赤城，一名青城都。……（唐）杜光庭《青城山記》："岷山連峰接岫，千里不絕，青城乃第一峰也。……有七十二小洞，應七十二侯；有八大洞，應八節：乃神仙都會之府也。"……長生觀，舊名碧落觀，在青城縣北二十里。昔有范寂字無爲，劉先主時棲止青城山中，以修煉爲事。先主徵之，不起，就對爲逍遙公。得長生久視之道，劉禪易其宅爲長生觀。有巨楠，高數十尋，圍三十尺，世傳長生手植，上有赤城閣。

案：范寂即范長生，知者，

---

① 清洪亮吉《十六國疆域志》卷六後蜀益州漢原郡："《元和郡縣志》：'本漢江原縣，屬蜀郡，李雄時改爲漢原，有青城山。'……（李）雄封范長生西山侯。案：西山蓋即青城山，以在江原縣西，故又名西山也。"

《仙傳》："寂得久視之術，年百餘歲，蜀人奉爲仙，稱曰'長生'。"（《晉書》卷一二〇《李流載記》注引，《仙傳》疑爲杜光庭撰）

茲後，明楊慎《萩林伐山》（《晉書》卷一二〇《李流載記》注引）曰：

長生先事漢昭烈帝，至特時一百三十餘年。

明陳懋仁"壽者傳"（卷上頁四~五）據之：

范長生……先事劉先主，至李特時，年一百三十餘歲。……原注："一名寂，見（楊慎）《升庵遺集》。"（注：《資治通鑑》晉紀十二記范長生大興元年四月卒，同《十六國春秋》；又謂其年近百歲，異乎《仙傳》之"年百餘歲"及明人所說"壽百三十餘年"。）

《續刊青城山記》（卷上頁十五宮觀記）曰：

在青城之麓者長生宮，漢之碧落觀也，宋名長生觀，一名范賢觀，《雲谷雜抄》又謂范仙觀。《舊志》云："范寂字無爲，又稱名友（敏案：支之訛）字子（敏案：衍文也）元。漢昭烈時，隱居修煉於此，得長生久視之道，……壽一百三十餘。晉李雄亂，率千餘家依青城，保險自守。……"

鄙見：長生名寂字無爲，唐以前人無說，杜光庭亦嘗隱居青城山，蓋得自當地傳說。蓋嚴遵之爲人，揚雄嘗稱之，曰："蜀莊沈冥，……不作苟見，不治苟得，久幽而不改其操。"（《法言·問明篇》；《漢書》卷七二《王貢兩龔鮑傳》載雄"論曰"同，莊作嚴，諱改，沈作湛，師古曰："湛，讀曰沈。"）晉李軌注："沈冥，猶玄寂，泯然無迹之貌。"後人見沈冥有"寂""無迹"之義，又知長生慕嚴氏之爲人，遂以寂、無爲名之字之，令長生仙道形象愈益逼真。劉先主稱帝，在魏黃初二年（221年，《三國志·先主傳》），下至李蜀玉衡八年長生卒，凡九十八年，則長生劉先主之前（約三、四十歲時）已隱居青城，享年百餘歲。

長生善術數，《北魏書（卷九六）·竇李雄傳》亦言，崔鴻記其言"推步太元，五行大會甲子"云云，是術數也，止此而已。楊升庵《藝文志》別記一事：

> 成都金谷坊有石笋，武侯掘之，得篆書蠶叢啓國誓蜀碑，有"濁歇燭蠲觸"五字，眾莫解。范賢云："亥子歲記濁字，主水災；寅卯歲記歇字，主飢饉；巳午歲記燭字，主火災；辰戌歲記觸字，主兵災；申酉歲記蠲字，主稼穡富贍。"以年事推之，其應如響。（《續刊青城山記》卷下頁二引；敏案："蠲觸"疑當作"觸蠲"）

案：亦術數也。夫《易》學自漢以下，有術數一派，史謂長生善推步、天文、術數，逆知將然，其長於易理、注書，自有可能。

綜上各節，論蜀才即范長生，信而有徵，矧常璩仕於蜀，得之親見，① 著史（《蜀李書》）明記長生號蜀才，李雄以爲丞相，度得真是。第楊慎以爲蜀才非范長生，

太史《升庵文集》（卷四八頁二十）"蜀才"目："注疏

---

① 《華陽國志》卷八《大同志》："璩往在蜀，櫛沐艱難，備諳諸故事。"清湯球《十六國春秋》輯補卷七九蜀錄志："（晉）嘉寧二年，……（李）勢衆惶懼，無復固志，其……散騎常侍璩等勸勢降。……常璩，字道將，蜀成都人，少好學，著《華陽國志》十篇，序開國以來，迄於李勢，皆有條理云。"

中有蜀才名姓,宋儒謂蜀才即范長生,蓋別無所見也。《陳子昂集》有曰:'襄陽有龐德公、谷口鄭子眞、東海王霸、西山蜀才,皆避人養德,躬耕求志。'由此觀之,范長生與蜀才,自是二人。"(原注:"蜀音葵,字一作蜀[敏案:字一作蜀,恐有誤],《戰國策》有蜀子。")

子昂所舉前三人,龐、鄭、王見《後漢書》,皆高蹈不仕,躬耕養德。舉西山蜀才,殆據《蜀李書》及《十六國春秋》,係用范長生之號(鄭子真,名鄭樸,亦稱其字),以其先前巖居西山,求遵養之志,節行與三子無異,故並列爲四。是子昂未嘗斷蜀才是姓名,而其人非范長生。升庵見長生後事李蜀,不合"避人養德,躬耕求志"之譽,①又見《戰國策·燕策二》有"齊王召蜀子",遂以此蜀爲姓音葵,才爲名,因決范、蜀爲二人,非子昂意,亦非事實也。

《蜀才易注》:《七志》《七錄》(竝《經典釋文序錄》引)、《經典釋文》《隋書·經籍志》《舊唐書·經籍志》《新唐書·藝文志》皆著錄,清丁國鈞、文廷式、秦榮光、黃逢元《補晉書藝文志》《續修四庫提要》亦皆著錄,吳士鑑《補晉書經籍志》與《經義考》著錄,則竝徑題"范長生注"。《郡齋讀書志》《書錄解題》《宋史藝文志》皆不著錄,蓋佚於唐宋之際;清人始有輯本:張澍輯本(收入其"蜀典"之中)、張惠言《易義別錄》、馬國翰《玉函山房輯佚書》、孫堂《漢魏二十一家易注》、黃奭《黃氏逸書考》、李富孫《周易集解賸義》,或題蜀才,亦或徑題范長生。以近人徐著輯蜀才說較備。

---

① 《升庵文集》(卷十一頁一)青城五隱贊范長生:"范公英英,炎漢挺生。韜華金德,潛光玉恆。讓王媲美,洗耳偕清。漸逵鴻羽,孚陰鶴鳴。"漸逵二句,謂長生卒事李朝,不同於西山蜀才之終身不仕。

《經義考》（卷十一頁十）始自《釋文》輯蜀才注且以與今本校異，云：

> 釋文引蜀才注"大車以載"作"大輿"（敏案：大有九二）、"官有渝""官"作"館"（隨初九）、"君子以明庶政""明"作"命"（賁大象）、"大耋"作"咥"（離九三）、"羸其角""羸"作"累"（大壯九三）、"箕子之明夷""箕"作"其"（明夷六五）、"二簋"作"軌"（損卦辭）、"懲忿窒欲""懲"作"澄"（大象）、"壯于頄"作"仇"（夬九三）、"莧陸夬夬""陸"作"睦"（九五）、"繫于金柅"作"尼"（姤初六）、"孚乃利用禴"作"躍"（萃六二）、"在天成象"（敏案：蜀才本異文在下文"成象之謂乾"下，竹垞誤置）"成"作"盛"、"知崇禮卑""禮"作"體"、"研幾"作"孴幾"（竝《繫辭上》）、"參天兩地而倚數"作"奇數"（《說卦》）。——十六條。

馬國翰亦據《釋文》，比朱彝尊多得七條（此錄其要略）：

> "陰疑於陽必戰""疑"作"凝"（敏案：坤文言）、"哀多益寡""哀"作"捊"（謙大象）、"朋盍簪""簪"作"撍"（豫九四）、"羸其瓶""羸"作"累"（井卦辭）、"爻用唐石經等本法之謂坤""爻"作"效"、"有功而不德""德"作"置"、"聖人以此洗心""洗"作"先"（竝《繫辭上》）。

夫陸德明集衆本異文，蜀才本在其中，而釋文常曰"衆家本作某"，則蜀才本當與衆家同矣，徐著據此，考其異文，有若：

> "自藏也""藏"作"戕"（敏案：豐上六象）、"資斧""資"作"齊"（旅九四。巽上九）、"八卦相盪""盪"作

"蕩"（《繫辭上》）、"介于石""介"作"砎"（《繫辭下》）。──四條。

析論上集蜀才本廿八字，得七目：

(1)柅作尼，同音省作，且義取馬融。

(2)同音而義通者：贏作累（兩見）。成作盛、研作擎、盪作蕩、箕作其、簋作軌、倚作奇。其軌奇三字，蜀才且用古文本。

(3)古音韻母相同，聲母或許有某種程度關連者：睦＊mlok 與陸＊lɹok 同韻母，睦古或爲複聲母＊ml－而與陸＊m－或許有關；體＊t'ied 與禮＊l'ied 同韻母，體古或爲複聲母＊t'l－而與禮＊l－或許有關：是故蜀才陸作睦（睦義殊陸，或爲形近之譌，則當正）、禮之作體也，體、禮義同。（古音據董同龢先生《上古音韻表稿》，下同）

(4)臺、咥義異但音同（＊d'iet），作咥於易義難通，或爲同音誤抄；或原誤作經（京房本即作經），轉誤寫作咥。禴、躍亦同音（＊diɔk）異義，亦或爲同音誤抄，作躍於易義固亦不協。

(5)有音近而義可通者：車作輿、哀作捊、介作砎、簪作撍、官作館、明作命、頄作仇、疑作凝、爻作效、德作罿、洗作先、資作齊（兩見），且其中作砎用古文義又同馬鄭，作撍義同子夏《易傳》（漢韓嬰撰），作館用今文，作凝用古文；又懲作澄者，蓋原從鄭玄本作徵（＊tiəng）或澂（懲、澂竝＊diəng），徵澂鄭義皆爲清，蜀才據"清"義作澂，後改作俗字澄。

(6)更有音近而義難通者，臧＊dz'âng 作戕 dz'ang 是也。唯王弼本作臧，眾本皆作戕，馬融王肅訓"殘"、鄭玄訓

"傷",是蜀才仍用漢義。

(7)蜀才經文有獨同子夏《易傳》者(作輿),有獨同京房者(摺),有衹同鄭玄、陸績者(置),有衹同鄭玄、荀爽、董遇者(捊),有衹同荀、虞翻、姚信者(凝),又有衹同京、荀、董、張璠、石經(梁丘賀本)者(先),又有同眾本乃衹與王弼本異者(戕、資、蕩、阢)。餘十七字蜀才與眾本及王弼本皆異。

(上七事之討論,參看《經典釋文》、惠棟《九經古義》《易義別錄》、李富孫《易經異文釋》)

案:揆上七事,大略可知(一)蜀才本據漢儒《周易》本——韓嬰、京房、鄭玄、熹平石經(梁丘賀本),是兼采今古文本,而與王弼本多異;(二)蜀才與漢眾本咸異者十七字:或同音假借(八字),或爲誤抄(二字),或聲轉義通而義取漢儒者(六字),或聲轉而義迥異乎王弼但顯然取諸漢儒者(一字)。則其易學,仍是漢學餘波,今古不拘,承東漢以來學風,但頗改舊本經字,嗜奇好異之情,於茲概見。

《蜀才易注》殘文,最多言術數,亦沿漢儒風尚,茲先將其相關之說總列於次:

① ䷄ 需,彖曰:……需有孚,光亨貞吉,位乎天位,以正中也。
蜀才注:"此本大壯也。"(《周易集解纂疏》卷二)
② ䷅ 訟,彖曰:……訟有孚,窒惕中吉,剛來而得中也。
蜀才注:"此本遯卦也。"(同上)
③ ䷆ 師,彖曰:……剛中而應,行險而順。
蜀才注:"此本剝卦也。"(同上)

④䷇比，彖曰：……下順從也。原筮元永貞，无咎，以剛中也。不寧方來，上下應也。

蜀才注："此本師卦也。"（同上）

⑤䷊泰，彖曰：……小往大來，吉亨。

蜀才注："此本坤卦。小謂陰也，大謂陽也。天氣下，地氣上，陰陽交，萬物通，故吉亨。"（《周易集解纂疏》卷三）

⑥䷋否，彖曰：……大往小來。

蜀才注："此本乾卦。大往陽往而消，小來陰來而息也。"（同上）

⑦䷌同人，彖曰：……柔得位得中而應乎乾，曰同人。

蜀才注："此本夬卦。九二升上，上六降二，則柔得位得中而應乎乾。下奉上之象，義同于人，故曰同人。"（同上）

⑧䷐隨，彖曰：……剛來而下柔，動而說，隨。大亨貞，无咎，而天下隨時，隨時之義大矣哉！

蜀才注："此本否卦。剛自上來居初，柔至初而升上，則內動而外説，是動而説，隨也。……"（同上）

⑨䷒臨，彖曰：……剛浸而長，説而順，剛中而應，大亨以正，天之道也。至于八月有凶，消不久也。

蜀才注："此本坤卦。剛長而柔消，故大亨利正也。"（同上）

⑩䷓觀，彖曰：……大觀在上。

蜀才注："此本乾卦。"（同上）

⑪䷘无妄，彖曰：……剛自外來，而爲主於內。

蜀才注："此本遯卦。"（《周易集解纂疏》卷四）

⑫䷙大畜，彖曰：……剛健篤實，煇光日新，其德剛上而尚賢。

蜀才注："此本大壯卦。"（同上）

⑬☷☶咸，彖曰：……柔上而剛下，二氣感應以相與。

蜀才注："此本否卦。"（《周易集解纂疏》卷五）

⑭☳☴恆，彖曰：……剛上而柔下，雷風相與，巽而動，剛柔皆應。

蜀才注："此本泰卦。"（同上）

⑮☲☷晉，彖曰：……柔進而上行。

蜀才注："此本觀卦。"（同上）

⑯☷☲明夷，彖曰：……明入地中——明夷。

蜀才注："此本臨卦也。"（同上）

⑰☶☱損，彖曰：……損下益上，其道上行。

蜀才注："此本泰卦。"（同上）

⑱☴☳益，彖曰：……損上益下。

蜀才注："此本否卦。"（同上）

⑲☲☶旅，彖曰：……柔得中乎外而順乎剛，止而麗乎明，是以小亨旅貞吉也。

蜀才注："否三升五，柔得中于外，上順于剛，九五降三，降不失正，止而麗乎明，所以小亨旅貞吉也。"（《周易集解纂疏》卷七）

案：上列十九條，分析其中十五條爲：⑭☳☴以泰之初九升居四，而六四降居初九所遺之位，即成恒☳☴卦。謂恆自泰卦來。⑱以否☰☷之初六升居上，而九四降居初六所遺之位，即成益☴☳卦。謂益自否卦來。此竝初升四之例。⑧以否☰☷之初六升居上，而上九降居初六所遺之位，即成隨☱☳卦。謂隨自否卦來。此初升上之例。②以遯之六二升居三，而九三降居六二所遺之位，即成訟☰☵卦。⑯以臨☷☱之九二升居三，而六三降居九二所遺之位，即成明夷☷☲卦。分別謂訟自遯、明夷自臨卦來也。此竝二升三之例。④以師☷☵之九二升居五，而六五降居九二所遺之位，即成比☵☷卦。

謂比自師卦來。此二升五之例。③以剝䷖之六二升居上，而上九降居六二所遺之位，即成師䷆卦。⑦以夬䷪之九二升居上，而上六降居九二所遺之位，即成同人䷌卦。分別謂師自剝、同人自夬卦來也。此竝二升上之例。⑲以否䷋之六三升居五，而九五降居六三所遺之位，即成旅䷷卦。謂旅自否卦來。此三升五之例。⑬以否䷋之六三升居上，而上九降居六三所遺之位，即成咸䷞卦。⑰以泰䷊之九三升居上，而上六降居九三所遺之位，即成損䷨卦。分別謂咸自否、損自泰卦來也。此竝三升上之例。①以大壯䷡之九四升居五，而六五降居九四所遺之位，即成需䷄卦。⑮以觀䷓之六四升居五，而九五降居六四所遺之位，即成晉䷢卦。分別謂需自大壯、晉自觀卦來也。此竝四升五之例。又有變例：⑪以遯䷠之初六升居二，上九降居初，原六二升居六三，原九三升居九四，原九四升居九五，原九五升居上九之位，即成无妄䷘卦。⑫以大壯䷡之初九升居上，上六降居六五，原六五降居六四，原九四、九三、九二則遞降於九三、九二、初九之位，即成大畜䷙卦。分別謂无妄自遯、大畜自大壯卦來也。（以上討論升降、卦變，參看《周易集解》《易義別錄》、屈師翼鵬《先秦漢魏易例述評》及徐著）

馬國翰謂蜀才"說易，明上下升降，蓋本荀氏學"、孫堂謂"蜀才善天文，有術數，其所注《易》，大抵主荀爽乾升坤降之義"。①夫荀氏"升降"云者，大致主陽爻在下者，當上升於五，而陰爻在上者，當降於陽爻所遺之位。如謹依此律則，則上列十五條唯比本師、需本大壯二條合。②其餘，有合於荀氏卦變之說者，

---

① 《續修四庫全書提要》頁二三~二四經部柯劭忞撰《周易蜀才注提要》，於引馬國翰《論蜀才易注》，即歷述十一條，謂皆荀爽之家法，以斯皆合荀氏升降說也。

② 《易義別錄》："虞云'大壯四之五'。凡卦變之例，虞惟主一爻，以消息盈虛各有所主故也。翟子元、蜀才大抵參用荀氏'升降'，故皆兼用二爻。"蜀才此以九四、六五二爻升降，用荀氏義也。

訟本遯、晉本觀、旅本否三條——謂皆自消息卦來也。①猶有十條，請以之求合於虞翻卦變說可也，《先秦漢魏易例述評》（卷下總頁一三六、一三九）：

> 虞氏卦變之例凡四……以爻位消息，推其卦之所自來，三也。……其說……以爲諸卦胥由消息卦而出，故一陽五陰之卦，生自剝、復；一陰五陽之卦，生自姤、夬；二陰四陽之卦，生自遯、大壯；二陽四陰之卦，生自臨、觀；三陰三陽之卦，生自泰、否。然亦有變例，變例以一陰一陽之卦爲多。

據此，上述所餘十條，當本於虞氏卦變之說，計

二陽四陰之卦曰

☷☲ 明夷，《集解》引虞翻注云："臨二之三，而反晉也。"謂臨卦二、三爻互易其位，即變爲明夷。蜀才"此本臨卦"者依此。

二陰四陽之卦曰

☰☳ 无妄，《集解》引虞注云："遯上之初。此所謂四陽二陰，非大壯則遯來也。"謂遯上九降居初也。蜀才"此本遯卦"者據此。

☶☰ 大畜，虞注云："大壯初之上。"謂大壯初九升居上也。蜀才"此本大壯卦"者依焉。

---

① 《先秦漢魏易例述評》卷下總頁一一九～一二〇"荀氏卦變"云："……至荀氏而卦變之說起。乾升坤降，固其義矣。外此，……有謂自消息卦來者：訟卦辭《集解》引荀爽曰：'陽來居二，而孚於初。'按焦循以爲荀氏此說，謂訟本於遯。是也。晉六五爻辭《集解》引荀爽曰：'五從坤動，而來爲離。'按焦循以爲荀意謂晉本於觀。是也。……旅彖傳《集解》引荀爽曰：'謂陰升居五，與陽通者也。'按此謂自否來也。"

三陽三陰之卦曰

䷐隨，虞注："否上之初，剛來下柔；初上得正。"謂此否初、上爻互易其位，即變爲隨卦。亦蜀才之所本。

䷞咸，虞注："坤三之上成女，乾上之三成男。"謂以否六三與上九易處，即變爲咸卦。蜀才之所據。

䷟恆，虞注："乾初之坤四。"謂以泰之初、四相易，即變爲恆卦。蜀才恆自泰來依之。

䷨損，虞注："泰初之上，損下益上。"張惠言周易虞氏義曰："自初之上，自上之三。"李鼎祚明蜀才之所本曰："案：坤之上六，下處乾三，乾之九三，上升坤六（張惠言曰：當爲上）。"皆言損之所以自泰來。

䷩益，虞注："否上之初也，損上益下。"李鼎祚曰："案：乾之上九，下處坤初，坤之初六，上升乾四。"言益自否來。

一陽五陰之卦曰䷆師、一陰五陽之卦曰䷌同人：

於師，虞翻闕彖"剛中而應"之注。於同人，蜀才亦闕彖"柔得位得中而應乎乾"之注。蜀才謂師自剝來，張惠言不然，易義別錄云："虞注今闕。以消息求之，是謙三降二也。蓋虞於師注未明言自謙來，故蜀才求其說不得，以謙之例自剝來也。"其周易虞氏義於師彖下解曰："此明消息大義也。剝窮於上，乾五反三爲謙，謙三爲復，息成履；謙三降二爲師，師二爲復，息成同人。"謂以謙䷎之九三與六二互易，變卦爲師䷆也。同人則由復息（生）成，其敍蜀才易暢己意，有云："卦變全取虞氏（敏案：或有取資荀爽者，說已詳上。）其不同者，剝爲師、夬爲同人。……推其意，蓋以剝爲師、師爲比，爲乾之消息。夬爲同人，同人爲大有，爲坤之消息。……然剝、夬下降，師、同人上升，窮上反下，其序猶有合者。"

漢儒創十二消息卦說。息者，陽息坤也，復、臨、泰、大壯、夬、乾六卦，謂自復卦一陽生，而臨、而泰以至於乾，六陽盈；消者，陰消陽也，姤、遯、否、觀、剝、坤六卦，謂自姤卦一陰生，而遯、而否，以至於坤六陰盈也。以十二卦依次配自十一月至來年十月。虞翻卦變說論消息生卦，基礎即在此。以爲由屯至未濟六十二卦，皆由消息卦產生，而消息十二卦又以乾、坤二卦爲主，故六十二卦莫非乾卦、坤卦之變也。

上列《蜀才注》關涉升降、卦變者十九條，尚遺⑤泰、⑥臨、⑩觀四消息卦未加析論，今考其咸據虞翻卦變說，都由乾、坤生之：

☷☰泰，象傳集解引虞翻注云："陽息坤。"謂坤爲十月之卦，自是而十一月一陽生爲復，而二陽生爲臨十二月，而三陽生爲泰正月，則泰由坤生。故蜀才云"此本坤卦"也。

☰☷否，虞翻注："陰消乾。"謂乾爲四月之卦，自是而五月一陰生爲姤，而二陰生爲遯六月，而三陰生爲否七月，則否由乾生。故蜀才云"此本乾卦"也。

☷☱臨，虞翻注："陽息至二。"謂自坤全陰之卦，一息而爲復——生一陽；再息而爲臨☷☱——生二陽，故蜀才曰"此本坤卦"也。

☷☴觀，此卦，虞翻於消息生卦義無說，以理類推之，彼當謂"陰消至四"，謂四月乾卦全陽，自是陽一消而爲五月姤，再消而爲六月遯，三消而爲七月否，至四消則爲八月觀也。觀自乾來，故蜀才有"本乾"之說，亦據虞氏義也矣。

綜上所述，蜀才升降、卦變之學，少半來自荀爽，太半本於虞翻。以時代校之，荀氏早甚，即虞氏生年（164 年），略早於蜀才，而卒（233 年）後八十五年蜀才乃卒，是後者得以據二家說也。

張惠言敘《蜀才易注》又謂其易學，"大約用鄭、虞之義爲多"。其用虞說已述如上；用鄭義者，除據鄭本已詳前節外，尚有字義四條（據《經典釋文》）、易例一條，需特加申明者：

①謙大象"君子以裒多益寡"，蜀才本裒作捊釋"取也"同鄭玄注。

②豫九四"朋盍簪"，蜀才才簪作撍，義從鄭"速也"。

③萃大象"君子以除戎器戒不虞"，鄭注："除，去也。"蜀才注："除去戎器。"

④萃初六"一握爲笑"，鄭玄：握當讀爲"夫三爲屋"之屋。蜀才同。

⑤損䷨六四小象"損其疾，使遄有喜"，《集解》引蜀才注："四當承上而有初應，必上之所疑矣。初四之疾也，宜損去其初，使上遄喜。"《易義別錄》："此承例，四當承上，鄭義也。"惠言《周易鄭氏義》曰："陰在陽下爲承，……損四與五承上，……是也。"胡自逢氏《周易鄭氏學》（總頁二〇九~二一〇）第三章："陰居陽下曰承。……損'二簋可用享'，（鄭注：）'四以簋進黍稷於神也。……其四與五承上，故曰二簋'。按：損……六四、六五在上九之下，故曰'四與五承上'。因四、五承上之象以釋二簋用享，是以承例說經也。"

五事皆依鄭學，甚確至顯。

《繫辭上傳》："大衍之數五十，其用四十有九。""衍"字，

《經典釋文》卷二《周易音義》:"鄭(玄)云:衍,演也。(晉)干(寶)云:(衍)合也。王廙、蜀才云:(衍,)廣也。"

蜀才不用鄭義,漢魏人亦無有釋爲"廣"者。《易義別錄》凡言蜀才取義於某家者,概曰"用某",至此注獨曰:"衍,廣也,同王廙。"又於王廙卷同條注曰:"蜀才同。"蓋以二子時代近,地各一方(一在江左,一在巴蜀),説《易》未必相承。是矣。第若實考蜀、王年歲,則王(276—322)約晚生九十年,而亦後卒四歲;以"學術年代"甄之,則王在蜀後。張惠言次王卷於蜀後,是也;馬國翰因《釋文》錄兩氏次第,乃序王卷於蜀前,非也。蜀才創此注,人多不信,獨李道平申之,

《周易集解纂疏》(卷八):"……故云'衍,合也',言合天地之數而用之,即下經所謂'五位相得而各有合'也。又鄭氏云'衍,演也',王廙、蜀才皆云'衍,廣也',蓋惟合天地之數而後可以推演而廣大之也。"

果若李疏,蜀才注仍是推闡鄭義;碎簡殘義,其詳不可得而知矣。

蜀才注殘文,多見其説象數、釋字義及經字異文,略如上述。其關涉哲理者則罕見,第深求之,尚得三節:

① ䷁坤,象曰:至哉坤元,萬物資生,乃順承天。坤厚載物,德合无疆。

蜀才注:"坤以廣厚之德,載含萬物,無有窮竟也。"又曰:"天有无疆之德,而坤合之,故云德合无疆也。"(竝見《周易集解纂疏》卷二)

敏案:《説卦傳》"坤爲地,……爲大輿",孔穎達疏:

"爲大輿，取其能載萬物也。"是蜀才以翼傳解《易》，尚是費直、鄭玄家法。而皆準《禮記·中庸》義發明《易》理者，《中庸》有曰："博厚所以載物也，高明所以覆物也，悠久所以成物也。博厚配地，高明配天，悠久無疆。"

②䷐隨，彖曰：……大亨貞无咎，而天下隨時，隨時之義大矣哉！

蜀才注："……則內動而外說，是動而說，隨也。相隨而大亨无咎，得于時也，得時則天下隨之矣，故曰隨時之義大矣哉！"

敏案：《周易》"時義"，經——卦爻辭不言，傳則洋溢於篇簡中，《升象》曰："柔以時升。"《遯·象》曰："與時行也。……遯之時義大矣哉！"《艮·象》曰："時止則止，時行則行，動靜不失其時。"《坤·小象》曰："含章可貞，以時發也。"《乾·文言》曰："見龍在田，時舍也。"蜀才此據《易傳》解《易》，又承費、鄭家法。得時、隨時，《中庸》有曰："仲尼曰：……君子之中庸也，君子而時中。"《孟子·萬章下》："孔子，聖之時者也。"是其謹以儒家思想解《易》也。

③䷬萃，大象曰：……君子以除戎器，戒不虞。

除，《經典釋文》卷二《周易音義》："如字，本亦作儲，又作治。王肅、姚（信）、陸（績）云：除猶脩治，師同。鄭云：除，去也。蜀才云：'除去戎器，脩行文德也。'荀作慮。"

敏案：儲，蓄積；上古音同除，通假。治、脩治，義同。慮，謀也；上古音慮 lįag 與除 dʾįəng 同在魚部，通假。治（脩治、儲、慮）戎器，大義皆如《尚書·立政》"詰爾戎兵"（《僞孔傳》："治戎服兵器。"）；與鄭玄"棄去"之義相反，釋"如字"及蜀才説則同鄭。蜀才"脩行文德"，正發明鄭義，所據亦儒典：《詩·大雅·江漢》："明明天子，令聞不已；矢其文德，洽此四國。"《論語·季氏》：孔子曰："遠人不服，則修文德以來之。"而《禮記·樂記》載周武王棄去兵戈修文德之事尤顯："武王克殷，……投殷之後於宋，封王子比干之墓，釋箕子之囚，使之行商容而復其位。庶民弛政，庶士倍祿。濟河而西，馬散之華山之陽，而弗復乘，牛散之桃林之野，而弗復服，車甲釁而藏之府庫，而弗復用。……然後天下知武王之不復用兵也。"棄戎兵，脩德教，但意外事端仍不可不戒備，故終曰"戒不虞"。徐君芹庭《兩漢十六家易注》（頁四五三）："鄭獨云：除，去者，蓋去舊更新之義；去舊戎器，而更新之，以戒不虞之事。"殆失鄭義。

觀上述三條，蜀才義理《易》學，謹守儒家，未雜玄言。其或闡發《易》義，或因《傳》釋《易》，亦無非鄭氏家法是遵也。

通考《蜀才易注》佚文六十餘條，可見其《易》書依據漢儒本，今古文兼容，但好改舊本經字。其說《易》多用象數學，升降自荀爽來，卦變則多師法虞翻。其釋字義，多用鄭注，有所發明，則恪宗儒學，不雜玄理。無論《易》書本、釋字義、闡儒學，蜀才皆不同於王弼注矣；王氏注《老》及《易》，欲盡掃象數易學，又援《老》入《易》，蜀才雖亦兩玄兼注，但篤信象數，《易注》絕不及《道德經》一字，是前者爲魏晉玄理《易》學，後者則仍是漢《易》支流餘裔也。夫以學術年代較之，弼（226—249年）先乎蜀才，唯後者早已避隱陬蜀，於前者所著書，固未及聞見也。

結　論

上述五十三家，王商、周舒、周群、杜微、譙同、杜軫、李虔、五梁、龐統、李仁、來忠、許勛、張徵十三家所治經目不詳，餘四十家所治，徧及十三經（無《孟子》，有《大戴禮》）。以兩漢家法論之，《易》有孟喜、京房、荀爽、虞翻（三國吳人）、古文費直與鄭玄學；《書》有歐陽、古文孔氏學；《詩》有齊、韓、古文毛鄭學；禮有鄭注；《春秋》傳有古文賈、馬之學。

治《周易》者十五家，爲三張天師、劉先主備、何宗、秦宓、譙周、陳壽、諸葛亮、李譔、許慈、姜維、任熙、常寬、蜀才。諸家《易》學專著（叢碎小語不計，下並同），《古文易注》（李譔）、《周易然否論》一卷（譙周，《五經然否論》之一）、《周易注十卷》（蜀才）三書是也。

治《尚書》者十六家，爲三張天師、許靖、秦宓、譙岍譙周父子、文立、陳壽、諸葛亮、李譔、蔣琬、許慈、常勗、何隨、常寬。諸家《書》學專著，《古文尚書注》（李譔）、《尚書然否論一卷》（《五經然否論》之一，譙周）二書是也。

治《詩》者二十二家，爲三張天師、王化、杜瓊、高玩、秦宓、譙周、羅憲、文立、陳壽、諸葛亮、李譔、許慈、常勗、司馬勝之、何隨、任熙、壽良、常騫、常寬、蜀才。諸家《詩》學專著，《韓詩章句》十餘萬言（杜瓊）、《毛詩注》（李譔）、《詩然否論》一卷（譙周，《五經然否論》之一）三書是也。

治《周禮》者十二家，爲三張天師、王化、譙周、文立、諸葛亮、李譔、許慈、司馬勝之、常騫、常寬。諸家周禮專著，僅得《周禮注》（李譔，三禮注之一）一書是也。

治《儀禮》者十三家，王化、譙周、文立、陳壽、李譔、蔣琬、許慈、胡潛、司馬勝之、王長文、常騫、常寬、杜龔。諸家《儀禮》專著，若譙周《喪服圖》與《儀禮然否論》一卷（《五經然否論》之一）、李譔《儀禮注》（《三禮注》之一）、蔣琬《喪服要記》一卷、王長文《約禮》十篇、杜龔《喪紀禮式》，凡六書是也。

治《禮記》者十四家，爲三張天師、王化、劉先主備、譙周、文立、諸葛亮、李譔、許慈、司馬勝之、常騫、常寬、蜀才。

诸家礼记专著，仅得《礼记注》（李譔，三礼注之一）一书是也。

治《大戴礼》者，仅秦宓一家而已。专著无有。

汉人於《春秋经》或《春秋三传》，往往笼统称曰"春秋"，此秦宓报李权书"孔子发愤作春秋"，固谓《春秋经》；但史传记此常宽治《毛诗》、三《礼》《春秋》《尚书》、史汉，则《春秋》当指春秋古文学——《左传》。常氏之外，更有十六家治《左传》，曰三张天师、刘先主备、谯周、陈寿、诸葛亮、向朗、尹默、刘后主禅、蒋琬、来敏、孟光、王长文、寿良、黄容。诸家《左传》专著，有《春秋左传然否论》（谯周，《五经然否论》之一）、《春秋左传注》（李譔）、《春秋三传》[异同]（王长文，其中《左传》部分）、《左传抄》（黄容）四书是也。

治《春秋公羊传》者，有王化、刘宠、秦宓、陈寿、张裔、诸葛亮、来敏、孟光、王长文、寿良十家。诸家公羊传者，仅得《春秋三传》[异同]（王长文，其中公羊传部分）一书是也。

三国蜀士专治《春秋谷梁传》者无有，专说《谷梁》义或特引《谷梁》义者亦未之见，仅陈寿、王长文、寿良因论三传乃及《谷梁》义，它则无有也。其专著仅得《春秋三传》[异同]（王长文，其中《谷梁传》部分）一书是也。

《论语》《孝经》，自西汉以来立通经之士必读之书，三国蜀依然，故史传於治二书者多不特表。然三张天师、刘先主备、秦宓、谯周、诸葛亮、许慈、何随、蜀才十家治《论语》，而秦宓、谯周二家治《孝经》，诸家或用其义，或有专著，尚偶见史籍记载。专著仅得《论语注》十卷（谯周）一书，《孝经》则无有也。

治小学名家者二人：向朗"校书，刊是谬误"，意其当精小学；来敏"精於仓雅"，三苍（《苍颉篇》《训纂篇》《滂喜》篇）、《尔雅》之学也。西汉蜀人治《尔雅》，有专著（《尔雅注》三卷，犍为文学撰，早佚，今有辑本），三国蜀士尚沿此学风，惜乎專著則未遑有作也。

西漢經師多專一經，東漢多涉群經，三國承風尚之近，兼通二經或二經以上者，比比皆是也。兼曉二經者，來敏、孟光、常勗、何隨四家。通知三經者，劉先主備、蔣琬二家。通達四經者。司馬勝之、常騫、蜀才三家。貫博五經或五經以上者，三張天師、王化、秦宓、譙𧨳、譙周、文立、陳壽、諸葛亮、尹默、李譔、許慈、王長文、任熙、壽良、常寬十七家是也。

三國蜀士之研經，史記其僅治一經者才十四家，其中何宗習孟氏《易》學、杜瓊高玩師弟子習《韓詩章句》、劉寵張裔習《春秋公羊》，竝為今文學；向朗、尹宗、劉後主禪、黃容治《春秋左氏》，竝為古文經學：此九家曾否治他經及亦兼取古今文學，史闕有閒，故不可必其家法純粹否乎。此一時期蜀士，唯孟光、來敏、何隨、尹默、譙周、李譔堪為家法純粹之經學家：光以《公羊》譏呵《左氏》，隨治《韓詩》《歐陽尚書》，竝為今文。周用《左氏》而不及《公》《穀》，取古文《尚書》說而不及《今文》，《詩》采《毛傳》而不及三家，引《周禮》鄭玄注、且昌言"今文說不如古"；尹默及李譔之父李仁，竝厭益部今文章句乃遠遊荊州受古學，默專精《左氏》，仁學傳譔，譔徧注七經，皆宗古文：譙尹李皆純用古文。其餘諸家——特以淹貫五經以上者，大抵今古兼受，王化、陳壽、諸葛亮、壽良其顯者也。

雖然，古文經學較盛，由上述治《詩》者二十二家，專習今文《齊》《韓詩》者，僅三張天師、杜瓊高玩師弟子及何隨六家，兼習古今者纔諸葛亮一家，而專研《毛詩》者達十一家之多。《春秋》治《公羊者》十家，而治《左氏》者又十七家之多。且夫箋詩《毛傳》、注三禮，北海鄭玄之學也，而蜀士合治三禮、《毛詩》者，王化、譙周、文立、許慈、司馬勝之、常騫、常寬，皆淵源於鄭氏；譙周說《禮》兩用鄭義、孔明用《詩》義取鄭笺、三張天師用《周禮鄭注》、許慈事劉熙因"善鄭氏學"：皆具明文。此外，劉先主備問學於鄭，姜維"好鄭氏學"、遵用其《易》注，蜀才《易注》言卦變、升降，來自荀爽、虞翻，但釋字則多采鄭注，是蜀古文學宗風受鄭君影響甚大。唯任熙治京《易》不及費高學，但其通五經、治《毛詩》，是亦未嘗排斥古文經傳也。

蜀之古文經學，別有自賈逵、馬融來，而上得溯及乎劉歆者。劉先主備師事盧植，盧爲馬融高足。李譔徧治群經，皆依準賈、馬，異乎鄭玄，賈爲劉歆再傳。尹默精《左傳》，自劉歆條例，鄭衆、賈逵父子、陳元、服虔注說，略皆通述。此一源也。又有自建安間荆州學來者，諸葛亮、龐統、向朗、李仁、李譔、尹默、尹宗，皆司馬徽、宋衷之一再傳。此又一源也。

兩漢經學今古文之爭，莫甚於《春秋》學，自哀帝朝劉歆移書太常博士爭立《左氏》，以迄何休與鄭玄服虔議三傳短長，多次辯難，頗涉漢家典制，其間馬融且撰《春秋三傳異同說》，而蜀士承之。先是來敏、孟光共典掌舊文，一主《左氏》，一主《公羊》，論校二傳優劣，亦持漢制以禦敵。王長文踵其後，著《春秋三傳異同》，而陳壽、壽良治三傳，皆東漢以來馬鄭何學分歧之餘波也。

今文章句說經，好作浮辭，新莽竊國，嘗命學臣删減繁文，統裁限爲二十萬言。東京君臣，尤多事删約繁文，見於詔令，刊爲專書。蜀士三張天師，病章句蕪碎害生。王長文著《約禮》"除繁舉要"，賈逵、馬融等《周禮解詁》"省竹帛之浮辭"，固爲其前導。黄容蓋有見於章句繁猥，徒弊耗精神，即經本文若繁過，習者亦難猝通其要，故傚戰國鐸椒《左傳抄撮》，作《左傳抄》，後世遂續有類似之作矣。

今文章句夸尚繁博，令學者所誦習，多爲浮辭，泰半無關要義,故名多而實寡;是以尹默、李仁"知其不博,乃遠遊荊州,從司馬德操、宋仲子受古學"。博(不必是繁)正爲古文優越處,蜀士治經多淹貫群經(已如上述),又旁涉群書,如王長文"博綜群籍";文立"兼通群書";李譔"自五經、四部、百家、諸子、伎藝、算計、卜術、醫藥、弓弩、機械之巧,皆致思焉";孟光"博物識古,無書不覽";常勗"志篤墳典,涉洽群經,多所通覽":文、李、常三子皆古文家,李氏且爲荊州司馬、宋再傳,文氏則嫡承古文經學碩儒譙周,而周於學無所不闚,爲當世"通儒"。夫通經正所以致用,古文經學甚重致用,而蜀士多具此風格,劉寵"以以明《公羊春秋》上計闕下";劉先主備"周旋陳元方、鄭康成間,每見啟告治亂之道,備矣";譙周,"時訪大議,輒據經以對",又動以古義爭國之大事。

治讖緯者十三家:稱河圖洛書類之書目者,有三張天師述《河圖玉版》,何宗述《洛書甄曜度》《洛書寶號令》《洛書錄期運》。而述《春秋元命包》《春秋保乾圖》者,分別爲張天師、陳壽二家。述《孝經鉤命決》者,爲何宗。餘周舒、周群、杜瓊、杜微、高玩、譙岍、譙周及何隨八家所治讖緯書,不詳何目。諸家用讖而已,唯譙周有專著,《讖記》一書是也。十三家讖緯學,譙岍、何隨(疑爲何宗之族人,傳其學)不詳所本,其餘共出於東漢楊厚,而厚則半受自家庭,半承炎高、周循、鄭伯山(三子皆蜀籍,殆西漢末人),總表如下:

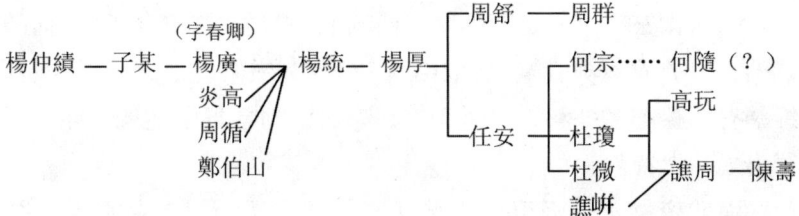

六經皆史，《書》《詩》《春秋》——或稱爲三史，尤富古史價值。蜀多士既淹貫群經，又特多善"三史"者，移其專長，轉攻歷代史學，甚盛事也。余考蜀士得十一史家，幾盡非博洽五經，即專精《春秋》傳，或兼善者，曰譙周（耽古篤學，通群經）及其弟子陳壽（治《尚書》《春秋三傳》，銳精史漢，有良史之才）、張裔（治《公羊春秋》，博涉史漢）、尹默（皆通諸經史，專精《左傳》）及其弟子李譔（五經、四部，皆致思焉）、來敏（善《左傳》）、孟光（好《公羊傳》，博物識古，銳意三史［《史記》《漢書》《東觀漢記》］，長於漢家舊典）、壽良（治《春秋三傳》，貫通五經）、常寬（治《毛詩》《尚書》《春秋》，博涉史漢，彊識多聞）、黃谷（善《左傳》）、杜夔（治禮）。中七氏有史學專著：譙氏著《古史考》（有以《左傳》糾史漢之謬）、《後漢記》《蜀本紀》《益州志》《異物志》《蜀王本紀》《天文志》《災異志》《三巴紀》九書，陳氏著《三國志》《古國志》《益部耆舊傳》《漢名臣奏事》《魏名臣奏事》《諸葛故事》六書，壽氏亦集《諸葛故事》，來氏著《本蜀論》，常氏繼陳氏著《益部耆舊傳續》，又撰《蜀後志》二書，杜夔亦著《蜀後志》，黃容著《梁州巴紀姓族》。蕞爾小邦，史作如是之盛！

蜀人楊雄擬《易》作《太玄》，擬《論語》作《法言》。此後，李譔著《太玄指歸》，說《太玄》之書也。王長文著《通玄經》"擬《易》《玄》"，有文言、卦象，以之占筮，斯可補原著——《太玄》之不足。譙周《法訓》、王長文《無名子》、何隨《譚言》、常寬《典言》，皆取則《論語》、依倣《法言》之作也。經學有"擬經"一科，揚子創首，李譙王何常五子述繼，亦三國蜀學之一大特色。

漢武帝納董仲舒策，罷黜百家，獨尊儒術，自茲百家自公退私，流行於民間，其中《老》《莊》學亦然（別詳拙著《儒術獨尊後之兩漢經今古文學消長與說經玄理化》）。三國蜀士兼修儒《老》學者：三張天師、秦宓、陳壽、諸葛亮、蜀才、許靖、王商、龐統十家，其前七家皆治《老》及《易》，後三家史闕載其所修儒經之目，殆亦兼治《易》。《易》《老》兩玄並理，魏晉學者風尚，三國蜀學予有影響。九家悉依《老》論學，諸葛亮則評騭《老》學短長。至諸家相關之專著，蜀才兼注《易》（十卷）、《老》（二卷），三天師《老子想爾注》，以儒經——《易》《書》《詩》《周禮》《禮記》《左傳》《論語》及圖讖解《老》，又抑儒揚道，令徒衆都習五千言。其後，魏王弼、何晏摻道入儒，明尊孔聖，其實抑之，天師先已開啓其風矣。

　　清談之風，盛於魏晉，而發端於東漢，三國蜀學則承上啓下。談者常涉玄言，輒資《老》《易》，許靖治《老子》，"清談不倦"；龐統受《老》學於司馬、龐德公，善臧否人物；任熙治《易》——儒經之玄者，而"清談遊講，不妄失言"；何隨"晝躬耨，夕脩講諷"。四子者，蜀談士之選者也。

　　三國蜀經學之下傳由四：一曰述作，已如上論。二曰學官傳授，尹宗、許慈、許勛、胡潛、周巨皆太學博士，尹默亦太學博士，且嘗爲勸學從事。譙周歷勸學從事、典學從事。七子皆授弟子以業。三曰私家開門授徒，如三張天師教人習《道德經》等，杜瓊授譙周、高玩（已知二徒，失名者宜多），王長文講學。四曰下逮異朝——魏、吳、晉，可考者，張魯、劉後主禪降曹歸魏，周群蜀亡奔吳，王化、譙周譙同父子、杜軫、羅憲、文立、陳壽、王長文、何隨、任熙、壽良、常騫、常寬、黃容、杜龔、蜀才十六人咸入晉，影響及於此三朝學術。

古文今刊

西塞罗赞

孟德斯鸠 著

孟德斯鸠的《西塞罗赞》*

正如孟德斯鸠所言,他的《西塞罗赞》(*Discourse on Cicero*)撰写于"年轻之时"。他的传记作家认为该文完成于1717年前后,当时孟德斯鸠28岁,正要着手写作《波斯人信札》。①这篇简短的作品并未受到重视,甚至直到1892年才得以出版。②人们可能受到误导,认为该文不为人知是无可非议的事:多年后孟德斯鸠本人在其手稿上做过注释,指出他对该作品并不满意。然而,事实上这篇论文对思考西塞罗和孟德斯鸠都有重要指引作用。我将从后者讲起。

---

* 福特(David Fott)著,陆炎译.

① 夏克尔顿(Robert Shackleton),《孟德斯鸠评传》(*Montesquieu: A Critical Biography*),Oxford, UK: Oxford University Press, 1961,页410。[译按]中译本参《孟德斯鸠评传》,刘明臣等译,北京:中国社会科学出版社,1991。

② Baron de Montesquieu, R. Celeste 编,《孟德斯鸠未刊作品集》(*Mélanges inédits de Montesquieu*),Bordeaux, France: G. Gouno uilhou, 1892。

一

　　从这篇文章来看，孟德斯鸠思想的基本层面明显是他对现代科学的继承。他轻蔑地将西塞罗的时代视为"智慧之人仅以奇装异服而出众的时代"，并说他希望西塞罗"本应诞生在一个更为启蒙的时代"。他断言大多数现代人要比大多数古代人更为智慧，甚至最智慧的现代人可能要优于最智慧的古代人：西塞罗的哲思似乎缺乏某些东西，因为他仅能"摧毁谬误"，而不能"发现真理"。难道孟德斯鸠在暗示，真理要以科学命题的形式提出，而不是以洞见（insight）——由西塞罗对话作品中的论证与辩驳（argument and rebuttal）而来——的形式提出？鉴于孟德斯鸠拥护现代科学方法，在《论法的精神》的开篇叙述包括人类在内的自然存在时，目的论无任何地位这一点已变得非常明确，故而我们对此并不感到惊讶。

　　《西塞罗赞》的开篇也展现出了孟德斯鸠早期的共和主张；他明确希望罗马能够保持它的共和政制。他反复称赞西塞罗为罗马自由的捍卫者，进而也赞赏恺撒的刺杀者布鲁图斯，他遵循西塞罗的判断，将之视作"国家的拯救者（解放者）"。孟德斯鸠觉察到他那个时代意大利与荷兰共和国的腐化，对共和政府的拥护之情有所减弱。由此，他将分权或政治权力的制衡作为保持政治节制最伟大的关键。共和制可能拥有这一关键，但并不必然拥有。①他称赞西塞罗而拒绝以小卡图为榜样，因为正当其出于爱国而持久地反恺撒之际，他却自杀了，这是"以懦夫的方式终结自己的生命，也同样放弃了共和国"，也许孟德斯鸠对热衷共和有所

---

① 夏克尔顿，前揭，页274。

怀疑也正肇始于此。西塞罗并未牺牲自己，而是转向哲学，写作了大量优秀作品。西塞罗身上具备自我关切的德性，孟德斯鸠的共和主张并未妨碍他对该德性的理解，尤其因为西塞罗和人类从与世隔绝中收获良多。

也许西塞罗思想中影响孟德斯鸠最深的一面，可从以下文字中看出："他从未直陈训诫，但能让人感觉到这些训诫。他不规劝人拥有美德，但他吸引人朝向美德。"孟德斯鸠极为钦佩西塞罗这一能力——不用说教就能书写美德并对人们产生吸引力。这种钦佩之情影响了他的《论法的精神》的整套书写方式，第二十章《论贸易》的开篇就是证据。他在那里插入了一段"对缪斯的祈求"，向缪斯祈求"隐藏"他的劳作：

> 请让人们从中受益，却又无需我授业施教；……每当我披露新事物时，请让人们相信，我本来一无所知，所有一切都是你们给我的。

孟德斯鸠同样从内心深处认同西塞罗在"高尚的"①事物与"有利的"事物之间作出的区分，或者说在高尚与利益之间作出的区分。然而，西塞罗从某种道德高度来看待高尚（honestum）与有利（utile），或者正如在《论义务》中所示，论证二者之间的和谐一致，但是，孟德斯鸠却采纳了一种更为现代的观点。他将荣誉视作君主制的原则；然而，寻求模仿君王的宫廷却会导致不幸，会导致无节制的扩张野心，这种扩张会摧毁君主制。现代英格兰给孟德斯鸠提供了一个成功的范例，因为现代英格兰既可视

---

① ［译按］西塞罗在《论义务》中区分了三种"荣誉"：laus, gloria, honor，这三者并不同于他所着重论述的"高尚"（honestum），虽然与 honor 词根相同，但 honestum 在西塞罗笔下已成了一种至高的抽象德性，类似于希腊语的 arete，已不再是某种具体德性。

作君主制又可视作共和制,它是建立在贪婪和野心基础上的商业权力。在英格兰,任何公民对自由的热爱与爱国主义至少可以部分来自他自身的利益。英国体系给多数人带来了自由并允许发展个人的恶行;与依靠直接朝向公共的好为目标的行动相比,这些恶的成果最终给所有人带来了更大的好。

我们也应当注意到,西塞罗的哲学著作对孟德斯鸠还产生了另一细微的影响。大概在 1725 年,孟德斯鸠开始写作一部名为《论义务》(*Traité des devoirs*) 的作品。该作品早已佚失,但我们拥有孟德斯鸠本人的概述:在读过西塞罗的《论义务》之后,他才构想出那部作品。他声称他从西塞罗出发进而研究廊下派并着手写作,而当他发现西塞罗对义务的划分并不充分时,他放弃了这一著作。①孟德斯鸠的传记作家尝试还原该作,并得出结论,"创作这部作品时,西塞罗的影响并不是很大"。②

二

有趣的是,孟德斯鸠这样描述西塞罗:"他的哲学著作具有原创性。"这一判断与长期流传的观点相左,传统认为西塞罗仅仅将大量希腊人早已表达过的东西翻译成拉丁文而已。可惜孟德斯鸠并未就此言及更多,但我们还是获得了有关这一观点的重要印象,亦即西塞罗应当被严肃地视作一位哲学家。仅仅这一点就使这篇论文值得注意。也许孟德斯鸠思想中更为隐秘的线索暗含在西塞罗的两部作品的名字之中,它们是《论神性》和《论预言》,而孟德斯鸠在他的论文中首先提到,这两部作品的名字包含共同的

---

① 孟德斯鸠致苏瓦松的主教(Mgr. de Fitz – James),1750 年 10 月 8 日(转引自夏克尔顿,前揭,页 70)。

② 夏克尔顿,前揭,页 71(总体参照页 69 – 75)。

神学主题。

在这两部作品中的第一部，西塞罗考察了伊壁鸠鲁主义者、廊下派以及新学园派处理神学的方式。他似乎相当轻易地就打发掉伊壁鸠鲁主义的神学。廊下派的代言人随后展示了证明诸神存在的四个论据：由世界充满设计得出的证据，由神圣的启示得出的证据，由人类原初的意见得出的证据，由占卜和预言得出的证据。他论证说，自然的奇迹正好显示出普遍的统治。新学园派的发言人则回应称，人的德性并不适合于神性，而且并无证据表明诸神关心人类。尽管西塞罗本人是新学园派的一员，他仍在对话结尾处声称，廊下派的立场"对我来说似乎更接近真理"。①确实，这一陈述富含深意，即便西塞罗最终认定廊下派的观点更可取，但他也同时叙述了新学园派对异教诸神提出批评的立场，正是在此，孟德斯鸠发现了某些智慧的火花，得出这一点对我们来说并非荒谬。

最后，我得回过头来解释——我只能做一些基本工作——孟德斯鸠所谈到的一段话，孟德斯鸠谈到他希望西塞罗"本该用他那天赋才华发现真理，而他却用来摧毁谬误"。我不知道孟德斯鸠是否读过西塞罗的《图斯库卢姆清谈录》（*Tusculan Disputations*），但我猜想孟德斯鸠读到定会大为吃惊。西塞罗在其中叙述道，他的写作遵循了苏格拉底以及新学园派的哲学方法，以便于"我可以隐藏我自己的观点，使他人的错误显现，在每一争论中寻求最为接近真理的东西"。②换言之，西塞罗明确说过他并不总是公开、全盘地表明他自己的思想。他采取这种方式至少有部分是为了鼓励其他人自己进行思考："由论证所得出的东西中，权威的重要性并不如真理本性的重要性。"③也许西塞罗的写作如其行事，因为

---

① 西塞罗，《论神性》，卷三，第95节。
② 西塞罗，《图斯库鲁姆清谈录》，卷五，第11节。
③ 西塞罗，《论神性》，卷一，第10节。

他认为洞见（insight）关涉某些根本性问题，而且并不总能以命题的形式理性地得到陈述。如果我们认为柏拉图的《书简七》（*Seventh Letter*）可信，那么柏拉图至少持这一观点，而西塞罗提及柏拉图时也常常称其为"神圣的"（divine）。我并不知道孟德斯鸠是否赞同西塞罗，认为洞见或真理能够以不同于命题的形式而获得，但在我看来，孟德斯鸠应该会怀疑西塞罗哲学作品仅仅是否定性的这一观点。我并未声称掌握了西塞罗的思想，所以我不能确定，但是也许西塞罗的确获得了哲学洞见，并尽可能地将之传达给他的读者。

西塞罗赞[*]

在所有古人中，西塞罗最具个人魅力，也是我更愿意效仿之人；[①]没有其他古人比他具备更出色、更美好的品质，没有其他古人比他更加热爱荣耀，他为自己取得了难以磨灭的荣耀，且通过不寻常的道路获得这份荣耀。

拜读其作品振奋心智（mind），同样也振奋心灵（heart）：其演说极为宏大，极为庄严，极具英雄气概。我们肯定会目睹他击败卡提利纳（Catiline），肯定会看到他奋起反抗安东尼，肯定会看到他悼念那正在衰微之自由的可悲的残遗。无论他讲述自己的行动，还是记录那些为共和国而战斗的伟大人物，他都陶醉于他自己的和他们的荣誉。他勇敢无畏的言说令人深受他充满活力的感情的熏染，使我感到他在行进中携我而动，前行时亦领我而去。

---

[*] 孟德斯鸠（Montesquieu）著，杨志城译。

[①] ［孟德斯鸠注］这篇短文是我年轻时的习作，倘若修正其中弥漫的颂扬气息，此文或可成佳作。此外，我也有必要概述西塞罗的著作，尤其是其书简，以进一步考察罗马共和国的败亡，进一步考察恺撒、庞培和安东尼的性格。

他多么生动地描绘了布鲁图斯（Brutus）、卡西乌斯（Cassius）和卡图（Cato）！多么富有激情、富有活力，言辞何其激越！对于我自己而言，我不知道我更想成为哪类人：英雄抑或致颂辞者（panegyrist）。

如果他偶尔给自己的天赋增添过多的光彩，在我看来，他也只是在向我传达那些他业已让我感觉到的东西；他告诉我那些他应得的赞扬。如若有人提醒我——他不单纯是个演说家，更是国家的解放者和自由的捍卫者，这也不会让我恼怒。

他无愧于罗马的演说家这一头衔，也无愧于哲人之誉。甚至可以说，他在吕西昂学园（Lyceum）比在演说台上更加鹤立鸡群：在哲学著作上，他是原创者，但在演说上，却有众多的对手。

在罗马人中，西塞罗第一个从学者们的手中拯救哲学，并使之摆脱异国语言的含混。他使哲学为一切人所共有，就像人人皆有理性一样。在他从他们那里所获得的那些赞美中，学者们发现自己与人民的看法一致。在那样的时代里——智慧之人仅以奇装异服而出众，他的论证竟能有那般深度，这令我钦佩不已。我仅希望他出现在一个更为启蒙（enlightened）的时代，希望他能用那些幸运的天赋去发现真理，而不只是去摧毁谬误。必须承认，他给哲学留下了一个可怕的空虚：他摧毁了当时为止能够想象到的一切；人们不得不重新开始、重新想象；也就是说，人类退回幼年，人类回到了最初的原则。

在他的《论诸神的本性》（*On the Nature of Gods*）一书中，可以看到他品评所有学派，挫败了所有的哲人，指斥每个偏见，这多么令人愉悦啊！现在他与这些怪物斗争，现在他嘲笑哲学。他介绍的那些桂冠者毁灭了他们自己；那个被这个所挫败，然后这个又发现自己被击败。所有这些体系都一个一个接连消失，在读者心中留下的，只有对哲人族的蔑视和对批评家的赞赏。

一个人要多么自满自大才敢不去理会他的《论预言》——他在书中使罗马人的精神摆脱了预言者们的荒谬束缚，摆脱了预言之术的桎梏，而这术数正是异教神学为罗马带来的耻辱，最初，在未开化的民族中，地方官员颁布政令，推行这类预言之术，而一旦他们经受文明的洗礼后，此类术数又为同样的政令所削弱。

如今，他向我们揭示友谊的魅力，让我们感受到它带来的所有快乐；如今，他让我们看到年龄的优越在于理性的萌发（enlighten），正是这把我们从狂放的激情中拯救出来。①

如今，通过塑造我们的道德，通过向我们展示我们的义务的范围，他教导我们：什么令人光荣，什么产生益处；我们对社会的责任何在，而我们对自己的责任又是什么；身为父亲，我们应该如何行动，或者身为公民，又应该如何行动。

西塞罗的道德（要求）比其心智更为严格。在管辖西里西亚（Cilicia）时，他的一举一动体现了辛辛纳图斯（Cincinnatus）、卡米路斯（Camillus）和卡图的大公无私。但他没有丝毫不合群的美德，并没有妨碍他享受其年龄所带来的优雅。有人注意到，在他的道德著作中，弥漫着快乐的气息和心灵的某种满足，这是普通哲人所不能体会的。他从未直陈训诫，但能让人感觉到这些训诫。他不规劝人拥有美德，但他吸引人朝向美德。阅读其著作，你会永远厌恶塞涅卡（Seneca）之流，他们比他们要治愈的那些人更病态，比他们要安慰的那些人更绝望，比他们要使之摆脱激情束缚的那些人更受激情的控制。

某些惯于用库尔提乌斯（Quintus Curtius）的英雄标准来衡量②所有英勇的人，已经对西塞罗有极为错误的看法。他们视他为

---

① ［译按］参见《论老年》。以上三段都是对西塞罗的一些作品的介绍，即《论诸神的本性》《论预言术》《论友谊》《论老年》，而下一段则是关于《论义务》的概述。

② ［英译者注］这里的英雄指亚历山大大帝，库尔提乌斯写过亚历山大的传记。

软弱、胆小之徒，就连他最伟大的对手安东尼也不曾像他们那样责备他。他避开危险，是因为他了解它，但当他不再躲避时，他也不再了解它。这个伟大的人啊，总是使自己的所有激情、恐惧以及勇气臣服于智慧和理性。我敢冒险地说：在罗马人中，或许没有人比他更能在力量和勇气方面做出更好的榜样。

难道在安东尼面前发表《反腓力辞第二》（*Second Philippic*）[①]不是等于招致必然的死亡吗？难道这不是为了他那被冒犯的荣誉而慷慨地献出生命吗？那么，就让我们钦佩这演说家的勇气和胆量更甚于他的口才吧。让我们想想安东尼，这个最具权力的人，这世界的主人，这敢做任何事情并能够使之实现的人，在那个被他的士兵团团包围的元老院中，在那里他与其说是执政官，不如说是王者；让我们想想，当他被迫听到那些使他极受耻辱的言辞从西塞罗口中进出时，他会多么困惑、受辱、惊愕、挫败，他可能恨不得成千上万次地杀死西塞罗。

此外，他不只在军队面前才需要坚定和勇气；那些他不得不遭受的障碍一直使他面临死亡的威胁——即便是豪族大家，面对这些障碍也极其艰难。共和国的所有敌人都是他的敌人：维勒斯（Verres）、克劳迪乌斯（Clodius）、卡提利纳、恺撒、安东尼，总之，罗马的所有恶棍群起而攻之（罗马所有的恶棍都向他宣战）。

确实，有时候其心智的力量似乎要抛弃他：当他目睹这么多派系把罗马弄得四分五裂时，他悲不自胜，他沮丧得难以复加，因为他对共和国的热爱比对哲学的热爱更为强烈。

在那决定世界命运的著名战争中，他为他的国家而焦虑不安。他目睹过恺撒亲率着那支获胜数甚至大于军团数目的军队逼近。但当他看到庞培遗弃了意大利且让罗马暴露于反叛者的狂热之下

---

① ［译注］指抨击安东尼的第二次演说。

时,他是多么悲痛!他说道:"在这如此懦弱的行为之后,我再也不能尊重那个人,他本应战死在罗马城下,马革裹尸结束一生,但他却放逐了自己,离开故国如此遥远。"

西塞罗早就在观察恺撒的阴谋,要是他的睿智为罗马所听取,他原本可以使那有野心的人遭受卡提利纳一般的下场。这位雄辩家对安东尼声称:

> 要是我的忠告都被采纳,现在的共和国将会繁荣兴旺,你将无处可待。我当时认为本不该让恺撒管辖高卢超过五年;我当时也认为,当他不在任期时,本不该允许他谋求执政官之职。要是我足够幸运,能使人相信这两件事之中的任何一件,我们就不会坠入我们现在所处的深渊。但当我看到庞培把共和国拱手让给恺撒时,当我注意到他很晚才感觉到那些我早已预见到的罪恶时,我并未停止提倡妥协,并全力以赴凝聚人心。①

在庞培抛弃意大利之后,西塞罗在罗马待了较长时间,正如他自己所言,他很清楚自己应该逃避谁,却不知道自己应跟从谁。恺撒与之取得了联系,想通过恳求和威胁来迫使他支持自己。但这位共和主义者却极其轻蔑而骄傲地拒绝了他的提议。当自由派(the party of liberty)被摧毁时,他随同整个世界屈服于恺撒;他没做无用的反抗;他没有效法小卡图,以懦夫的方式终结自己的生命,也同样放弃了共和国;为了更幸运的时代,西塞罗不愿舍弃自己的生命,在哲学之中寻找到那些其他人仅能在死亡中才找得到的安慰。

---

① [英译者注] 正如 Gallimard 版本的编者所言(Roger Caillois 的注释,参 Montesquieu,《孟德斯鸠全集》(*Oeuvres Completes*),卷一,页1581),本段引文是对《反腓力辞第二》(*Second Philippic*) 24 段自由翻译。

他隐退在图斯库鲁姆田庄，在那里寻找他的国家已经失去的自由。那片土地从未如此富饶多产而富有荣耀，我们把这些归功于那片土地：这些在所有哲学革命中为一切学派所钦佩的精美的著作。

但是，当阴谋者们做出那甚至令今日的暴君们都会瞠目结舌的壮举时，西塞罗犹如从坟墓中升起的太阳，他曾被尤里乌斯之星①所遮蔽，重又散发出新的光芒。布鲁图斯全身沾着血和荣耀，他向人们展示着那把短剑和自由，呼喊着西塞罗的名字。无论他是在请求西塞罗的帮助，还是为了那失而复得的自由而想去②庆贺他，抑或这位新的国家解放者正在那一刻宣告他自己的敌人，他都以单个词授予西塞罗以凡人所未有过的最伟大荣耀。

西塞罗立刻加入布鲁图斯一边，他丝毫不担心危险。恺撒依旧活在其部下的心中；安东尼，那个继承其野心的人，手握执政官的大权。这些并未阻止西塞罗表明立场，在整个世界仍未确定应将布鲁图斯看作弑亲者还是国家的解放者之时，西塞罗以他的权威和楷模做出了决定。

但恺撒之死带给罗马人的自由礼物，却成为压在他们身上的新枷锁。安东尼向贪婪的人们滔滔不绝地演说，向他们展示恺撒血色的长袍，他极力煽动人们，于是他们一把火烧掉阴谋者们的住宅。布鲁图斯和卡西乌斯被迫离开这不领情的国家，仅能以这样的方式去避开这群狂怒盲目的人的侮辱。

安东尼变得更为肆无忌惮，他在罗马所篡夺的权力更甚于恺撒。他控制了公共金库，售卖行省和官位，向罗马的殖民地宣战，最终触犯了所有法律。自恃其演讲的成功，他不再害怕西塞罗的

---

① ［孟德斯鸠注］Julium Sidus。［译按］原文为拉丁语，意为"尤里乌斯之星"；即恺撒。

② ［孟德斯鸠注］《反腓力辞第二》。

雄辩,正是在元老院,他公开猛烈抨击西塞罗。但他确实吃惊地发现——罗马城中还有一位真正的罗马人。

不久以后,渥大维(Octavian)达成了那臭名昭著的协议:安东尼在协议中索要西塞罗的人头作为自己与渥大维的友谊的代价。战争给共和国带来的灾难远比不上这次毫无价值的和解。在这次和解中,仅有的牺牲品正是那些曾经如此光荣地捍卫共和国的人。

在塞涅卡那儿,可憎的珀律比俄斯(Polibius)以如下方式免于为西塞罗之死承担罪责:这可憎的罪行是安东尼犯下的,因为这出自他的命令,而不是服从命令的波比利乌斯的罪行;安东尼致西塞罗死去,波比利乌斯只是被要求去执行命令而已。波比利乌斯受令杀人,这并不令人惊异,因为西塞罗——所有罗马人中的第一人——已经不得不失去自己的头颅了。①

---

① [孟德斯鸠注]第七次论争(Seventh Controversy)。[英译者注]应是第十七次论争,Caillois指出了这点,参《孟德斯鸠全集》,注释,前揭,页1581。

评 论

"中国理想"到底是什么?
——评贝淡宁《中国模式:贤能政治与民主的局限》

潘戈(Thomas L. Pangle) 著

赵雪纲 译

贝淡宁《中国模式:贤能政治与民主的局限》(Daniel A. Bell, *The China Model*: *Political Meritocracy and the Limits of Democracy*, Princeton University Press, 2015)一书,为规范政治理论做了深富洞察、激励人心的贡献。

本书的核心观点是,中国是贤能政治"理想"(meritocratic "ideal")的范例(尽管并不完美),而这种"理想"则是当代自由民主政制的卓越替代者。这种"中国独有的理想"(页180)既是一种实践"模式",也是一种"标准","有可能补救选举民主制的重大缺陷":"若有其他国家想要确立贤能政治规则,中国无疑能够提供帮助"(页61、79、195、197)。不过,"从理论角度来看",这种"中国独有的理想,本身并不那么明晰"(页67)。我的目的是想帮助读者阐明这种理想。

这种"中国独有的理想",必须放在"贤能政治的基本理念"

这一背景中来深思明辨,因为这种基本理念贯穿了西方共和主义的全部历史。"贤能政治基本理念"的源头活水,便是柏拉图的《王制》。然而,贝淡宁深受布鲁姆对《王制》所作解释的影响,认为这是一部反讽之作(页111)。更直接的一个核心文本是黑格尔的《法哲学原理》(Philosophy of Right),因为这部著作认为,如果一个非选举的、受过较高教育的公务员(civil servants)统治阶层能够调和君主制行政与选举出来的各阶级合作的立法机构,那么这个统治阶层就具有正当性(页59,当今出自法国国家行政学院的法国文官制度,对此有所体现——页128)。黑格尔认为,这种制度是西方亚里士多德"混合政体"传统的巅峰,而亚里士多德的"混合政体",在人民主权与贵族统治的主要原理之间做了调和,其中首先就是独立的司法体系。

在这个背景中,这种"中国独有的理想"屹然站立起来,它更加现实地直面"贤能政治与民主政治之间的冲突"(页33,强调为笔者所加)。如果不那么率直表达的话,这种中国理想就是"实质上的"而非"程序上的"民主:这恰恰是因为,它追求的是"民享(for the people)"的"监护性"政府,避开了"民治(by the people)"政府(页147,162)。

韦伯有一篇著名论文,题为"政治作为志业",这篇论文区分了"法理型正当性"(rational-legal legitimacy)(黑格尔式非选举产生的公务员身上体现了这种正当性)和"卡利斯玛型正当性"(charismatic legitimacy)("凭靠服从者的信奉进行统治的""议会中的伟大民众领袖"[因为服从者信任这种民众领袖]身上体现了这种正当性),并且论证了这两种正当性之间的激烈冲突。韦伯的这篇论文及其逻辑论证对我们影响至深且具,他认为,卡利斯玛型的领导形式才是真正的"政治志业"——这尤其是因为,它是"想用道德上可疑的手段来获得善的结果的"。相比而言,这种中国式的政治领导理想,尽管并不反对"卡利斯玛型领导形式"在"战争或国内暴力冲突期间"的必要性,却"更具有韦伯所说的'公务员'的特性"(页75-77——贝淡宁引韦伯;以及页173)。这种"中国理想"是反毛泽东思想的,并且彻底偏离了马克思主义——因为马克思主义基本上是反贤能政治的,而且"对公职人员的伦理行为也几乎没有提供什么真知灼见"。实际上,马克思主义在中国的影响,完全就像在其他地方一样,只是使得官员们"玩世不恭"(页124、146-147、182、197)。这种"中国理想"具有强烈的卫道之风,和谐万事之风,以及规则治理甚或"礼仪"治理之风:因为这种中国理想根植于儒家理论。

尽管儒家政治理论的根基独属亚洲,但这种规范性的主张却从来都是"全球性的",甚至还是超全球性的,从而与民族主义的和非永久性的意思相对(页140,143)。儒家政治理论把政府对"民享"的关注范围,扩充至对祖先和未来万世所负的责任——不仅是对本国本族的而且也是对外国外族的祖先和未来万世所负的责任。此外,政府责任还扩充至于人类之外,延及自然环境,因为儒家政治理论认为自然环境并不超然于"某种超验的统治意志,并不超然于某种""使'大地'从属于'天国'的神圣自然道德意识"(页163-164)。在人类内部,儒家政治理论非常关注如何普遍让人们分享适度的繁荣这一问题——却具有一种稳健的更高目的:"人民必须受到教育,以便他们能够扩充自己的伦理美德"(页143)。后一个目标的关键在于,应以家庭和"孝道"为中心,以"自治组织和社区团体"为中心,促进"丰富多样的、和谐的社会关系",但在这样做时,必须要限制或预先防止"你死我活的个人主义"(页55,59)。

同样独特的还有新儒家的原则,以及出自这些原则的具体方式,正是凭借这些原则,通过这些具体的方式,(被视为社会

"最高"成员的——页149）统治者才被认真选拔出来，并受到极其严格的甄别。智力和知识固然极其重要，却位居第三，排在伦理美德和"人同此心、心同此理"的社会技能之后。伦理美德和这样的社会技能，是由稔熟且有能力实践（儒家传统经典著作中的）"治国理政之才"以及官员个人德性课业的要求所滋养出来的。正规的竞争性考试扮演了核心角色。更为重要的是同级和上下级同僚进行的定期评估。最重要的是年复一年基于考核和经验的升迁，这是通过要求集体决策的各种挑战性职位来完成的。"辞令的雄辩"或应答如流（与行文干净利落和对谈意盈情切相对）受到质疑："巧言被视为自我道德修养的障碍"（页101），被视为浇油于傲慢自大之火，而傲慢自大这一元凶巨恶，则会压倒高尚的人性美德，因为高尚的人性美德，本应生于、养于持续的集体自省自察，以及超乎寻常的非享乐主义的自我克制。

那么，这种"中国理想"又如何不只是"新儒家的"？答案很简单：在当今的世间，"万事仅可由一个类似中国共产党的统治性组织来处理"（页195）：若没有这个组织的纪律和控制，现代平民主义（儒家传统完全不了解这个东西）的力量就会吞噬这种政制。正是在这里，我们遭遇了这种"理想"颇成问题的未完成性（the problematically unfinished character）。因为中国共产党颇受平民主义的（民主的）马克思主义意识形态所累。然而，由于"马克思主义基本上已经死亡"，贝淡宁确信，这个沉重的包袱正被丢弃："实际上，中国共产党既不是共产主义者，也不是一个政党"，"它是一个""贤能政治选出来的多元性组织"。"这个党迟早不得不采取正式的官方行动，用儒家思想取代共产主义理论"，"其更加名副其实的称呼，或许应是中国贤能政治联盟（the Chinese Meritocratic Union）"（页124、197）。

然而，在当前这个时代，民众（Demos）不仅需要受规则的引导，而且在某种程度上还要由规则来息事宁人。贝淡宁认为，建立一种混合式儒家政体的建议，完全不切实际，在倾力与这种不现实性角力并以最强音表达了这种不现实性之后，贝淡宁认可了地方层面（仅仅是地方层面）的选举性民主——受党的干部悉心监管的选举性民主。此一建议之虚弱无力，之令人绝望，正揭示了此种"中国理想"的阿喀琉斯之踵。

图书在版编目（CIP）数据

孟德斯鸠论政制衰败/娄林主编；邱晨曦等译. —北京：华夏出版社，2015.12
（经典与解释）
ISBN 978-7-5080-8638-5

Ⅰ.①孟… Ⅱ.①娄… ②邱… Ⅲ.①孟德斯鸠，C.（1689～1775）—政治思想—研究 Ⅳ.①B565.24

中国版本图书馆CIP数据核字(2015)第248211号

孟德斯鸠论政制衰败

主　　编	娄　林
责任编辑	马涛红
责任印制	刘　洋
出版发行	华夏出版社
经　　销	新华书店
印　　刷	三河市少明印务有限公司
装　　订	三河市少明印务有限公司
版　　次	2015年12月北京第1版　2015年12月北京第1次印刷
开　　本	880×1230　1/32
印　　张	10.5
字　　数	240千字
定　　价	49.00元

华夏出版社　地址：北京市东直门外香河园北里4号　邮编：100028
网址：www.hxph.com.cn　电话：(010)64663331(转)
若发现本版图书有印装质量问题，请与我社营销中心联系调换。

西方传统：经典与解释

古今丛编

莫尔及其乌托邦
[德]考茨基 著

试论古今革命
[法]夏多布里昂 著

托兰德与激进启蒙
刘小枫 编

《劳作与时日》笺释
吴雅凌 撰

图书馆里的古今之战
[英]斯威夫特 著

但丁：皈依的诗学
[美]弗里切罗 著

在西方的目光下
[英]康拉德 著

大学与博雅教育
董成龙 编

恐惧与战栗
[丹麦]基尔克果 著

探究哲学与信仰——基尔克果与苏格拉底
[美]郝岚 著

穆佐书简
[奥]里尔克 著

撒路斯特与政治史学
刘小枫 编

民主的本性——托克维尔的政治哲学
[法]马南 著

希罗多德的王霸之辨
吴小锋 编/译

梅尔维尔的政治哲学——《切雷诺》及其解读
李小均 编/译

第二代智术师——罗马帝国早期的文化现象
安德森 著

英雄诗系笺释
[古希腊]荷马 著

统治的热望
——修昔底德笔下的阿尔喀比亚德和帝国政治
[美]福特 著

席勒美学的哲学背景
[美]维塞尔 著

雅典谐剧与逻各斯
——《云》中的修辞、谐剧性及语言暴力
[美]奥里根 著

西方传统：经典与解释
Classici et Commentarii
HERMES
刘小枫◎主编

菜园哲人伊壁鸠鲁
罗晓颖 选编

果戈里与鬼
[俄]梅列日科夫斯基 著

托尔斯泰与陀思妥耶夫斯基
[俄]梅列日科夫斯基 著

自传性反思
[德]沃格林 著

黑格尔与普世秩序
[美]希克斯 等著

新的方式与制度
——马基雅维利的《论李维》研究
[美]曼斯菲尔德 著

论埃及神学与哲学——伊希斯与俄赛里斯
[古希腊]普鲁塔克 著

凯撒的剑与笔
李世祥 编/译

纪念苏格拉底——哈曼文选
刘新利 选编

科耶夫的新拉丁帝国
[法]科耶夫 等著

夜颂中的革命和宗教——诺瓦利斯选集卷一
[德]诺瓦利斯 著

大革命与诗话小说——诺瓦利斯选集卷二
[德]诺瓦利斯 著

《利维坦》附录
[英]霍布斯 著

巨人与侏儒
[美]布鲁姆 著

或此或彼（上、下）
[丹麦]基尔克果 著

海德格尔与有限性思想（重订版）
刘小枫 选编

海德格尔式的现代神学
刘小枫 选编

走向古典诗学之路
——相遇与反思：与伯纳德特聚谈
[美]伯格 编

论宗教大法官的传说
[俄]罗赞诺夫 著

上帝国的信息
[德]拉加茨 著

双重束缚
[美]基拉尔 著

俄耳甫斯教祷歌
吴雅凌 编译

俄耳甫斯教辑语
吴雅凌 编译

黑格尔的观念论
[美]皮平 著

古今之争中的核心问题
[德]迈尔 著

浪漫派风格——施莱格尔批评文集
[德]施莱格尔 著

神圣的罪业
[美]伯纳德特 著

论永恒的智慧
[德]苏索 著

宗教经验种种
[美]詹姆斯 著

尼采反卢梭
[美]凯斯·安塞尔-皮尔逊 著

施米特对自由主义的批判
[美]约翰·麦考米克 著

舍勒思想评述
[美]弗林斯 著

诗与哲学之争
[美]罗森 著

基督教理论与现代
[德]特洛尔奇 著

亚历山大的克雷蒙
[意]塞尔瓦托·利拉 著

伊壁鸠鲁主义的政治哲学
[意]詹姆斯·尼古拉斯 著

神圣与世俗
[罗]伊利亚德 著

中世纪的心灵之旅——波纳文图拉神学著作选
[意]圣·波纳文图拉 著

弓弦与竖琴——从柏拉图解读《奥德赛》
[美]伯纳德特 著

论古人的智慧
[英]培根 著

柏拉图注疏集

为哲学的写作技艺一辩——《斐德若》疏证
[美]伯格 著

柏拉图式的迷宫——《斐多》义疏
[美]伯格 著

人应该如何生活
[美]布鲁姆 著

情敌
[古希腊]柏拉图 著

哲学如何成为苏格拉底式的
[美]朗佩特 著

苏格拉底与希琵阿斯
王江涛 编译

理想国
[古希腊]柏拉图 著

谁来教育老师——《普罗塔戈拉》发微
刘小枫 编

立法者的神学——柏拉图《法义》卷十绎读
林志猛 编

柏拉图对话中的神
[德]薇依 著

厄庇诺米斯
[古希腊]柏拉图 著

智慧与幸福——柏拉图的《厄庇诺米斯》
程志敏 选编

论柏拉图对话
[德]施莱尔马赫 著

柏拉图《美诺》疏证
[美]克莱因 著

政治哲学的悖论——苏格拉底的哲学审判
[美]郝岚 著

神话诗人柏拉图
张文涛 选编

阿尔喀比亚德
[古希腊]柏拉图 著

叙拉古的雅典异乡人
——柏拉图《书简七》探幽
彭磊 选编

阿威罗伊论《王制》
[阿拉伯]阿威罗伊 著

《王制》要义
刘小枫 选编

柏拉图的《会饮》
[古希腊]柏拉图 等著

苏格拉底的申辩
[古希腊]柏拉图 著

苏格拉底与政治共同体
[美]尼科尔斯 著

政制与美德——柏拉图《法义》疏解
[美]潘戈 著

《法义》导读
[法]卡斯代尔·布舒奇 著

论真理的本质
[德]海德格尔 著

哲人的无知
[德]费勃 著

米诺斯
[古希腊]柏拉图 著

亚里士多德注疏集

品格的技艺
[美]加佛 著

亚里士多德哲学的基本概念
[德]海德格尔 著

《政治学》疏证
[意]托马斯·阿奎那 著

尼各马可伦理学义疏
——亚里士多德与苏格拉底的对话
[美]伯格 著

哲学之诗——亚里士多德《诗学》解诂
[美]戴维斯 著

对亚里士多德的现象学解释
[德]海德格尔 著

城邦与自然——亚里士多德与现代性
刘小枫 编

论诗术中篇义疏
[阿拉伯]阿威罗伊 著

哲学的政治——亚里士多德《政治学》疏证
[美]戴维斯 著

色诺芬注疏集

居鲁士的教育
[古希腊]色诺芬 著

驯服欲望——施特劳斯笔下的色诺芬撰述
[法]科耶夫 等著

论僭政——色诺芬《希耶罗》义疏
[美]施特劳斯 著

色诺芬的《会饮》
[古希腊]色诺芬 著

莎士比亚绎读

莎士比亚的历史剧
[英]帝利亚德 著

莎士比亚笔下的爱与友谊
[美]布鲁姆 著

莎士比亚戏剧与政治哲学
彭磊 选编

莎士比亚的政治盛典
[美]阿鲁里斯/苏利文 编

丹麦王子与马基雅维利
罗峰 选编

卢梭集

论哲学生活的幸福
[德]迈尔 著

致博蒙书
[法]卢梭 著

政治制度论
[法]卢梭 著

哲学的自传——卢梭的《孤独漫步者的遐思》
[法]卢梭 著

文学与道德杂篇
[法]卢梭 著

设计论证——卢梭的《社会契约论》
[美]吉尔丁 著

卢梭的自然状态
[美]普拉特纳 等著

卢梭的榜样人生——作为政治哲学的《忏悔录》
[美]凯利 著

莱辛注疏集

汉堡剧评
[德]莱辛 著

关于悲剧的通信
[德]莱辛 著

《智者纳坦》研究版
[德]莱辛 等著

启蒙运动的内在问题——莱辛思想再释
[美]维塞尔 著

莱辛剧作七种
[德]莱辛 著

历史与启示——莱辛神学文选
[德]莱辛 著

论人类的教育——莱辛政治哲学文选
[德]莱辛 著

尼采注疏集

尼采与基督教——尼采的《敌基督》论集
刘小枫 编

尼采眼中的苏格拉底
[美]丹豪瑟 著

尼采的使命——《善恶的彼岸》绎读
[美]朗佩特 著

尼采与现时代——解读培根、笛卡尔与尼采
[美]朗佩特 著

动物与超人之间的绳索
[德]A.彼珀 著

施特劳斯集

苏格拉底问题与现代性[增订本]
——施特劳斯演讲与论文集：卷二
[美]列奥·施特劳斯 著

政治哲学与启示宗教的挑战
[德]迈尔 著

霍布斯的宗教批判
[美]列奥·施特劳斯 著

斯宾诺莎的宗教批判
[美]列奥·施特劳斯 著

门德尔松与莱辛
[美]列奥·施特劳斯 著

哲学与律法——论迈蒙尼德及其先驱
[美]列奥·施特劳斯 著

迫害与写作艺术
[美]列奥·施特劳斯 著

柏拉图式政治哲学研究
[美]列奥·施特劳斯 著

阅读施特劳斯
[美]斯密什 著

《会饮》讲疏
[美]列奥·施特劳斯 著

柏拉图《法义》的论辩与情节
[美]列奥·施特劳斯 著

什么是政治哲学
[美]列奥·施特劳斯 著

古典政治理性主义的重生
[美]列奥·施特劳斯 著

施特劳斯与流亡政治学
[美]谢帕德 著

犹太哲人与启蒙
——施特劳斯演讲与论文集：卷一
[美]列奥·施特劳斯 著

回归古典政治哲学——施特劳斯通信集
[美]列奥·施特劳斯 著

隐匿的对话——施米特与施特劳斯
[德]迈尔 著

苏格拉底与阿里斯托芬
[美]列奥·施特劳斯 著

古典学丛编

希腊古风时期的真理大师
[法]德蒂安 著

古罗马的教育
[英]葛怀恩 著

古典学与现代性
刘小枫 编

表演文化与雅典民主政制
[英]戈尔德希尔、奥斯本 编

西方古典文献学发凡
刘小枫 编

古典语文学常谈
克拉夫特 著

古希腊文学常谈
[英]多佛 等著

修昔底德集

修昔底德笔下的人性
[加]欧文 著

修昔底德笔下的演说
[美]斯塔特 著

古希腊政治理论
格雷纳 著

赫西俄德集

神谱笺释
吴雅凌 撰

赫西俄德：神话之艺
[法]居代·德·拉孔波 等著

赫拉克勒斯之盾笺释
罗逍然 译笺

古希腊诗歌丛编

阿尔戈英雄纪（上、下）
[古希腊]阿波罗尼俄斯 著

诗歌与城邦
[美]费拉格、纳吉 主编

品达注疏集

幽暗的诱惑——品达、晦涩与古典传统
[美]汉密尔顿 著

阿里斯托芬集

《阿卡奈人》笺释
[古希腊]阿里斯托芬 著

古希腊肃剧注疏集

希腊肃剧与政治哲学
[美]阿伦斯多夫 著

希伯莱圣经历代注疏

希腊化世界中的犹太人
[英]威尔逊 著

第一亚当和第二亚当
[德]朋霍费尔 著

新约历代经解

属灵的寓意
[古罗马]俄里根 著

维吉尔注疏集

《埃涅阿斯纪》章义
王承教 选编

维吉尔的帝国
阿德勒 著

塔西佗集

塔西佗的政治史学
曾维术 编

但丁集

但丁的圣约书
[美]霍金斯 著

洛克集

上帝、洛克与平等
[美]沃尔德伦 著

施米特集

宪法专政——现代民主国家中的危机政府
[美]罗斯托 著

美国宪政与古典传统

美国1787年宪法讲疏
[美]阿纳斯塔普罗 著

大学素质教育读本

古典诗文绎读　西学卷·古代编（上、下）
古典诗文绎读　西学卷·现代编（上、下）

中国传统：经典与解释
Classici et Commentarii
经典与解释
刘小枫　陈少明◎主编

道德真经四子古道集解
[金]寇才质 撰

皇清经解提要
[清]沈豫 撰

冬灰录
[明]方以智 著

从公羊学论《春秋》的性质
阮芝生 撰

药地炮庄笺释·总论篇
[明]方以智 著

松阳讲义
[清]陆陇其 著

起凤书院答问
[清]姚永朴 撰

青原志略
[明]方以智 原编

冬炼三时传旧火——港台学人论方以智
邢益海 编

药地炮庄
[明]方以智 著

周礼疑义辨证
陈衍 撰

经学通论
[清]皮锡瑞 著

韩愈志
钱基博 著

论语辑释
陈大齐 著

《庄子·天下篇》注疏四种
张丰乾 编

荀子的辩说
陈文洁 著

古学经子——十一朝学术史述林
王锦民 著

经学以自治——王闿运春秋学思想研究
刘少虎 著

《铎书》校注
孙尚扬 肖清和 等校注

经典与解释辑刊（刘小枫 陈少明 主编）

1 柏拉图的哲学戏剧
2 经典与解释的张力
3 康德与启蒙
4 荷尔德林的新神话
5 古典传统与自由教育
6 卢梭的苏格拉底主义
7 赫尔墨斯的计谋
8 苏格拉底问题
9 美德可教吗
10 马基雅维利的喜剧
11 回想托克维尔
12 阅读的德性
13 色诺芬的品味
14 政治哲学中的摩西
15 诗学解诂
16 柏拉图的真伪
17 修昔底德的春秋笔法
18 血气与政治
19 索福克勒斯与雅典启蒙
20 犹太教中的柏拉图门徒
21 莎士比亚笔下的王者
22 政治哲学中的莎士比亚
23 政治生活的限度与满足
24 雅典民主的谐剧
25 维柯与古今之争
26 霍布斯的修辞
27 埃斯库罗斯的神义论
28 施莱尔马赫的柏拉图
29 奥林匹亚的荣耀
30 笛卡尔的精灵
31 柏拉图与天人政治
32 海德格尔的政治时刻
33 荷马笔下的伦理
34 格劳秀斯与国际正义
35 西塞罗的苏格拉底
36 基尔克果的苏格拉底
37 《理想国》的内与外
38 诗艺与政治
39 律法与政治哲学
40 古今之间的但丁
41 拉伯雷与赫尔墨斯秘学
42 柏拉图与古典乐教
43 孟德斯鸠论政制衰败

刘小枫集

诗化哲学［重订本］
拯救与逍遥［修订本］
走向十字架上的真
这一代人的怕和爱［增订本］
现代性与现代中国：现代性社会理论绪论
沉重的肉身
圣灵降临的叙事［增订本］
罪与欠
西学断章
现代人及其敌人
儒教与民族国家
拣尽寒枝
施特劳斯的路标
重启古典诗学
共和与经纶
设计共和
古典学与古今之争
卢梭与我们
好智之罪：普罗米修斯神话通释
民主与爱欲：柏拉图《会饮》绎读
民主与教化：柏拉图《普罗塔戈拉》绎读
巫阳招魂：《诗术》绎读

编修［博雅读本］

凯若斯：古希腊语文读本［全二册］
古希腊语文学述要
雅努斯：古典拉丁语文读本
古典拉丁语文学述要
危微精一：政治法学原理九讲
琴瑟友之：钢琴与古典乐色十讲